读懂投资　先知未来

www.Duoshou108.com

大咖智慧
THE GREAT WISDOM IN TRADING

成长陪跑
THE PERMANENT SUPPORTS FROM US

复合增长
COMPOUND GROWTH IN WEALTH

一站式视频学习训练平台
WWW.DUOSHOU108.COM

杰西·利弗莫尔疯狂的一生

(美)理查德·斯密顿
高海嵘／译

山西出版传媒集团
山西人民出版社

图书在版编目（CIP）数据

杰西·利弗莫尔疯狂的一生 /（美）斯密顿著；高海嵘译. —太原：山西人民出版社，2013.5（2016.4重印）
ISBN 978-7-203-07175-4

Ⅰ. ①杰… Ⅱ. ①斯… ②高… Ⅲ. ①利弗莫尔，J.（1877～1940）－传记 Ⅳ. ①K837.125.34

中国版本图书馆CIP数据核字（2012）第242573号

著作权合同登记号　图字：04-2012-023

杰西·利弗莫尔疯狂的一生

著　者：	（美）理查德·斯密顿
译　者：	高海嵘
责任编辑：	孙　琳
装帧设计：	兆天书装
出版者：	山西出版传媒集团　山西人民出版社
地　址：	太原市建设南路21号
邮　编：	030012
发行营销：	0351-4922220　4955996　4956039
	0351-4922127（传真）　4956038（邮购）
E-mail：	sxskcb@163.com　发行部
	sxskcb@126.com　总编室
网　址：	www.sxskcb.com
经销者：	山西出版传媒集团　山西人民出版社
承印者：	三河市宏顺兴印刷有限公司
开　本：	710mm×1000mm　1/16
印　张：	17.75
印　数：	14001-19000册
字　数：	254千字
版　次：	2013年5月第1版
印　次：	2021年8月第4次印刷
书　号：	ISBN 978-7-203-07175-4
定　价：	48.00

如有印装质量问题请与本社联系调换

桃乐茜·利弗莫尔像。这位齐飞格歌舞女郎未到双十年华就由其丈夫杰西接管。画像中她的珠宝都是真品。这款价值80 000美元的珍珠项链在"波士顿大棒"抢劫她家别墅时被偷走。在禁酒时期,她在地下室建了酿酒坊,并亲自开了劳斯莱斯敞篷车给有钱又有名的朋友送啤酒。

帕特里夏·利弗莫尔提供照片

杰西·利弗莫尔传奇的"小豪客"和"华尔街大空头",1929年"大崩盘"刚发生时在办公室里。当时他卖空股市,赚了1亿美元,权势如日中天,但此后开始走下坡路,最终在10年后自杀。

考比斯贝特曼档案馆提供照片

当前评论

"写得太棒了,妙笔生花。我们从首尔金浦机场起飞去德国时,我开始看这本书,到达俄罗斯新西伯利亚时(五个半小时后)就看完了,简直是不忍释卷!它不仅仅告诉你如何投资和交易,还对一个杰出投机商一路成长的心路历程做了精彩的分析。书中一个伟大投机商的事业起伏和家庭悲欢让人沉醉其中。而本书是在采访了利弗莫尔的未亡人和历史见证者的基础上写成的,这一点更让人称奇。"

——邓普顿资产管理公司执行董事马克·墨比乌斯

"精彩读物!此书描绘了杰西·利弗莫尔这位传奇交易人的一生。书里描述了两次市场大崩溃、情爱故事、母亲枪击小杰西、一家两人自杀……引人入胜,丝毫不乏味。"

——贝尔斯登总裁埃斯·格林伯格

"故事精彩,描写生动。我从昨天晚上起直到今天一早看完,中途无法释卷,心情随着全球最伟大交易商杰西·利弗莫尔的一生跌宕起伏。他是个复杂的人,毋庸置疑地睿智、理性、有节、勤奋,在事业和婚姻上三番五次的得意失意。在享受故事的同时,还能顺便获得一些有价值的经验,物超所值。如果你对华尔街投资突飞猛进的20年代和那个时代的富人、名人感兴趣,那这本书就是你的挚爱。"

——易安信公司总裁兼创始人理查德·埃根

"这本书是股市经典!这是我近20年来有幸看过的最引人入胜、最有意思的书,是想了解股票市场人士的必读物,甚至是那些对股市一无所知人士的良师益友。书从一开始就吸引着你,让你从头到尾不能自拔。好书——注定是畅销书！"

——《图表学家杂志》基金经理和投资咨询师丹·沙利文

"我读这本书最好的评价是一个响亮的'不错！'首先，迪克·斯米顿把杰西·利弗莫尔的一生绝妙地串在一起，还稍稍描述了一个成功的投机商如何变得那么消沉，以至于最后自杀，我至今还对这一点拍案叫绝。但更重要的是，这本书通过介绍杰西·利弗莫尔的一生，首开先河，阐述了战胜市场的心理因素。我在做交易时以及给信号观察网站写稿时，尽力运用许多杰西说的让人心服口服的交易箴言，我都忍不住要在这里引经据典了。你的确应看看这本书，只要真想战胜市场和自己，这本书绝对不能错过。"

——信号观察网站作家、尼尔瓦纳系统公司首席资讯官埃德·唐思

"这本书就是标杆，其他所有有关股市的书都会拿来和它比较。一场栩栩如生的美国悲剧，其中的悲欢离合简直比道琼斯走势更曲折，同时书里还有大量细致的股市技巧描写，试图揭示世界最伟大股市交易商的方法论……"

——市场技术员协会成员丹尼斯·克拉尼亚克

"一字千金！斯米顿这样驾轻就熟堪称奇迹。他能经过调查精简出利弗莫尔复杂（至今依然神秘）的交易技巧；然后还能将这些技巧解释得让我们一目了然，让我们能任意尝试'像杰西·利弗莫尔那样交易'。伴随利弗莫尔神奇的一生，我们也体验了'畅销书'给我们带来的坐过山车的感觉。对一套非常复杂的'公式'和一个非常复杂的人分条缕析，这是写作的极致成就，乐趣无穷！"

——加拿大第一基金创始人D·戈登·班哲

致 谢

谨以此书献给我的父亲路易斯·斯密顿,没有他就没有这本书。他一生的成就就是对不可能宣战,并获得了物质成功和精神成功的平衡。

卖 空

卖空的分步定义如下:
预计股价下跌时,卖掉你并未拥有的股票。
首先,从经纪人手里借到股票,出售给买家。
之后,在公开市场买回来,还到经纪人手里,交易就完成了。
换句话说,先卖股票后买股票,当然买价低了好。
这和平时的先买后卖的交易正好相反。

——投机商路易斯·斯密顿

特别致谢

特别感谢保罗·利弗莫尔首次谈及他的父亲，以及他能贴心配合，回忆过去一些非常具体的情景、重新经历有时悲痛的曾经。

以及保罗美丽的妻子安，无私地奉献了她的时间。

也感谢帕特里夏·利弗莫尔，她不得不回忆与小杰西·利弗莫尔共渡的岁月，重新感受那些心碎、悲剧和不幸。

感谢我的父亲让我在年轻时认识了杰西·利弗莫尔，在这本书的技术和编辑方面给予突出的帮助。

感谢交易商出版社的出版商埃德·多布森，在出版此书时给予了很大的鼓励。埃德和我，还有其他许多人，都对杰西·利弗莫尔的一生无限着迷。

感谢特丽萨·达尔迪·阿利古德，为编辑这本复杂的书付出了巨大的努力，帮助我让杰西·利弗莫尔复活。没有特丽萨就不会有今天。

还有我的乖女儿凯莉·斯密顿，是她一直在支持我，并帮助我编辑这本书。

以及棕榈滩历史协会的迪比·默里，是他让我查阅了他们的宝贵档案，让我了解到上世纪之交"棕榈滩的生活"。

最后要感谢杰西·利弗莫尔，他从未放弃参悟"股票市场"、战胜市场的追求，一直都在挑战不可能。

美国梦

1923年，七位荣登金融金字塔尖的成功人士在芝加哥的海滨大饭店聚首，他们总计掌控的财富超过了美国国库，媒体经常把他们奉为成功的典范，高高捧起。

他们是谁？世界最大钢铁公司总裁查尔斯·施瓦布、当代最杰出的小麦投机商亚瑟·卡顿、纽约股票交易所总裁理查德·惠特尼、总统内阁成员阿拉伯特·法尔、华尔街最著名空头杰西·利弗莫尔、国际银行总裁里昂·弗雷泽以及世界最大独营公司总经理伊万·克鲁尔格。

他们的结局如何呢？施瓦布和卡顿死时不名一文；惠特尼在辛辛监狱度过数年；法尔也在监狱待了几年，但最后释放，在家里寿终正寝；而其他人——利弗莫尔、弗雷泽和克鲁尔格都自杀身亡。

——唐纳德·麦卡洛《美国梦醒》

简 介

我13岁的时候,父亲就给我讲述了至今最杰出的股市交易员杰西·利弗莫尔的故事,他为股票交易树立了新标准。我坐在一边洗耳恭听,不到14岁就开始看他的事迹。

我那时还没料到40年后,我和他冥冥之中会有一场约会,我会花一年多的时间来研究他的一生,我能像他的一个熟人一样了解他。

利弗莫尔这个人非常注重隐私、神秘莫测并且少言寡语;总想着控制自己的情绪、感情,进而克服我们都常犯的人性冲动弱点和情绪失控;最重要的是,他想打赢游戏、解开谜题——战胜股票市场。

这本书的主旨就在这四点,别无其他。

第一,人性永远不变,变的只是人来人往、资金大小、控制者和被控制者、一次次的争夺、一次次的灾难、不断更新的技术,但市场永远都一样。为什么呢?因为人性永远不变,而市场是由人操纵的,不是理智,不是经济状况,当然更不是逻辑,是人的情绪驱动着市场,同时也驱动着这世上的绝大多数事情。

第二,无论你物质和事业上的目标和雄心能获得多大程度的满足,都不意味着你能生活幸福。物质成就与幸福感不相关,物质的富足不会自动带来精神的满足。

第三,推动我们实现自己目标的是"意志",不是智力。有头脑不够,有运气也不够,带领我们百尺竿头更进一步的是勤奋、意志和难以想象的坚持。

第四,带领人类做出历史上伟大发现的不是团体,而是个人;推动人类进步、财富积累以及科技、政治和医学的每一步重要前进的伟大想法都来自个人,不是团体。而且这其中没有终南捷径,不能一蹴而就,特别是当中最难的游戏——股市。

"参与"股市人人各显神通,理论、技术、系统和策略上百成千。

这本书介绍了利弗莫尔分析股市的方法，首次集中披露了他投机成功、赚取财富的秘密。如果你读《杰西·利弗莫尔疯狂的一生》后只有一点收获，那么认识他也会让你受益匪浅。

我想，你看过本书后也会认为，杰西·利弗莫尔作为股市投机商，无人能与他比肩。

——理查德·斯密顿

"没有虚假、亦无谎言，

不贪财富、不受贫穷，

食足果腹、勿求更多，

享富则谋反，藐视我神，

陷穷则思窃，亵渎我神。"

——亚古珥（《箴言》第30章8—9)

出版商前言

我多年来对杰西·利弗莫尔其人和其交易成就特别感兴趣。《股票作手回忆录》是他的一本小说体自传,在我大学时就激发了我的想象力,当时我正频繁做交易,对所有能看到的股市和交易书籍如饥似渴,这本书以及利弗莫尔的著作《如何交易股票》(1940年出版,即《股票大作手操盘术》),都是我认为值得一读的书。

好几年后,我对利弗莫尔的兴趣扩大到了接触他的家人,和他们保持联系。小杰西·利弗莫尔夫人给予我优待,同意交易商出版社再版利弗莫尔的著作,该书在1965年就绝版了。这些年来,我逐渐认识了利弗莫尔家的其他人,并和他们维持了关系。

1998年5月的一天,我接到理查德·斯密顿的电话。他经由其父亲和我认识,他父亲是交易商出版社的长期客户,也了解我对利弗莫尔的兴趣。了解到理查德打算写一本利弗莫尔的书,我激动不已;更让我兴奋的是,他同意由交易商出版社来出版。我向他列举了一些利弗莫尔的家人,并把联系方式给了他,他就由此着手,从此重新组织了利弗莫尔一生的丰富经历,借由从利弗莫尔家人处获得的一手资料,前所未有地披露了利弗莫尔生活和交易方法的秘闻。他的工作足称精彩,成果就是这本书——在我看来,这本书注定会成为股市经典著作,与利弗莫尔的著作和其他相关著作相映生辉。

我很高兴、也很荣幸能和理查德在本书上共事。我们出版部门的特丽萨·阿利古德为本书付梓付出的慷慨努力值得称赞。我认为这本书对投资文学作出了重大贡献,会成为所有投资者书房的重要收藏。我希望,这本书能帮助个人投资者更有效地交易,获得更多的收益。

爱德华·D·多布森
交易商出版社总裁
1999年10月11日

目 录

第一章
1929年"华尔街大空头"——利弗莫尔实至名归………………1

第二章
身后故事 背井离乡——波士顿投机店对其敬而远之………17

第三章
赚取本钱——旧金山布阵,纽约地震………………………33

第四章
1907年崩盘,市场求救——J.P.摩根请求出手救市…………51

第五章
崛起于棕榈滩,陨落于棉花合约——国王落马……………67

第六章
第一次世界大战——卷土重来,深陷情网…………………85

第七章
迎娶美女 兴建别墅 完善理论………………………………101

第八章
负责股票联盟投资——积累资产,擦身躲过几大丑闻……119

第九章
利弗莫尔别墅遭难——"波士顿大棒"劫富………………139

第十章
泰极否来——1929年大崩盘……………………………………153

第十一章
利弗莫尔揭示市场时机秘密——何时持有，何时抛出……165

第十二章
利弗莫尔"资金管理"原则诞生………183

第十三章
利弗莫尔痛失所爱——离婚、孤独、绝望，厄运不断……201

第十四章
齐格飞歌舞女郎桃乐茜枪击儿子小杰西·利弗莫尔………215

第十五章
冷酷的收割机扬起邪恶的脸——死神三次敲门……………225

第十六章
附录：交易手册
——利弗莫尔已披露的法则和交易秘诀…………………243

杰西·利弗莫尔在长岛帝王角的别墅"永久"。餐厅可供46人用餐；地下室有一个设备齐全的理发室，有常驻理发师服务。300英尺（长约91.4米）的游艇泊在后院。这座别墅是许多盛大晚会的舞台，最后在1933年6月27日被拍卖。

《每日新闻》提供照片

一次出海归来,杰西·利弗莫尔和朋友埃德·凯莱在利弗莫尔的游艇上。利弗莫尔嗜好钓鱼,漂在海上时他能好好思考,经常冒出许多"市场的伟大想法"。

保罗·利弗莫尔提供照片

第一艘安妮塔·威尼斯号,旁边系着40英尺(约12.2米)长的汽艇。利弗莫尔喜欢驾游艇出海,他共有过三艘安妮塔·威尼斯号,最后一艘300英尺(约91.4米)长。

保罗·利弗莫尔提供照片

1926年3月3日,杰西和桃乐茜衣冠楚楚在自家别墅"永久"的化装舞会上。杰西·利弗莫尔迷恋美女,而妻子桃乐茜热衷举办晚会,人数往往多达100人,甚至更多。

《每日新闻》提供照片

棕榈滩的浪花酒店1925年3月18日火灾。桃乐茜·利弗莫尔让服务生去房间救回她的24个路易威登皮箱,服务生冲进火海搬了出来。前面能清楚地看到有两人还赤裸着,他们根本没时间穿衣服。

棕榈滩历史协会提供照片

布拉德利在棕榈滩的"浪花俱乐部"——美国历史上营业时间最长的非法赌场。美国"最有名的赌徒"埃德·布拉德利和美国"最有名的股票投机商"杰西·利弗莫尔在此一见如故。

棕榈滩历史协会提供照片

保罗·利弗莫尔、桃乐茜·利弗莫尔和小杰西在"永久"别墅前。两个儿子都一表人才。小杰西在14岁时就背着母亲和她的朋友发生性关系,同年开始喝酒。

考比斯贝特曼档案馆提供照片

杰西·利弗莫尔站在棕榈滩浪花酒店的门廊里。每年冬天他都会在这里租一大套公寓,乘私人铁路客车前来,并提前让人把游艇开过来。

考比斯贝特曼档案馆提供照片

杰西·利弗莫尔、桃乐茜·利弗莫尔和朋友们在普莱西德湖村度假用的家。利弗莫尔在这里狩猎、打高尔夫。

保罗·利弗莫尔提供照片

桃乐茜和朋友在浪花酒店当地的白柳条三轮车里。这种交通工具在"浪花酒店"当地直到二三十年代还很普遍。

保罗·利弗莫尔提供照片

甜蜜时期的帕特丽夏和小杰西·利弗莫尔去夏威夷的路上。小杰西后来酗酒成性,开始对待帕特丽夏拳脚相加,最后还意图杀死她。

帕特丽夏·利弗莫尔提供照片

杰西·利弗莫尔沉迷美色,这给他日后带来很多不幸。照片里是他和第三任夫人哈里特在公园大街的公寓,当时正在举办有80人参加的晚会。该公寓有10个房间。

考比斯贝特曼档案馆提供照片

杰西英俊的小儿子——保罗·利弗莫尔的海报。他曾出演不少电影和各种电视连续剧,最后移居夏威夷。

保罗·利弗莫尔提供照片

美丽的安·利弗莫尔,保罗的妻子。她是一位歌手,经常与许多大牌明星同台演出,如托尼·班奈特和弗朗西斯·阿尔贝特。她现在还活跃在家乡拉斯维加斯的歌坛上。

安·利弗莫尔提供照片

杰西·利弗莫尔、第三任妻子哈里特和儿子保罗。探视过小杰西后于1935年12月8日到纽约。小杰西刚遭母亲枪击。

《每日新闻》提供照片

开枪打了儿子之后,桃乐茜·利弗莫尔在加利福尼亚圣巴巴拉的法庭等待传讯。她前面的是法官欧内斯特·瓦格纳,正在看控告她持致命性武器意图行凶的诉状。

考比斯贝特曼档案馆提供照片

1975年3月23日，小杰西·利弗莫尔被从家中带到警车上。他开枪打死自己的狗后，还想杀死妻子帕特丽夏，并向一个纽约市警察局市警察官的胸部开枪。

《每日新闻》提供照片

在郡治安官杰克·罗斯的陪同下,地区律师珀西·哈克道弗和郡治安官詹姆斯·罗斯查看现场。他们认为小杰西·利弗莫尔的母亲是在加利福尼亚蒙特西托家里的这个地方开枪打了他,其实应该是在楼梯上。

考比斯贝特曼档案馆提供照片

1934年3月15日,杰西·利弗莫尔和破产仲裁人。利弗莫尔赚钱后总是还清债权人的钱,虽然他没有这个法律义务。

《每日新闻》提供照片

华尔街的"小豪客"杰西·利弗莫尔和结婚20个月的妻子,这是1934年破产后俩人正准备乘S·S·莱克斯号去欧洲。他上船前说:"希望能从一些烦心事里解脱出来,放松一下。"

《每日新闻》提供照片

1940年11月27日,杰西·利弗莫尔和妻子哈里特在利弗莫尔最爱去的鹳鸟俱乐部。他表情冷漠、脸色苍白、没有精神,第二天就自杀了。

《每日新闻》提供照片

1940年11月28日,小杰西·利弗莫尔到纽约雪梨荷兰酒店确认父亲的尸体。目睹当时的情景几分钟后,他的精神崩溃了。

《每日新闻》提供照片

利弗莫尔整个成年岁月里很容易陷入阴郁消沉中无法自拔,无论是成功还是失败。照片摄于1940年11月26日,两天后,华尔街的"大空头"亲手结束了自己的生命。

考比斯贝特曼档案馆提供照片

杰西·利弗莫尔英俊强势，非常注重隐私和个人生活，少言寡语，神秘莫测，是女人的强心剂。

保罗·利弗莫尔提供照片

第一章
1929年"华尔街大空头"
——利弗莫尔实至名归

"世界复归于混沌。"

——莎士比亚《奥赛罗》

1929年10月

"10月29日星期二一早,华尔街高楼耸立下的街头巷尾挤满了成千上万的人。他们情绪激昂,就等着看预期的冲突事件,想一睹为快,希望感受因此带来的身心震撼。警察骑着马,侦探穿着制服,想要驱散纽约交易所门前的暴民,但全都无济于事,只要他们杀出一条血路,大家就推推搡搡,马上又把他们包围起来。

"一到交易所内,紧张和恐惧的气氛迎面而来,指针慢慢接近10点钟,开市的锣声就要敲响。不到一周前的'黑色星期四'一早,股市遭遇了有史以来最惨烈的暴跌。随后的周一下午,股价全面下挫,四处蔓延的恐慌情绪更加严重。

在全国各地的经纪人办公室里,在场的投资人紧张不安,咳嗽声不断,他们来回换着脚站在那里,盯着一动不动的股票报价器，好像被催眠了一般神游天外。而机械报价器却无动于衷，随时吐出宣告他们或侥幸逃过一难或全军覆没的判决，而后者可能性更大。"

——威廉姆·克林格曼《1929年：股灾之年》

时间回到1929年10月29日早上，7：20分整——不是7：19分，也不是7：21分，杰西·利弗莫尔正站在别墅气派的大门口，等着见到他黑色劳斯莱斯发动机罩上的飞翔女神。他的别墅有29个卧室，位于长岛的帝王角。司机是个懂规矩的人，他得在7：20分的时候把车开到别墅前的车道上，杰西·利弗莫尔可是个一丝不苟的人。

清白的薄雾从长岛海峡吹过来，加重了空气中的寒意，诉说着季节的变化，寒冷的空气给人不安的感觉。7：20分，汽车沿着圆形的长车道驶了过来，停在他面前，他默默地冲着车点点头，自己打开车门，倾身坐到了后座。一如每天早上，他把胳膊下折起来的报纸放在皮椅上：《纽约时报》、《伦敦时报》和《华尔街日报》，然后看了看所有的头条标题，全都如出一辙——"全球股市重挫"。

车还在别墅的行车道上时，他打开了阅读灯，把侧窗的窗帘放了下来，他需要在黑暗里静静地研究这些报纸。对杰西·利弗莫尔来说，报纸从未出乎他的意料，实际上，这些大标题他已经等了几乎一年的时间，为了这一天，他精心策划，耐心十足。

进入曼哈顿的时候，司机没有降下隔断窗，而是通过麦克风说："利弗莫尔先生，进入曼哈顿了，您让我提醒您一声的。"

利弗莫尔拉开厚厚的黑窗帘，太阳已经升起来了，阳光照进了漆黑的车后座。他想让司机开到华尔街，让他看一看，感受一下街道上的气氛。

但是，这样有可能影响到他以后的操作，影响他的情绪和客观性。这就是底部吗？还是只是一个急跌的中场？市场信心会恢复进而抑制这种自由落体吗？空头头寸该不该平仓？这些问题的答案决定了他的收益,而且他早就知道,民众在股市上实际做了什么才最重要,并非他们声称正在做什么。

有些人可能想目睹人们六神无主、万念俱灰之态,体验恐惧之魔一朝击倒贪婪之神时出现金融混乱的绝望之感,而此前贪婪之神一度貌似强大无比,百战百胜,繁荣胜景持续多年不败。

但利弗莫尔不属于这种人,他要置身事外,不受人类这些习惯行为的影响。他反应灵敏,看一切事物都能洞若观火。市场开盘交易时,他更愿意在办公室默不作声,看着报价器吐出一个一个报价。

他拉上黑色的窗帘,又开始在黑暗里研究这些报纸,头也不抬地说:"不用了,哈里,直接去办公室。"

利弗莫尔在第五大道730号赫克舍尔大厦下了车,然后乘私人直达电梯到顶层18层。利弗莫尔要求电梯直达办公室,中途不用和任何人费口舌,能免则免。

自动交通灯安装前,纽约警察会坐在警亭人工控制交通灯。利弗莫尔的坐驾经过时,他会保证绿灯亮着,让他一路从长岛的帝王角直达纽约,中途一刻都不耽误。

司机哈里每周都会按原路线走一遍,在每个交通灯警亭稍事停留,打赏当值的警察一笔现金,以感谢他的爱心之举,保证这位"金融家"在路过警亭时一路畅通。杰西·利弗莫尔就是这样一个一丝不苟的人。

杰西·利弗莫尔进了办公室,门上没有名牌。开了门就到了小接待室,哈里·埃德加·达西就在这里办公,他可不是个能轻易糊弄的人。此人身高6.6英尺(约2米),体重275磅(约124.7千克),媒体形容"貌丑如猪",而且对人不那么可亲。

办公室还没人,利弗莫尔总是第一个到。他用保存在办公室保险箱的特制钥匙开了第二道门,保险箱的密码只有他和哈里知道,哈里甚至还监督办公室清洁工的工作。他的办公室堪称是纽约市最富丽堂皇的办公室——手工雕刻的拱门、定制的书架、嵌着漂亮的桃花心木和刻有花纹的橡木的墙壁。他原先是在一个英国庄园主的图书室看到这种木刻图案的，然后掏钱让人拆了下来运回纽约，组装到自己的办公室。

办公室有一个接待室，穿过去是交易室，里面有一个绿色的书写板和留给"书写员"用的走道。书写板有整面墙那么长，接着是会议室，最后才是利弗莫尔的巨型办公室，所有的房间都能看到书写板。

他一般有六个雇员：五个书写员，再就是哈里，他们的主要工作就是在绿色书写板上写股价，从办公室头写到办公室尾。哈里·埃德加·达西监督办公室的一切活动，并且随时待命，听候调遣。书写员则被要求严格守密，所获报酬颇丰。办公室守则就是：交易时间严禁交谈，利弗莫尔希望在开市时集中精力。报价必须及时写上去，这关系到动辄数以百万计的交易。

每个房间都有几个报价器，保证他走到哪都能看到报价。蜿蜒曲折的纸带就好像是他血管里流动的鲜血，是有生命的。报价器还占据了他所有住处的主要房间：普莱西德湖村、长岛、曼哈顿的公寓、棕榈海滩浪花酒店的套房、甚至他那艘300英尺（约91.4米）长的邮轮。

他因这次灾难性的崩盘饱受非议，有人谴责他本人引发了此次下跌——此次自由落体式的下跌，现在看起来还深不见底。他相信生意场——即他的股市——就好像是战场。战场上，一旦犯错就会没命；在杰西·利弗莫尔的生意场上，如果犯错了就可能瞬时破产，眨眼之间就能在经济上丧命。

他一直是个认真的人，而今天他要认真做一点交易。他依然是衣着得体，一身从伦敦萨维尔街手工缝制的西服完美展现了他消瘦的身材；样式新颖的衬衫来自埃及质量最好的棉花，袖口上还绣着自己的名字；金黄色的头发都向后梳，左偏分；银色的领带巧妙地点缀着一身西服，浑然一体；夹鼻眼镜戴得端端正正；马甲上的金链子斜跨两个口袋，一头系着纤细的金色铅笔，另一头系着小巧的金色铅笔刀，他经常一边不停地摆弄其中一个，一边侃侃而谈。

他收集了近期《纽约时报》上的很多文章，报上全都指责他是造成此次崩盘的罪魁祸首。他是华尔街最著名的空头，做空对他来说和做多没有区别。他对此充耳不闻,他知道股市有涨就有跌,可能性不分伯仲,但一旦下跌,跌速就有涨速的两倍那么快,今天的股市就是这样。

他目前操作100多万股,价值远不止1亿美元。早在几个月前他就开始布局,小心翼翼、神不知鬼不觉、不动声色,而且动用的经纪人超过200个,所以没人知道他干了什么。他正做空股市,卖出的那些股票他会在以后买回来,按低得多的价格,的确是名副其实的"华尔街大空头"。

今天,他就像是在北极冻土地带埋伏的孤狼,四处寻找猎物,同时也小心留意着可能消灭他的敌人。他知道华尔街到处都是这样的人——给他致命一击,了结他的金融生涯。

他拿起了一篇《纽约时代》上的文章,看了看标题,克制着洋洋得意的心情。没人能比利弗莫尔更清楚股市的风云变幻能有多快:

纽约时报
1929年10月20日

卖盘如潮 拖低股市

周六,在两小时的交易时间中,纽约股票交易所交投活跃,并创下历史上最严重的下跌。收盘最终报价显示各支股票净损失从5点到20点不等,市场价值总计蒸发约1 000 000 000(10亿)美元,甚至更多。

交易总量为3 488 100股,是交易所成立以来周六第二最大的单日交易量。按照最初半小时的交易速度,如果持续交易5小时,将创下8 500 000股的交易量。证券交易委员会直到12点闭市后1小时23分钟才知道最后的价格是多少,不堪重负的报价器也因此推迟了报价。

核心股票遭袭

昨天在股民中广为流传的说法是，杰西·L·利弗莫尔——这个曾经的国内最大投机商，就是做空集团的领头人，他们几周来不断打压股市，几个核心的高价股票因此异常疲软，他至少应该承担部分责任。

芝加哥的亚瑟·W·卡顿是公认的多头领袖，他昨天在亚特兰大的酒店关注股市。他告诉密友，事态的发展不会改变他的看法——优质股票最终会走高。

利弗莫尔和卡顿到底谁才是股市的霸主，这个话题最近三四天在华尔街街头巷尾议论纷纷，报纸上两派的口水战都不足信。据说利弗莫尔重仓卖空龙头股，而卡顿重仓买空龙头股。利弗莫尔一度登上国内卖空派领头人的宝座，几年的沉寂后，又有再现辉煌之势，只能说市场的变化太令人称奇。

大家普遍认可卖空是造成此次下跌的最主要因素，进而引发更多股票清盘，一些股票的表现最终影响了市场信心，市场显然没有得到有组织的支撑，通常如果支援力强大，股票不会这么放任自流。

前几个月，股市在多次调整之后的继续上涨给利弗莫尔创造了良机。市场传言他当时大量卖空了几只股票，如美国钢铁、蒙哥马利·沃德百货连锁店、席梦思公司、通用电气、美国和外国能源公司（AmeriCan and Foreign Power）以及其他五六只核心股票。随后他故技重施，重锤打压，市场先是上涨乏力，接着就一路直下。

卡顿·菲舍一家、杜兰特和其他几个在华尔街以"十大"著称的集体都持有大量核心股，却只能眼睁睁地看着他们的计划和资产，因股市下跌以及技高一筹的卖空成了泡影。

昨天出现并在金融圈蔓延的说法是，利弗莫尔的卖空活动有沃尔特·P·克莱斯勒的一臂之力。据说后者怀疑芝加哥——底特律集团打压其股票，将股价从年内135元的高点拖低到不足55元，因此怒火中烧。

卖空派的杰出领导看来就是利弗莫尔了，他因炉火纯青的卖空技巧，积累了难以估量的财富，而且至少暂时看来对股市的操作完全"正确"。而以买空起家的卡顿，在最近三年的牛市里赚了大概1亿美元或更多，堪称买空派的代表，但至少暂时看来对股市的操作"错误"。

卡顿先生来了纽约，在交易所总裁的办公室关注着市场。他向朋友透露，很多卖盘表现疯狂，他相信应该持有优质股票等着上涨。他没有动摇，一直坚持从长计议，他也没有公开对市场做过评价，当然，他们对持仓品种和这几天的操作也无可奉告。

（同一张《时报》上的文章）
利弗莫尔主导卖空
——华尔街盛传"回归"
卡顿背骂名

在股市操作上沉寂数年的杰西·L·利弗莫尔从天而降，闪亮回归，如果华尔街报道所言非虚的话。利弗莫尔先生是骨灰级的市场玩家，他的回归成就了华尔街的又一个奇迹。他从小就在波士顿的经纪公司做书写员，同时摸索出了自己的盘口技术，虽然只是小笔买卖，他还是被纽约和波士顿的所有投机店禁足，因此获得随其一生的绰号——"小豪客"。

来到纽约后，经过在股市长期涨涨跌跌的摔打，他操作股市的技巧日臻娴熟，很长时间的无往不利让他赚了好几百万。据报道称，就在这一轮牛市中，他发现股价过高，情况不妙。据说通用汽车、美国钢铁、通用电气和其他股票的持续走高吸走了他大部分利润。他还是看空，一次次地平仓。金融圈的报道称，他甚至动用了大笔前几年发达时攒下来的不可撤销的养老金，不仅有他自己的，还有家人的。

利弗莫尔的对手亚瑟·卡顿会被人错认为是个乡下的小店主，他对各种各样的会议不屑一顾，不知是装装样子还是习惯使然。他腼腆害羞、寡言少语、朴实无华，常常坐在普尔曼吸烟室后面的角落，听着过路人闲谈他的股市传奇，自己在一边却不露声色。不做交易的时候，他就回到芝加哥附近的农场，成了彬彬有礼的农民。

利弗莫尔却与之迥异，俨然是个讲究细节，衣着鲜亮的城里人——身材消瘦，金发，穿得体的暗色服装，开劳斯莱斯，仆人成群，住所有五六处，办公室位于赫克舍尔大厦的顶层，豪华程度可能是纽约之最。

这两个人在气质上有天壤之别。卡顿平和，不善演讲，难有一丝激烈的表情；而利弗莫尔则是急先锋，神经紧张，情绪化，有迷信倾向，但却敢在自己认为对的事情上押上最后一分钱。利弗莫尔不止一次栽跟头，而是有好几次，而卡顿至少在这几年都是牛市的领军人物。

再过个把月，市场有可能发生令人不知所以的事情，上演多空的直接对决，正是纷繁复杂的经济因素导演了这场战争，所有因素都不容小觑。现在可以完全肯定的是，如果股价上涨，卡顿先生将扮演助推器的角色；如果股价下跌，利弗莫尔先生就会火上浇油。但他们之间没有什么个人恩怨。

"嗯，股市从来就不是个人恩怨！"利弗莫尔看完文章后说，然后把报纸放在桌子上。他和卡顿长年以来都是反向操作，历史甚至可以追溯到两人年轻时在芝加哥谷物交易所买卖商品期货的时候。

电话响了，助手哈里·埃德加·达西刚赶过来，利弗莫尔示意自己来接电话。

"你好！"

"是杰西·利弗莫尔吗？"

"是的。"

"你这个混蛋，大混蛋，利弗莫尔。看你干了什么，你得给我赔，都是你害的，我破产了，不，我还不只是破产了，我还欠经纪人几千美元的保证金，还好我还有枪，我这就去找你，把你的脑袋打开花。下次开门的时候，我就站在你门口，你就知道你该进地狱了，那才是你该待的地方。你这个不要脸的混蛋。"

利弗莫尔摔了听筒。就是这些在美国到处转载的文章把"崩盘"全怪到他头上，可这不是他的错。他还没强到能呼风唤雨的程度，谁也没这么强，即使他来自于不可一世的摩根公司。但这样也没办法阻止公众对他的谴责，说他一再地卖出、卖出、卖出，打压股市，这样不行，他得想办法。他给《纽约时报》打电话，称要给他们一篇采访稿刊登出来，但收效甚微。人们还是不断攻击他、骂他，并威胁他。他重新看了一遍给《纽约时报》的采访稿。

纽约时报

1929年10月22日

利弗莫尔不再卖空
称能左右市场的看法愚蠢至极

杰西·L·利弗莫尔昨天否认与卖空集团有任何联系。之前华尔街长篇累牍地报道他大量做空，导致股市近期暴跌，是卖空集团的领军人物。

利弗莫尔先生从他在第五大道730号的办公室发来声明，内容如下：

杰西·利弗莫尔疯狂的一生
THE AMAZING LIFE OF JESSE LIVERMORE

"这几天,各种各样的报道铺天盖地地出现在报纸上和各个经纪公司里,让人以为一个以我为首、受许多著名投资人资助的大型卖空集团已经形成。我想说的是,关于我的一切谣言全都是胡说八道,我对什么联盟一无所知。

"我在股市上都是个人行为,对股市无法产生影响,以后也不会有更大的动作。

"认为一个什么人或什么个人联盟就能拉低美国这么一个大而富裕的国家的股市,简直是愚蠢至极。这几个星期的形势全都是许多股票被长期连续恶意操作的结果,股价下跌不可避免。根据实际的公司收入和股票收益计算,这些股票的价格远远高于其真实价值。

"那些造成股票虚高的人才应该为今天股市表现埋单。真正坚实的股票遭到绩差股的连累,吃亏的是广大公众,这很不幸。

"如果有人劳神分析一下各个股票的卖价,用美国钢铁举例,卖价大约是现在年收入的8到10倍左右,其他股票肯定也在高位,而且实际上在高位很久了,一直都按照高得离谱的价格交易。

"联邦储蓄委员会和银行权威曾经一再做出警示,但也未能挡住股市上涨。因此,情况大家都心知肚明,只要长了脑袋就不会认为一个人就能真正影响股价。"

"一群傻瓜,"他嘟囔着,"真是一群傻瓜,以为我能让整个市场乖乖听话。说梦话呢!"

利弗莫尔可能只是启动装置的一个部件,前提是市场环境已经孕育好了,疯狂的投机最后总能让市场轰然倒地。他自14岁起做交易,已经有35年的历史了,赢的输的加起来有几百万,1929年他正处于鼎盛时期。

利弗莫尔谨慎地审时度势。那些恐吓电话惊动了他,财产损失能造成多大的心理伤害，他一清二楚，他自己就在职业生涯中屡次经历，有亲身感受。他不得不再做一次声明，马上做——他的家人也不安全，也曾受到恐吓。

他脑子里千头万绪，但还是在报价器边安静地等着，报价器就放在他宽大的办公桌上。桃木办公桌上一干二净，只放了一个黄铜底座的报价器、一个便签本、一支铅笔，还有两个桃木盒，上面分别标着"未处理"和"已处理"。

现在办公室的人都到齐了，六个人在书写板前一字排开，身上穿着羊绒夹克以防蹭掉板上的粉笔字，每人一副耳机一个话筒，直接连着纽约证券交易所大厅，每人负责一个类别的股票或商品。报价器响开了，吐出弯弯曲曲的白色打孔纸带，上面的符号代表美国众多的公司。这些股票符号象征了这个国家的大部分财富。

利弗莫尔看纸带如同是看报纸一样一目了然。他记着所有公司的符号，而且精于计算，能记住所有的报价，就好像一个桥牌高手能记住所有出过的牌。但为双重保险，他还是会盯着书写员的数据，看着他们来来回回，在书写板上写上满满的数据，同时哈里也在一边监督这些书写员。今天利弗莫尔关注的重心是"利弗莫尔持仓品种"，他看一眼书写板，就能马上计算出整个投资组合的账面价值。这时除了粉笔书写的声音外，办公室鸦雀无声。只要一开市，利弗莫尔办公室里就安安静静，没工夫谈天说地，书写员都知道这个规矩。

今天的总收益再加上本钱正接近1亿美元，但他一言不发。主办公室的电话又响了，他示意哈里别接电话，已经开市了，他可不想再为一个威胁电话扰了心绪。那些电话分散了他的精力，他什么也不想听、不想说。只要一开市他就变成正在寻猎的狼，只能集中精力关注手头上的事。他的投资组合里只要有1%的变化，就意味着他要么赚了100万，要么赔了100万。

精力稍有差池，动辄就是数百万的损失。也正是因为这样，他才痴迷这个游戏——他身上的每一个细胞都活跃了起来，这个世界上除了纸

杰西·利弗莫尔疯狂的一生
THE AMAZING LIFE OF JESSE LIVERMORE

带,什么都不存在了。他只要够聪明,就能读懂纸带的意义,找到隐含的线索,纸带自己就会说话,并且知无不言、言无不尽。他手握重金,正与市场上的两大死敌——恐惧和贪婪决斗。

晚上他回到帝王角的家,却发现妻子桃乐茜和两个儿子保罗和小杰西都不在。墙上的画没了,一些波斯地毯无影无踪,银器也不知去向,于是他到二楼去查保险柜。桃乐茜把她从哈利·温斯顿和梵克雅宝搜集来的名贵珠宝都放在里面,但现在里面空空如也。

他转到厨房,四个厨师和两个佣人正在准备晚饭。

"利弗莫尔夫人和孩子去哪儿了?"他问。

"他们搬到司机家的公寓去了,先生。"领班的仆人说,"我们都听说了这次全面崩溃的消息。我们觉得很遗憾,利弗莫尔先生。"

利弗莫尔沉着脸瞪了他们一会儿,然后去了车库上面司机的公寓。他们有两个司机,一个给桃乐茜开车,一个给他开车。他昵称妻子为"小老鼠",而愿意别人称他"JL"。车库就挨着别墅。他一路跨过卷起来的地毯,绕过那些无价的艺术品和有年头的古董家具,进了客厅。桃乐茜和两个孩子坐在沙发上,全身装扮,衣着鲜亮。

"小老鼠,怎么回事?你想干什么?"

"我们都知道了。我很难过,JL。"她说。

"瞎说什么呢?"

"我们知道大家都因为这次崩溃破产了,广播里整天说。有人跳楼,有人在办公室开枪自杀,有人直接就不见了,一些女友给我打电话……我很难受,JL。"

他愣愣地看着她,她仪态优雅地端坐着,两个俊俏的儿子分坐在两边,装着珠宝的特制皮箱挨在身边。他们两人完全互补,桃乐茜热情四溢、精力旺盛、随性而为、热衷社交,在人群里如鱼得水、直言不讳、是个天生的开心果,毫无心机,实际上根本不明白会觉得她好玩。

他低头看了看珠宝箱。在股市上一败涂地、穷途末路的时候,他有几次向她伸过求助之手,破产后需要本金的时候,他不止一次背着那个箱子去找哈利·温斯顿。那些珠宝的价值接近400万美元,能从哈利那

第一章 1929年"华尔街大空头"——利弗莫尔实至名归

儿抵押出100万美元,拿着这笔钱他就能东山再起。后来他站稳脚跟回去赎的时候,总是额外给哈里一笔钱。

"小老鼠,先去和孩子吃饭,把箱子带上。"

"天呐,JL,你又要用吗?"

"用不着,今天赚得最多了,我卖掉了一半的股票。我们没事,我根本用不着那些首饰了。你和孩子现在过来吧。"

他笑着转身走了出去。看这一天过的,她总能把他吓一跳,再让他开心,屡试不爽。他们之间不是没有问题,大部分都是他和其他女人引起的,但他还是希望他们能过下去,他知道如果离婚,他会舍不得她,会非常想她。想着他们的爱情,他笑不出来了,视线有点模糊。他摇摇头,甩掉这些胡思乱想,不愿意为这些事劳神。只要还在一起,他就爱他们,管它将来怎么样。

威胁电话还是络绎不绝,而且越来越多,他得消除这些威胁,于是就给《纽约时报》打了电话。这家报纸很乐意刊登杰西·利弗莫尔提供的声明,他可不轻易显山露水。这次的标题是:

纽约时报

1929年11月13日

利弗莫尔现在唱多,称股市下跌过大,一些低价股可放心购买

杰西·利弗莫尔被贴上了卖空的标签,而且因为在此次市场重挫中卖空的股票最多而饱受非议。他昨晚告诉《纽约时报》,领头股票的价格下跌过大。但他没有说明自己的持仓量,有人怀疑他已经平仓,又开始唱多。

"历来股息不错而前景稳定的领头股票现在完全可以购买",利弗莫尔先生说,"这其中不少股票跌幅过大。全国上下一度恐慌过度,手里的优质股票根本不顾价值就抛。我认为这种情况不会再有多久。蓝筹股像前几天那样随手就抛,一点也不心疼,完全不可理喻。"

"这几天,这些股票的大单满天飞,原因无它,都是因为害怕。"

但是电话一如既往:

"利弗莫尔,你这个骗子!我知道你小子有多聪明,把股价打到底你才说你站到另一边了。我这就来找你,你别想睡安稳觉了,你这个不要脸的混蛋!"

风雨无阻:

"你这个烂到心的畜生,我成穷光蛋了。就因为你和你那些狐朋狗友,我赔得精光。你琢磨着用非法勾当就能碾死我这个小人物、毁了我和我家吗?你死定了!别在一边偷着乐了,我家没法过,你家也别想好!你这个不要脸的畜生!"

势不可挡:

"我没地儿住了,利弗莫尔先生,您有什么好建议吗?我整整花了23年才还清贷款,他们今天把我赶了出来。我现在就跟个要饭的一样在街上露宿,还带着老婆和四个孩子。你是罪魁祸首,混蛋!你会遭报应的!"

电话、信甚至是人工投递的电报,恐吓铺天盖地而来。

1929年12月21日,杰西·利弗莫尔请了曾在拿骚郡当警察的老朋友弗兰克·高曼帮忙,他们有过几次合作,最后一次是因为珠宝被抢劫后,他妻子第一次收到"波士顿比里"的威胁。

高曼住进了长岛帝王角的别墅,陪两个孩子上学,暗中保护桃乐茜。

利弗莫尔走到顶层办公室的窗前,拉开了窗帘,俯视着1929年的纽约城。报价器在他手指间悠闲地滑来滑去,源源不断地吐出报价,一片惨淡,纸带就好像是战场上的阵亡名单。

他不知道生活怎么会是今天这个样子，事业达到顶峰，却没觉得比以前幸福。

第二章
身后故事　背井离乡
——波士顿投机店对其敬而远之

"晨观天，少知老。"

——约翰·密尔顿

杰西·利弗莫尔1877年7月26日出生于马萨诸塞州的什鲁斯伯里，父母分别是海勒姆·利弗莫尔和劳拉·利弗莫尔。利弗莫尔的父亲是一个穷困潦倒的农民，赖以生存的农场在新英格兰，土壤贫瘠多石，在杰西很小的时候就连这块农场也没了，所以全家搬到了州内的帕克斯顿，和杰西的祖父一起生活，一直住到父亲最终攒够了钱在南阿克顿买了地。

杰西当时已经是个小伙子了，在新英格兰这样到处是石头的农场能过什么样的生活，他一清二楚，他的第一份工作就是在犁过的地里捡石头。在这一小块土地上刨生活，艰苦的程度不言自明，这份流血流汗的工作在当时的美国回报微乎其微。

而杰西小时候又瘦又弱经常生病，这让他有大量时间读书，看了能找到的屈指可数的所有报纸。他有书就读，避开现实，躲进了书本给他开启的心灵影院，看到了不同的生活。

他自小就善于想象、机敏、有头脑，能用演绎推理得出合乎逻辑的结论。他很早就认定,成功和冒险的少年梦想根本不可能在劳累的务农生活中实现。

杰西的父亲是个冷漠保守的人,在家里固执严肃,很难从他那里讨得宠爱。杰西的母亲则恰恰相反,富有爱心、温柔体贴,能花很多时间陪着天资聪明、智力过人的儿子。

杰西·利弗莫尔上学的时候数学名列前茅,经常心算出方程,把答案只给老师,或者用新方法解题,让老师头疼不已。有一次他还要和老师比赛看谁先解出一道数学难题。老师对他提高要求,给他拿出了更高级的数学课,来挑战和满足他的求学欲望。

数学就是他的朋友,他游刃有余,一年内就学完了三年的数学课,脑子里能记住千千万万个数字。熟能生巧,他练就了计算机一般的脑袋。

杰西13岁的时候,父亲告诉他对农民来说读书就是多此一举,所以14岁时,他就辍学了。父亲给了他一套工服,这下他就是个专业农民了,有义务赚钱养家。

但是杰西技高一筹,他表面上屈从于父亲的安排,而暗地里与母亲达成了协议。没几个星期,他就带着母亲给他的5美元溜出了农场,在路上搭上车直奔波士顿。他知道走出去碰碰运气绝对没错,虽然还没有具体的计划,但他知道方向正确。

来到波士顿的成人世界时,他还不到14岁,但生活的模式已经设计好并刻在了他的脑子里。他这时才懂得了辛苦劳作的价值——新英格兰人与贫瘠的石头地斗过,与恶劣无情的天气斗过,与金融风暴斗过,他继承了大多数人身上的沉默寡言、悄然行动、坚决果断。

他认为男人就是像父亲那样:少言、勤劳、固执、冷漠、严肃、坚决、不善社交,是家里的绝对权威;女人就应该像母亲和几个女同学那样:温柔可亲、知道照顾人、聪明伶俐、感情丰富、富有爱心,喜欢他而且对他好。

他甚至在14岁时就想通了,成功、财富和名誉皆因劳心,而非劳力，而且重要的在于行动，而不是言谈——这是父亲教给他的。

他说服别人很有一套，能潜移默化，这才让母亲给了他微薄的资助，让他奔向波士顿开始新生活。他会还高额的利息，一旦他有支付能力。债是要还的，这个概念在他脑子里根深蒂固，他一辈子都在做这件事，不管要花多长时间。

杰西·利弗莫尔揣着5美元就来到了波士顿，他的生活才真正刚刚展开。年轻时的艰苦是他铭记一生的经验，现在就来孤注一掷，开创未来吧。他把父亲和母亲紧紧锁在了脑子里的一个角落，不去想他们，要想成功，就不容三心二意；他天生就有这种鼓舞斗志、区分对待的能力，不管情绪如何都能心无旁骛。他一生都在努力保持公私分明——把他的工作和他的生活区分开。

但是他功败垂成。

金发、蓝眼、消瘦、聪明，露出洁白牙齿的笑容一闪而过。14岁时，他的自信就坚如磐石了。

他溜下车，站在潘恩韦伯办公室门外，然后走进大门，看着那些客户来来往往，报价器边响边一个劲儿地吐着白色纸带。小书写员在足有房间那么长的绿色书写板前上下忙碌，像是在舞台上跳舞，一有人向他们喊价，他们就把股价写在板上，而喊价的往往都是坐在大厅里的客户，一直紧盯着手里的纸带。

经纪人则通过电话下达买卖指令。

客户坐在靠墙的椅子上，不时过去找各自的经纪人，好像是在赌马一样。他看着眼前的繁忙景象：报价器咔咔作响，粉笔在黑板上下翻飞，人们喊来喊去，情绪激动。这一切让他激动得有点不知所措，手指摸了摸报价器的玻璃外罩，觉得既冰冷又温暖，玻璃外罩就好像一个水晶球，只是没法告诉你将来会不会像克罗伊斯那样成为世界首富。利弗莫尔默默看着这一切，每秒钟都有人发家致富，全看那个冷冰冰的纸带怎么说，他没有想到也有人在输。

他连办公室的味道都觉得香，令人沉醉——木头的味道，粉笔的味

杰西·利弗莫尔疯狂的一生
THE AMAZING LIFE OF JESSE LIVERMORE

道、笔墨的味道、人们激动和活力四射的味道、煮咖啡的味道、甚至是桌上没吃完的食物味道。他喜欢这种活力激昂的情绪，从走进潘恩韦伯办公室的那一秒起就喜欢。

现在他离农场已经咫尺天涯了。

他穿的衣服有点大，母亲是想着他长大点还能穿。他朝经理走了过去，然后深深吸了口气才拍了拍对方的肩膀。经理快50了，他看了看杰西·利弗莫尔，农家小子，乡下的土包子。

"有事吗，孩子？"他问，上上下下地打量他。

"有活干吗？"

"对数字精吗？"

"是的。"

"看见走道上那一排写数字的孩子了？"

"看见了。"

"好吧，我们是缺个书写员，要手快的。"他审视了一下利弗莫尔。"你手快吗？不会让我后悔吧？"

"不会的，先生，我证明给您看。"

"行，"他笑了起来，"给你个机会。我就是从书写员起家的。"

"是吗，先生？"利弗莫尔应道。

"看看我现在，25年后，我成了这里的老板。别忘了这就是美国，孩子，下了决心就能成功。好了，我可不能整天站在这儿跟你侃大山。我得去赚钱。你想干吗？"

"想干，先生。"

"好吧，把你哥哥的衣服脱了，孩子，上到走道那边去。"

"我没哥哥。"

"我不关心你有没有哥哥，只是开个玩笑，你的衣服太大了，现在过去吧。没人跟你开玩笑吗？"

经理看着小杰西·利弗莫尔脱下外衣，爬上梯子到了过道，马上有孩子递过来粉笔。

"嗨，小子，接着。"一个孩子递给他粉笔和羊绒工作服。

"小子？叫我小子，你不也是个小子吗？"利弗莫尔说。

"在这个走道上我可不是小子，我都干了4年了。"他笑了笑。

"嗨，小子！"经理喊利弗莫尔。

"怎么了？"利弗莫尔问，担心经理反悔了，不想让他干了。

"你都没问我工资。"

"那工资是多少？"利弗莫尔问。

"一个星期6块，"他说，"孩子，以后可不能这么干了，一定要讨价还价，别总是人家说多少就是多少。我有可能给你7块。我刚已经提醒你了，我缺一个人。只要有机会就一定要讨价还价。"

"好的，先生。"

经理冲他眨了眨眼，就回去工作了。

利弗莫尔到波士顿还不到一小时就找到了工作，而且还知道了要谈判。他决定要买一件合身的衣服，他可不想因为外表而被指指点点。

利弗莫尔在办公室附近找了一个提供三餐的房间。他黎明就起床，总是第一个到办公室，常常要等着经理来开门。

他对工作很着迷，拿上粉笔就像是敲开了股市大学的门。他暗自揣摩办公室的一切行动，刚开始他还一窍不通，但每天他都有新收获。他明白，如果可能的话，他也能有朝一日"破译密码"，开发一个"交易系统"，然后就能脱贫致富。

年轻的杰西·利弗莫尔在这里能够接触到每一件事：与酷爱交流小道消息的经纪人闲聊，与专门喜欢听小道消息的客户闲聊，还有专门猜暗码的客户每天早晨把报纸钉在公告板上。无聊的时候，休市的时候，吃午饭的时候，总有人主动向他解释天花乱坠般的创新交易理论。办公室里所有人都在做一件事：从股市的运行中赚钱，每个人都是"参与者"。利弗莫尔和其他孩子是其中的重要角色，他们在走道上上上下下，把交易实况写在黑板上。

在黑板前的工作是他日后成功的关键因素之一。他很快领悟到重要的根本不是经纪人、客户或报纸说了什么，而是像他老板说的："你只管看那个破纸带上说了什么。"而且他还发现，经纪人和客户的预测难得与纸带内容一致。纸带有自己的生命，这才是最重要的生命，纸带显示的才是最终判决。

他喜欢写报价这个体力活，只要是数字，他就能一点不差记下来，记性就像照相机一样，从不出错，别人喊得还没他写得快，无论喊得多快，他也从未落后。他脑子里的数字就像是堆放在一起的成型木块，整齐清楚。

他最终觉察到这些数字都是按照一定的模式不断重复。一到晚上，他就独自待在屋子里，把记住的几只股价写出来，记自己的数字日记。他发现这些数字一直按照一定的模式循环，数字的变化形成一个固定的波浪形，走向平稳，不断重复。股价要上涨或下跌前，总是还能维持原来的趋势，一遇到阻力时，就反向运动，而这种行动方式的线索就隐藏在数字模式里。

他认为股票走势也符合物理原理——一个运动中的物体会保持原方向运动，只有在遇到阻力或障碍时，才会停止或改变运动方向。他跟踪股票，记日记，而且连续跟踪的时间段越来越长，随后就有了新发现——模式里面还有模式，更大的模式出现了。

他一直记日记，从不与人交流，天生就是一个闷头干事的人，14岁时他就绝对相信自己的数学能力。而且他已经忙得分身乏术了，一边要写数字交易，一边要观察黑板上股市的动向，根本没时间聊天，再说能侃大山有什么好处呀。

因为要到走道上在黑板写数字，他得留心听喊出的价格，擦掉再重写，这些动作一天重复几百次，一周就是几千次，他慢慢领悟到"只看价格变化，别问为什么"。他没时间劳神分析股市运动合不合理，引起股价变化的原因可能有一百万个，这些原因日后会一一浮出水面，可惜是在股价变化之后，等到想明白了，时过境迁，白白错失良机，黄花菜早凉了。

第二章 身后故事 背井离乡——波士顿投机店敬而远之

他的笔记本干净整齐、字迹工整、内容完全正确。15岁时他就开始摸索那些不断重复的模式、系统，想要发现在股市上有效的自然数学原理。

他还发现办公室大部分人都在赔钱，屡见不鲜，他们看起来根本就是随便操作，无计划可言，对市场不加分析，投资毫无原则，完全是在赌博，就好像在赛场上碰运气，跟着感觉走，今天押明星，明天赌"黑马"，后天赌骑手，要么买一份暗码表，或者赌内幕消息——选股票毫无章法。

这些天里利弗莫尔热情万丈，他进了"股民大学"，并且乐不思蜀。皇天不负有心人，他很快就有了回报。

研究6个月后，他在笔记本上作了一系列的"模拟交易"，同时进行了跟踪，他知道他的方程式里还缺一大块内容。这时他还从没实际买入过，也明白不实际操作，就永远也掌握不了，就好像一个从不下注的赌徒，只是空想没有用，只有掏钱下注才行。一旦下了注，一有风吹草动都能警觉，因为这时候，也只有在这时候，才能全身心投入，才能热血沸腾、情绪激昂。只有下了注，情绪才能释放出来，杰西·利弗莫尔15岁就明白这一点了。他知道自己完全能控制理智，而且理性很强，但他还不知道能不能控制情绪。

通过观察潘恩韦伯办公室的客户，他知道情绪要么成就他，要么毁了他。贪婪和恐惧是市场情绪的恶魔，不是它们控制你，就是你控制它们。

杰西·利弗莫尔到了参加实战实际操作的时候，但苦于囊中羞涩。

杰西·利弗莫尔后来结婚后有两个孩子——小杰西和保罗，他多次向他们谈起自己早年如何打垮投机店，如何最终能在华尔街叱咤风云。

投机店

"1928年11月6日，在曼哈顿西区地狱厨房（Hell's Kitchen）顶头一间漆黑的医院病房里，地下黑金之王奄奄一息。他脑海里浮现出一些模糊的影子，悠然地荡来荡去，耳边依稀听见一个恼人的声音冷漠而机械地再三追问：'这是谁干的，罗斯斯坦先生？谁向你开的枪？'但罗斯斯坦不会说，只是缓缓转过头，对着墙轻声低语：'阎王不收我，我再告诉你。'然后他闭上眼睛，再一次陷入深度昏迷。"

——威廉姆·克林格曼 《1929年：股灾之年》

阿诺德·罗斯斯坦在黑社会有"大脑"之称，是个赚钱天才。他以赌博发家，在赌场上所向披靡，令人瞠目结舌，成为地下之王，过着沙皇般的生活，而且还是个腰缠万贯的沙皇。指控他的罪名很多，其中之一就是操纵了1919年职业棒球赛黑袜事件。他金钱无数，为赚钱能无所不用其极。

美国各大城市大多数的投机店只是他众多财产之一。从表面看，投机店和交易厅差不多，都有客户大厅、记录股票报价的黑板和一刻不停几乎时时报价的报价器；但与其说像交易厅，不如说像赌马厅。在投机店，只要交股值10%的保证金就能炒股，程序很简单：交钱—买股，随即就能领到一张列明买入时间、股价和股数的"买入号"小票，然后就等着看股价了。一旦损失额超过保证金，投机店就介入，你交的钱全归他们；而如果股价上涨你就赢了，找伙计在你的小票存根上标明报价器的报价，然后就去窗口领钱吧。投机店赢的概率高达95%，这完全是"弱肉强食的游戏"。

而且更重要的是客户交的钱压根就没入市，只是做个"登记"，实际都在投机店手里。他们就是个赌注登记经纪人，而且行动迅速、六亲不认。他们对钱来者不拒，少到只能买五股，多到成千上万美元，只要他们能支付得起。

利弗莫尔一没物二没钱，除了投机店这样由暗势力控制的地方，他别无选择。1892年杰西·利弗莫尔15岁，他朋友比利有一天找到他，比利也是一个小书写员。

"杰西，攒下钱没？"

"没看见我正吃午饭呢妈？"

"别管什么午饭了。有钱吗？"

"干嘛？"

"我有美国钢铁的小道消息，想找人合伙买。"

"怎么买呀，比利？"利弗莫尔问。

"投机店，中午吃饭的时候我过去下注。"

"差多少？"

"我需要5块钱，想买5股，但现在股价是10块。"

"等一下。"杰西·利弗莫尔把口袋里的笔记本拿了出来。

"拿本子干吗？"比利问。

"我要算算今天的运气。"他回答说。笔记本上有美国钢铁的交易数据，现在的走势形成了上涨前的模式。他看了看觉得很满意，机会不错。"好吧！"

交钱两天后，净赚3美元，他揣着战利品笑了。杰西·利弗莫尔由此正式登场，成为一员。

利弗莫尔开始独自光顾投机店，同时依然核实笔记本上跟踪的真实价格，力图找到模式。他已经提炼出了一个系统，现在则是按图索骥。他还双向操作，根据数据卖空或买空，两方面都应对自如。

很快，赚的钱比工资还多。他辞了工作，整天待在波士顿的投机店里，所以不到16岁时，就赚了远远不止1000美元。这时他回了趟家。母亲看到他回来欣喜不已；父亲只是摇摇头，他怎么也想不通一个16岁的孩子，不偷不抢，就能有1000多块钱。

杰西把一半钱给了父母，算是还了母亲的账。他带着750多美元的身家回到波士顿，继续他的毕生事业。他总是单枪匹马，既不告诉别人他做什么，也不找人合伙或向别人借钱。为了避免引起注意，他就打两枪换一个地方，这种"孤狼"战术很适合他，他天性如此，他一辈子就是这样独来独往，自己悄悄买进、悄悄卖出，从不告诉任何人。真正让

杰西·利弗莫尔疯狂的一生
THE AMAZING LIFE OF JESSE LIVERMORE

他兴奋的是"做对了",靠脑袋去赢,不使蛮力,不拉关系,不用劝说别人,完完全全凭智力,弄明白别人弄不明白的事情,在股市上赚钱。让他兴奋的是赢,而不是赚钱。只要判断正确,只要赢了,钱自然进账。之所以输,就是因为总想着钱;之所以赢,就是因为判断无误,这就是利弗莫尔最钟爱的游戏。

小小年纪就在投机店一掷千金,他这时候就被戏称为"小豪客"。

在赌场稳赚不赔的人总是被赶出门。由于在波士顿的投机店斩获颇丰,利弗莫尔也难逃此运,被迫出局。他心有不甘,所以改名换姓,乔装打扮想蒙混过关,但很快就被认了出来。他又心生一计,先输点儿,到最后再大捞一笔,但时间不长就以失败告终,而且店主的临别赠言如出一辙:"滚吧,小子,到别的地方赚去吧。老板招待不起你这样的怪胎,赔不起。投机店多着呢,由着你挑。立马滚!"

利弗莫尔把投机店杀得毫无招架之力。他们开始还想:不就是个小毛孩嘛,屁都不懂。但很快,投机店经理发现了真相——金库的钱眼睁睁地少了。大多数情况下最终倒霉的是阿诺德·罗斯斯坦,他把钱袋子看得重,狠狠教训了那些经理一顿。波士顿的投机店不欢迎利弗莫尔,他只能另寻战场。他琢磨着他的原理和系统在大型经纪公司同样有效,他的理论会生效的,没道理不生效。

但他错了。

利弗莫尔带着他的理论、系统和买股原则来到了纽约。但是纽约证券交易所和警方已经封杀了所有的投机店,至少当时就是这个形势。到曼哈顿时他只剩2500美元了,虽然在投机店的赌本一度超过1万美元,但在离开波士顿前有几次操作失误,损失惨重。

这些失误让利弗莫尔烦恼不已,但他也分析出了原因。利弗莫尔从不迁怒股市。他觉得生一件东西的气——就像赌徒对一副牌怒火冲天——毫无道理。他总想着从错误中吸取教训,然后因此获利。犯不着和纸带较劲,纸带不会错,错的是股民。他检查了那些糟糕的交易,也得出了明确的结论。

第二章 身后故事 背井离乡——波士顿投机店敬而远之

第一个结论就是如果所有条件对他有利,而且他还能耐下心等条件成熟,那赢的就是他。这也引出第二个结论,不可能也不应该总待在股市里不出来。你得有点时间置身事外,在一旁手握现金,伺机而动。

几年后他的朋友伯纳德·巴鲁克也证实了这一点。他时不时就说:"JL,我觉得该去打几只鸭子了。"这时巴鲁克就清盘,去他位于南卡罗莱纳州17 000英亩(约6680公顷)的种植园"霍考公爵"。这儿的沙滩和盐碱湿地是美国的猎鸭天堂,而且没有电话来烦你。

20岁的杰西·利弗莫尔怀揣为数不多的现金来到纽约,真正登上了大赛赛场——纽约证券交易所。他决定到E·F·赫特公司去,那里成了他的工作地点,他在投机店的名声先期而至,使他在公司很受欢迎。他的绰号从"小豪客"变成了"小交易员"——这点钱在纽约可不敢妄称豪客。

刚开始他干得不错,给经纪人赚了不少佣金,但最后还是赔了个精光。6个月的辛劳全都打了水漂,应收款变成了应付款,到头来反倒欠了经纪公司的钱。

他很不满自己一穷二白的状况,在晚上闭市后就去找E·F·赫特。

"我想借点钱,埃德。"他说。

"多少?"赫特问。

"1000块。"

"我只能给你1000块的信用额度。"

"不行,我要现金。"

"为什么?"

"我现在还搞不定华尔街,我想再去投机店,所以需要现金。我会回来的。"

"这我就搞不懂了,"赫特说,"你在投机店能赢,在华尔街就赢不了。怎么会这样?"

"是这样,我在投机店做交易只靠纸带,但在你的公司,等指令到

杰西·利弗莫尔疯狂的一生
THE AMAZING LIFE OF JESSE LIVERMORE

交易厅早都过了八辈子了。比如说，我想在105买进，等指令发出，股价已经成了107或108了，我亏了这么一大笔差额，也就赚不了多少。投机店里全看纸带，我能马上买在105，卖空的情况也是这样。如果交易频繁而且交易量大的话，更糟糕。在投机店，想卖110就是110，但到了公司就可能是108了。所以我两头亏。"

"但是公司的保证金要求比投机店更宽松呀。"赫特说。

"这才是要我命的地方，赫特。你看，有了多余的保证金，我就敢持股，不像在投机店，赔了那10%我就被扫地出门了。你明白了吧，问题就在于股价跌了，我还持股等着涨呢。我总想着涨，所以就抱着不放，越抱就越糟。我赔得起10%，但我赔不起25%，我必须大捞一笔才能把钱赚回来。"

"这么说，就是因为人家能把你赶出来，你最多也就输掉10%？"

"嗯，而且结果这真成全了我，在一个股票上我最多只想赔10%。"利弗莫尔说，"能借我钱吗？"

"再问一下，"赫特笑了，他喜欢这个孩子，他身上有一种力量——一种精神力量，值得他认真对待，"你怎么就知道你还能回来，还能在股市上赚钱？"

"到那时我就能研究出新的交易系统了，但我现在得回去再学学。"

"你来的时候带了多少钱，杰西？"

"2500块。"

"那现在你就要背着1000块钱的账走了，"赫特说，他从钱包里拿出1000元递给利弗莫尔，"唉，有3500块你都能去哈佛了。"

"我在这儿学到的东西能赚很多钱，比从哈佛出来赚得多了去了。"

"天知道我怎么就是信你，杰西。"

"我一定还你。"利弗莫尔说着把钱放在口袋里。

"我知道。只要记着回来后还在这儿做交易就行了，我们对你的工

第二章　身后故事　背井离乡——波士顿投机店敬而远之

作很满意。"

"好的，先生，我会回来的。"利弗莫尔说。埃德·赫特看着他离开，并且坚信还会见到他。

利弗莫尔知道的投机店有限，东海岸成了他的禁地，只能到中部看看。听说圣路易斯有两家大型投机店，他就慕名而去。

他坐火车到了圣路易斯，在酒店洗了澡就直奔投机店。去的那家规模很大，交易大厅能容纳200人。他用了假名字，操作也比较保守，先缓步前进。三天以后他就一路领先，腰包从1000美元增加到了3800美元。

第三天早上，他被带到了老板的办公室，听到对方说："你好，杰西·利弗莫尔先生，坐吧。"他们认出他了，让他赶紧走。

他立即去了一个离街区较远的投机店，走到窗口想买股。

"500股快速公交公司。"

伙计开始填单子，这时经理走了过来，站在利弗莫尔面前说："收了你的钱可没好事。干我们这行，坐在这里的人不能是傻蛋，外边玩儿的必须是傻蛋，利弗莫尔。"

"你认识我。"

"也知道你的手段。"他把钱还给利弗莫尔。

"听我说……"

"行了，你听我说，小子。我刚接到对面的电话，说的就是你，明白了吗？我现在请你，听好了，滚出去！"

"滚出去！我怎么听这不像是邀请啊。"利弗莫尔接过钱说。

第二天下午他就回到了E·F·赫特的办公室，找他还钱。

"要利息吗？"利弗莫尔笑着把钱递了过去。

"你的佣金就是我的利息。挺快的呀，他们又把你赶出来了？"

"是呀，四天就被他们盯上了。"

"现在有什么打算？"

"没什么打算，6个月前怎么开始现在还怎么开始。"

杰西·利弗莫尔疯狂的一生
THE AMAZING LIFE OF JESSE LIVERMORE

"这么说就是要么华尔街要么哈佛了?"

"不不,是要么华尔街要么一无所有。"

"你怎么可能在四天里就能知道怎么战胜华尔街?"赫特纳闷。

"我没必要跟华尔街对着干,我只要战胜我自己,战胜我自己的情绪就行了。"

"至理名言呀,杰西·利弗莫尔。祝你好运!"

"好运?"

"没错,杰西,人这一辈子还是需要那么点运气的。现在重启你的账户吧。"

几个月之后,杰西·利弗莫尔算了一下账,结果仅仅是收支平衡,没赔没赚。虽然信心高涨,但他还没有构建一个在股市上保持不败的系统,没法重现投机店的光辉。

后来有一天一个名叫比尔·沙利文的人来到E·F·赫特的办公室,告诉利弗莫尔那个在圣路易斯开投机店的家伙动歪脑子发了一笔横财,为了逃避纽约警方,他在新泽西州河边的霍博肯新开了一家新店,"不限金额",随便买卖。这个人就是把利弗莫尔赶回纽约的那个家伙。

利弗莫尔一直等到周六才去了霍博肯投机店,周六股市12点闭市。店里陈设壮观:整屏的报价板、宽敞的客户大厅、伙计多得数不过来。利弗莫尔悄然入场,刚开始的时候只买了一点。11点刚过,他就掏了2000美元卖空20 000美元,市场随后重挫,离闭市只有5分钟的时候,他平仓套现,进账6000美元。他去拿钱,但伙计手头的钱不够,让他周一再来取尾款。

周一等着他的就是圣路易斯的老熟人。

"利弗莫尔,你到底想怎么样?"

"拿钱。"

"我在圣路易斯就说了别在我眼皮子底下捣乱,你也别想在新泽西这儿混,这儿现在不欠你的钱。"

"给钱。"利弗莫尔说。

那个人一眼不眨地瞪着他。

"喂,我可是老老实实按规矩来,不像你玩阴的,"利弗莫尔也瞪着他说,"如果你还想做生意,就乖乖给钱。"

利弗莫尔身后已经围了一群人,他扯着嗓子喊:"赶紧给钱,我赢得正大光明。"

"告诉过你别来了。"

"那时候可在霍博肯。现在给钱!"

那个人点点头,伙计抽出了几张千元支票,付清了利弗莫尔的钱,总计6000美元。

"利弗莫尔,我有个老板,他可不留一点儿情面,就当帮我个忙,别再来了。"

利弗莫尔郑重地点点头走了,回曼哈顿的路上他衡量了一下现在的处境。

第二天他给比尔·沙利文打电话,就是他提供了霍博肯投机店的消息。

"听我说比尔,谢谢你告诉我霍博肯的那家投机店,我想让你帮个小忙。"

"多小呀?"他问。

"我给你钱,你去霍博肯小买几笔,到时候我告诉你怎么操作。"

"我有多大好处?"

"20%,再包你所有开销。我给你1000块。"

"成交,利弗莫尔。"

等他的人开好了路,利弗莫尔就采取行动。他这次还是做空,分完钱还净赚4100美元。

利弗莫尔手里现在有了10 000美元,他决定死守股市,再也不去投机店了。幸亏他现在已经被永久禁入,否则阿诺德·罗斯斯坦早晚会发现,免不了要找上门来,万一如此,别说保住钱,他能保住命就不错了。再说，钱已经赚回来了，比原来多得多，现在他应该进军股市大战一番了。

话说回来，投机店那点鸡零狗碎他已经看不上了。通过有执照的经纪人，他更想参加大型比赛，玩正规的，不用小心翼翼，担心赢得太多被发现。当然正规赛场上输起来也拦不住，这一点他日后才深有体会。

战胜市场成了利弗莫尔毕生的追求，就好像练就点石成金的魔法，把一张张纸变成做梦也无法到手的钞票，一百变成一千，一千变成一百万，一百万变成几亿。唯一的条件就是能提前知道市场如何变化，就好像解一道难题，答案就在眼前，只要想出来就行了。

而且利弗莫尔确定他能找到问题的答案。

第三章
赚取本钱
——旧金山布阵，
纽约地震

投机商：现在的时髦说法创造了"投机商"这个词，其实和赌徒是一个意思，来自拉丁文"speculari"，意思是秘密监视、观察。

我认为这种人能预知未来并提前行动。在人类社会，这种能力堪称无价之宝。要想具备这种能力，需要三个必要条件：

第一，必须了解情况或问题的所有真相。

第二，必须知道这些真相的价值。

第三，必须及时行动，否则悔之晚矣。

我知道很多人都能说出一大通道理，一些堪称金玉良言，但一落实到行动上，就一点也站不住脚。如果已经尽人皆知了才采取行动，那就只能错失良机了。

显而易见，危险之所以危险，就在于它无法控制。

——伯纳德·巴鲁克 《我的故事》

杰西·利弗莫尔疯狂的一生
THE AMAZING LIFE OF JESSE LIVERMORE

利弗莫尔客观分析错误,他说:"从股市学真本事的方法只有一条:投入真金白银、跟踪你的交易、从失败中吸取教训。"

反复研究失败心里可不好受,但投机人必须在大大小小的错误中学习,稍有疏忽,犯的错可不是一般的错,这里的错都是明码标价的。因为投资错误而赔了钱,回头再检查的时候就知道有多心疼了。

审视错误虽然痛苦,但也是必需的,这样才能避免重蹈覆辙。他在自我检查的时候毫不留情,他的结论是:"交易成功是因为投机商战胜了自己的情绪,不是谁聪不聪明。只有建了仓,赌上一只股票或商品,把钱变成股票之后,情绪才能被激活。"利弗莫尔把做交易比喻成拿着枪参加决斗,如果对方的枪瞄准了你的心脏,你会有什么反应?这时候你越来越害怕,脑子里浮现出一个个惨烈的场景,精神紧张,左右为难,摇摆不定,理智早不知道跑哪儿去了。

但是为了险中求胜,必须入得虎穴,不能只是夸夸其谈、思前想后、刨根问底,必须拿着钱坐到台子上去。获得冠军的不是教练或领队,而是队员;取胜的不是将军,而是拼刺刀的战士。

利弗莫尔认为,世上最大的金矿就在曼哈顿华尔街和百老汇拐角的纽约证券交易所里,金子堆积如山,仿佛唾手可得。不用挖,不用地图,随便拿,而且固定时间开放给所有来客,欢迎他们来试试运气。但真能淘到金的人屈指可数。

所有投机商都能在同一时间获得相同的信息,基本上都站在同一条起跑线上,所以没发财只能怪自己。交易遇到的问题也和淘金有很多雷同之处:情报错误、假矿、没油水、气候恶劣、同伙贪污、花天酒地、路遇劫匪或嗜赌成性。其中两个最大的问题就是强盗和骗子,前一个想使诡计贱买你的金子,后一个给你兜售假地图。

这些骗子在利弗莫尔看来就是华尔街上声称知道内幕消息的线人,他们就站在金矿的门口吆喝,给不明真伪、还没拿起过镢头的人传授秘诀,他们信誓旦旦地说致富的捷径就是一下找到主矿,发财不费吹灰之力,而主矿的线索就在他们手里。

利弗莫尔认为新手从来就不考虑常识：

"你为什么告诉我这个宝贵建议？"

"既然你都知道消息了，怎么还是个穷光蛋？"

"你说买这只股票，有什么目的吗？你暗地里卖给我的价格是不是高得多？"

"既然股市这么容易赚钱，你怎么就只赚佣金，自己不炒股？"

成功之路必然布满陷阱。利弗莫尔知道他必定一个也不能幸免。他不担心掉下去，只担心会一而再、再而三地重蹈覆辙。

利弗莫尔了解尽人皆知的基本市场法则：

只要犯错就会赔钱。

要赚钱就必须正确行事。

因此，赚钱就证明我做对了，赔钱了就是我做错了，这条法则无可辩驳，是投机定律。

利弗莫尔观察到很多人在市场上大放厥词，好像他们嘴巴一张就能逆转乾坤，扭转局面；而转眼他们又向同病相怜的人诉苦，以此来减轻因违背投机基本规律造成失败而带来的痛苦，这也是利弗莫尔之所以总是悄然行事的原因之一。赢就对，输就错，有什么好抱怨的，有什么好解释的。

他分析交易唯一的目的就是要知道为什么赢了，为什么输了。他觉得，股市上的生活在奥马尔·克扬的诗里有形象的描述：

> 以指代笔书，
> 法令行如山。
> 拜佛再取巧，
> 字句万难消，
> 空使泪长流。

1899年，新世纪就要到来，利弗莫尔22岁，身家10 000美元，在市

杰西·利弗莫尔疯狂的一生
THE AMAZING LIFE OF JESSE LIVERMORE

场上摔打了7年,知道了股市完全不同于投机店,但他已经在投机店大获全胜,没道理不能在股市上再创辉煌。

他重启了在E·F·赫特那儿的账户,兑现了诺言。他还是按原来的策略卖空,几乎每小时或每天跟踪一次纸带信息,只是更加小心翼翼。终于时来运转,日子好过了,朋友也多了。

1900年10月他娶了内蒂·乔丹,妻子来自印第安纳波利斯,他们初识于中西部的投机店。夫妻俩住在第五大道高级的温莎酒店,夏天就去新泽西海边的朗布兰奇市,租住在农庄里消暑。他还携妻前往欧洲,购得12 000美元的珠宝博其欢心,这是他的第一次欧洲之旅。

很快到了1901年,"全面惨烈"并没有出现,反倒迎来了大牛市,美国一片繁荣。股市也开始沸腾,每天25万股的交易量已经成了老皇历,现在的日交易额为300万。在钢铁股、金融股和铁路股里暴富的人纷纷来到纽约就近作战,大庄家更是无孔不入,新世纪初一片热血沸腾、生机勃勃的景象。

这个时期华尔街创造的神话数不胜数,一些伟人的名字足以标榜千秋:"百万赌徒"约翰·盖茨、约翰·A·德拉克、劳依尔·史密斯·佩奇,当然还有名声不太好的海蒂·格林,华尔街第一位女富豪。

海蒂·格林也是个独行侠,名副其实地聪明:600万的遗产增值到了10 000万;也名副其实地小气:总穿着一身黑,散着气味、脏兮兮、样式老旧,股票就缝在衣缝里。她每天就像个黑幽灵一样,一会儿飘到贫民窟的平房里要债,一会儿飘到美国化学银行(Chemical National Bank)的金库里清点资产。她一屁股坐下去,跷着二郎腿,把利息单剪下来缝在衣缝里,又从口袋里拿出三明治和饼干,边吃边缝。

她的投资策略简单明了:大手笔投资,但要保证获得约6%的稳定收益;消费方面则是能省则省。她说:"我一发现无人问津的好东西贬了值,就大量买入,然后就能饱餐一顿。"解释得更简单就是:"比方说你投资600万,以6%的收益率计算,一毛不花的话,51年后就成了11 700万。没算错吧?"

第三章 赚本钱——旧金山布阵纽约地震

她在金融危机时也是个大买家,买房地产抵押、买政府债券、买铁路股票,股票也回报以"额外利润"。她对市场了如指掌,但有时候也随性而行,按照常识买股。她逃过了尼克博克信托(Knickerbocker Trust)在1907年经济恐慌中的一败涂地。用什么办法?她去了一次银行就明白了:"这些家伙看起来富得流油,从头到脚一身新,我可看不惯。"在崩盘前几周她就全身而退了。

海蒂·格林是当时唯一的女性大玩家,"我希望女人无论到哪都能在工作上有比现在更多的机会。男人总有一天会知道女人在工作上有多少优势,到时候就没人要男人了。我这辈子都在法庭上跟男人斗。"

海蒂是个全能选手,总能想办法达到目的。如果死缠烂打失效了,她就采取眼泪攻势;再不行,她就不客气了,咱们法庭上见。她还想着逃掉律师费,为了这,她能再雇新律师跟原来的律师开打。她有一次下血本,交了50元办了持枪证,到哪儿都带着枪,理由是"还不是那些死搅蛮缠的律师,我可不想被他们害了。"她让所有认识她的人胆战心惊。

海蒂唯一的挚爱就是钱,只把儿子内德当是继承人,她给儿子付大学学费的条件竟然是要他答应20年不结婚。内德答应了,他爱母亲。他只有一条腿,14岁的时候,因为雪橇事故伤了膝盖。海蒂却不想送他去医院,只给腿上敷了自制的药膏,就把他扔在床上不管了。他父亲回家知道真相后,暴跳如雷,赶紧把他送到医院,但伤口已经溃烂,最后不得不截肢。

这是一个英雄辈出的时代。

利弗莫尔不是不明白海蒂·格林的手段——省吃俭用加上组合投资,这对一些人来说的确是灵丹妙药。但在他这儿行不通,他不想那么穷酸,也看不上一年仅仅6%的收益,那只是某些人的制胜法宝。

1901年股市如脱缰野马,利弗莫尔入市以来第一次见识了股市疯狂起来会是什么样子。他铭记着一条颠扑不破的规则:"市场亘古不变。"变的只是形形色色的玩家和或多或少的钱。新玩家资历尚浅,没

杰西·利弗莫尔疯狂的一生
THE AMAZING LIFE OF JESSE LIVERMORE

见识过以前的波动。

利弗莫尔在1901年的大牛市买空，空前买进了10 000美元的北太平洋，钱回到口袋里就成了50 000美元。但在他看来，这不过是筹码变大了一点。他正等着市场来个中场休息，出现大调整，然后来个日内反转，再大幅上扬。

这也是杰西想让孩子牢记的经验之一。

5月初，利弗莫尔出手了。

"100美元卖空1000股美国钢铁，"即将开市时他急忙吩咐伙计，"再80美元卖空1000股桑塔福。"

伙计抓了指令单就跑去给场内的交易员打电话。一开市利弗莫尔就站了起来，看着那些卖空的股票转头直下，如开了闸的水。他心里的石头落地了，判断正确，股价重挫，一片混乱，但一看交易量他就笑不起来了，一下子站了起来，惊恐万分——交易量巨大。交投这么活跃，交易员应接不暇，这是个"快速市场"，市场瞬息万变，指令却迟迟发不出，一刻钟过去了，半小时过去了，一小时、两小时过去了，即使轮到自己，股价已早过了期望值了。

终于轮到利弗莫尔的时候，结果让他难以置信。虽然他的经纪人不比同行差，他的指令也没什么错——本来想100元时卖空，到手的却是85元；而80元则成了65元，这价格恰恰是他想在下午反弹时提前买入平仓的价格。他立即决定再把股票买回来平仓。

他冲着伙计喊："把1000股美国钢铁和1000股桑塔福以市价买回来。"

伙计又赶紧跑了出去给交易厅打电话。股市扶摇直上，利弗莫尔心里却像压了一块石头。他只能眼睁睁地看着纸带上的数字逐步攀高，心里清楚现在已经全速反弹了，平仓的代价是惨重的。他犯了投机商最不该犯的错，不由自主、一门心思想逃顶抄底。

伙计拿着纸条回来了。利弗莫尔慢慢打开，美国钢铁85元卖空，110元平仓，损失25 000美元，在桑塔福上的损失同样惨重——25 000

美元。市场运行如他所料,他没错,但现在身负重债。以前的错出在报价器上,现在的错出在"实时报价"上,价格变化太快,交易厅的人根本赶不上,如果进入快速市场状态,报价器有时候能滞后两个小时。

今天利弗莫尔获得的经验最有价值。他卖空时故技重施,还在投机店那样"实时"操作,但在股市上,报价器可不是"实时"报价,而是"延时"报价,一整天都在延、延、延。报价器蹦出来的不是当下的价格,而是早就过期的价格。利弗莫尔现在洞若观火了,股市里不可能做那么准确的卖空交易。

虽然判断基本正确,料"市"如神,但执行起来就没想得那么好了。指令无法按时执行,时机有误,卖得晚了,买得也晚了。

利弗莫尔眨眼之间又一贫如洗了,理想破灭、精神沮丧、心情压抑、身疲力竭。昨天他还有50 000元身家,信心满满,今天就被打击得一无是处,唯一的安慰就是知道了为什么输。

他败走纽约,又回到了波士顿重拾旧业。他还得想想怎么活下去,原来那种奢侈、烧钱的生活已经习以为常,但现在不名一文了。这对儿新人一直和睦相处,应该说在利弗莫尔1901年5月破产之前是这样,他让内蒂拿出在欧洲买的那些价值12 000美元的珠宝,抵押出现金再去投机店。

她断然拒绝,随即心生芥蒂,双方最终分道扬镳。他现在是赌场、情场皆失意。

除了股市,他对别的一无所知,只能重整旗鼓,必须搞到本钱,杀回华尔街。现在他只有一个目标——赚钱,为此殚精竭虑。

他还是找上投机店,但他已经声斐波士顿,没人能让他进门。他就找人代他买股交易,但还是被发现了。很快利弗莫尔到了上天无路、入地无门的绝境。

万幸的是,一家新式混合型投机店出现了,颇有名家的样子,自称是从属于一家经纪公司,公司在交易所占有席位,实际上他们从来没有把客户指令发到交易厅去,而是把这些指令"装进了空桶",自己同时反向操作。客户如果赚了，他们就给钱销账，而经常出现的情况是客户空手而去。

利弗莫尔在这里还是生面孔，所以很快就在五家分店里挂了名。对方保证买到的价格与要求相差不到一美元，也就是基本上能"及时买入"。

于是，利弗莫尔又开始了纸带交易，每天都小有进账，为重回纽约积极准备。他找了间办公室，接了五部电话直达那些不伦不类的投机店，还用了假名字以免被认出来。他又专门接了一条线联系纽约合法的经纪公司，同时也装了报价器。一年内顺风顺水，他买了车，还想装修一下办公室。但是他这里交易越来越大，赚得越来越多，投机店那里就不好过了，钱走上了直达单行道——从他们的金库到利弗莫尔的保险箱，于是他们不断找事。

他们趁着他持仓量不断增加，开始玩把戏。利弗莫尔付巨资重仓买空了，他们就卖空，在他平仓的时候少报几个点。对方一捣鬼，他就得赔钱。

最后他攒够了本，开始反击，以其人之道，还治其人之身。他找了一个诱饵——有一只股票一度非常活跃，但现在已经乏人问津，几乎没有交易量，成了休眠股。

他给那5个"投机店"都打了电话："给我买100股81美元的阿科美，就是最后一次的交易价。"等5个经纪人确定都买了以后，他才给纽约真正的经纪人E·F·赫特打电话。

他已经知道买入价是81美元。"帮我以85美元挂单买100股的阿科美。"等到报价纸带上显示出85美元的成交价，他立即在85美元平仓，净赚4美元，总值2000美元，然后再把纽约的交易脱手。

利弗莫尔整了那5个投机店好几次，而且有一次误打误撞，发了一笔意外之财。他自己操纵的一只股票真被他拉上来10美元之多，他买了600股，净落6000美元。这次交易后，那些投机店终于明白过来，他去其中一家取钱的时候遇到了麻烦。

第三章 赚本钱——旧金山布阵纽约地震

"利弗莫尔，我们不给你钱了。你坐庄，还用假名字！"

"这不怪我，你也这么干的。"他回答。

"你在纽约买股，把价格煽起来，我们建了仓你才推高，自己操纵。"

"我也是跟你学的，给我使绊子，就别怪我。"

"赶紧滚吧。我知道你的外号，'小豪客'嘛。这回可由不得你，别自找麻烦，你惹不起，你跟朋友狼狈为奸。"

"我从来没有同伙，我一向自己干，你不是知道吗？别在这儿编故事了，谁会相信你？"

"我信就行了，你这个骗子。"

"你们是大公司，有很多办公室，我一个人孤立无援，怎么敢骗你。"

"我管你怎么干的，你就是干了。"

"你自己自说自话，根本没证据，你就是想赖账。"利弗莫尔理直气壮了。

"你这个混蛋！"

"别骂人，你吓不倒我。我有纸条能证明我让你买卖过股票，现在交易做完了，你欠我钱，2000块，想赖账吗？"

利弗莫尔扯着嗓子喊了起来，周围早围了一群看热闹的。这一行最大的忌讳就是交易完了"不兑现"，这种地下交易最怕谣言，坏事传万里，客户会蜂拥回来挤兑，然后就混乱不堪，与银行没什么差别。

谁也不说话了，过了一会儿，经理到钱柜一把抓出钱，当着众人的面一张一张抽，取出最后一张100元时，他对利弗莫尔低声说："再别来了，别让我再看见你，小滑头。"利弗莫尔带着钱扬长而去。

他的手段与那些投机店毫无差异。客户交上微薄的现金，一旦失利，就血本无归，成千上万的人就这样被投机店洗劫一空。

当天晚上，他就急不可耐，驾车和一位同行驶向纽约。接下来的故事是他的杰作之一，他津津乐道多次向儿子炫耀，说他差点成了耶鲁大

杰西·利弗莫尔疯狂的一生
THE AMAZING LIFE OF JESSE LIVERMORE

学的学生。

他们在纽黑文歇脚,听酒店的人说镇上有投机店,马上按捺不住,第二天早上就去了,受到经理热情扬溢的接待。利弗莫尔穿的衣服晒得有点变色,他朋友则是上穿颜色鲜艳的蓝夹克,下面一条卡其裤,经理当下就认为他们是大学生。纽黑文可是大学城,耶鲁就在这里。经理在这些书呆子身上榨了不少油水。

利弗莫尔第一天小打小闹,他的朋友也有样学样。他们当晚就在那儿过夜,第二天早上股市一开盘就来了,整整玩了一天,利弗莫尔赚了近1500美元;到第三天又来了,还是那身学生打扮。利弗莫尔第一笔就卖空500股,股市暴跌后,他立即平仓。经理磨磨蹭蹭地付了钱。500元的成本,500元的利润。

付完钱,经理就仔细打量利弗莫尔,小伙子蓝眼睛、金黄色头发,面带微笑,举止有礼,不太说话。等再看到这两个大大咧咧、腰包渐鼓的大学生时,经理热情不起来了。

利弗莫尔拿着钱走过来说:"我想卖空200股美国钢铁。"

经理看了一眼他的钱,一动不动,又审视了他半天,最后才说:"你们两个根本不是学生吧?"

"我们可没这么说过,你自以为是。"利弗莫尔回答。

"你们是骗赌的。"

"我们怎么又成了骗赌的了?我们骗赌的话,就能操纵市场了。你刚才也看见了,我们坐在那什么也没干,没打电话、没搞怪动作、没耍花招。"

"你总是赢,这就不正常。"

"你也总是让顾客输呀,每次都吞了他们的保证金,打劫得一干二净,我们也是遵守规矩。赶紧给我买200股的美国钢铁。"

"别做梦了,你们骗我,你们两个小混蛋敢骗我。"

"喂……"利弗莫尔说。

"行了,现在就滚出去,别把我惹毛了。"

"好像你的毛已经炸起来了。"利弗莫尔说,眼看着那个人真气极了,赶紧说:"好好,我们这就走。"

"记着别来了!小混蛋!"利弗莫尔摔上门,把声音关在门里。经理也还不是错得离谱,他本该能上到大学,甚至能进耶鲁,但利弗莫尔只对一所大学情有独钟——华尔街。

经历了两次一无所有,他明白了只有这样才能了解这一行,失败了才知道哪条路行不通,但如果还是"重蹈覆辙",那就是还没领悟,还得再跌倒。他离开了整整一年,有大量的时间审视那些错误。

现在他觉得万事俱备,该回纽约在华尔街拼杀一番。

从业至今10多年,他分析过技术派、图表派和数字派,也分析过出身美国顶级工程和技术学校的人开发的理论和技术,他承认这些都各有千秋。但他的经验来自实战、来自"真刀实枪"、来自坚持不断的分析。

他认为:

"一定要先评估整体环境,知道最大的运行轨迹线可能在哪,市场现在是上行趋势还是下行趋势,或者还未稳定,只是在做盘整,趋势还不明朗?"

"如果大趋势对你不利,那情况就非常不妙。这时要跟着市场走,别逆市而行、顶风作浪。"

利弗莫尔想区分股市赌博和股市投机到底有什么不同。他从来不说牛市或熊市,这种说法会让人形成心理暗示,进而形成思维惯势。

他现在来到了一个新赛场,跟投机店完全不同,规模更大,风险也更大。利弗莫尔觉得解决问题之前,先要确切知道问题是什么,问题的本质是什么。

他分析的第一个问题就是时间的维度,这个问题他分析了一辈子。过去在投机店过活的时候,他觉得"时间"就是"即时时间",也就是说他与市场是同步的,能对市场变化的每一刻、每一秒做出反应。

但如果想在华尔街立于不败之地,就得改变策略,看得更长远些,得注意到"未来时间";必须耐心等待,预测必定出现的涨跌,采取行动,再耐心等待。

利弗莫尔最终的结论是:

"'预测'市场就是赌博;耐心等待,市场有了信号再'相机而动'就是投机。"

而且他相信只有投钱进去才能检验答案是否正确、策略是否有效。利弗莫尔所有的行动都对,只是错在了确定时间上,现在他以全新的认识卷土重来。

成效不错,但没有预期得那么好;他对交易系统还是不满意;他受到了其他交易员散播小道消息的影响;他总是赚点就溜,而不是抓着赢利盘不放;他听取了周围人的建议,采纳了他们的哲学"兑现赢利总不会导致破产";他还受到了以往交易方式的影响,赢了就跑,不等市场变得不利,先落袋为安。但干扰他判断的主要因素还是其他交易员口口相传的内幕消息——总是没完没了,特别是如果他认可的经验丰富、精明老练的交易员也这么说的话。

就有这么一个人——大玩家、他的偶像,从来不传消息,不提供建议,只说过:"现在是牛市"、"现在是熊市"或"市场正在整理,方向不明。"就是这些建议让利弗莫尔后来惜之若宝。

入市前首先就要明白这一点,必须先确定市场的大趋势,但同时也必须时刻跟踪交易,没有合理的理由坚决不能卖。如果市场大势对你有利,也没有其他不良因素,那就好好地跟下去。

他还研究了傻瓜,也就是输家,并进了分类,共分三类:

1. 一无所知的傻瓜:明知自己是个睁眼瞎,还要和市场较量一番——生命期3~30个月。

2. 二等傻瓜:利弗莫尔称为半个傻瓜,从更高级的傻瓜那儿找消息,他们已经比傻瓜高了一层,到了第二阶段,装了满脑子的市场名言和圣人语录,不太笨,比初期傻瓜命长点——生命期三年半。

3. 第三种傻瓜总是盯着便宜货,抄底买入等着翻盘,一般还算平安无事，但等到手里的股票翻盘无望或持续下跌时就傻眼了。

傻瓜和大多数股民都没弄明白的一条规则，就是：不要当傻瓜。

利弗莫尔觉得自己现在还是一个傻瓜，但是他是另一种傻瓜，他称之为"听广播"的傻瓜——听得进话，但总是见好就收。总是想着避险的人，只能眼睁睁看着市场的大好机会白白溜走；苦苦等候的良机，要么根本不出现，要么就是昙花一现；或者他还来不及出手，最后涨得太高，他买不起了。利弗莫尔认为市场剧烈震荡的时候才能赚大钱。只要判断正确再耐心等待，熬过负面波动和修正，终能大获全胜。这当然不是说他就顽固到底，坐等市场暴风骤雨的来袭，"10%的投机店规则"伴随了他一生。

"损失超过买入价的10%，我就平仓。"

经过长期深入的分析、持续的修订，再加上实际操作，利弗莫尔逐渐摸索、推演出了他的规则，一套在股票和期货市场投机的基本理论。

但是有一次他违背了所有规则，财源却滚滚而来。

他把这一段称之为"鬼故事"，津津有味地说给儿子和朋友。

1906年利弗莫尔29岁。当年春天，他清仓之后到亚特兰大度假，和一位业内朋友在新泽西的海滩上尽情放松。他在E·F·赫特那保留着自己的户头，保证金的权限有3000～4000股，每股均价100美元，这样他能控制的仓位高达40万美元。当时的市场正处于上行区间，涨势稳定。

一天早上，利弗莫尔和朋友闲得无聊，就到E·F·赫特在当地的办事处看一眼股市，市场强劲，朋友一直重仓买空。

"看看，势头很强呀，我猜得没错。买点吧，JL。"朋友说。他让朋友叫他"JL"。

利弗莫尔看着纸带，一言不发。"回神了JL，听见我的话了吗？"利弗莫尔充耳不闻，一直安静地看着纸带，实际上他根本没听见朋友的话。在利弗莫尔的交易生涯中，他几乎从不冒冒失失凭一时冲动来，他没分析过那些冲动、预兆或直觉，因此多数情况下也不据此行事，但他也时刻留意，冲动的时候大部分很准。他不知道是不是数百万股实战培养出来的知觉，还是灵感迸发，或者仅仅就是"赌徒的天性"，这完全违背他仔细研究、严格遵守的规则，不合逻辑，没有道理，但总能让他赚钱。实际上，他根本不知道到底怎么回事，但明显就是下意识地认为应该如此。1906年春的一天，他的感觉又来了。

他找到伙计，"卖空1000股太平洋联合铁路。"

朋友跟过来说："JL，怎么能卖空呢？市场还涨着呢。"

利弗莫尔接过了纸条，认认真真对朋友说："我也不知道原因，就觉得该这么做。"

"你知道什么消息吧？"朋友问。店里的伙计也正打量他。

利弗莫尔知道如果他说有消息，朋友也会奔过去学他的样。

"我没有确切原因，真的，不骗你。"

"我知道你做什么事都有理由，就是你告诉我，笨蛋才没有计划。有稳定的计划，可靠的策略才能交易。现在你毫无理由就卖空太平洋联合铁路，你自食其言，谁信？"

利弗莫尔无话可说，转身又去找伙计："再卖空1000股太平洋联合铁路公司。"

"你疯了，利弗莫尔。晒了3天太阳，吹了点海风，你脑子就进水了。"

利弗莫尔只是把纸条放在口袋里。

"赶紧走吧，免得你再干傻事。"朋友去拉他的胳膊。

"等一下。"利弗莫尔说。他又回去卖空了1000股，拿好纸条，这才跟朋友出去了。

下午临近闭市时，他回到办公室去查查太平洋联合铁路的股价，从他卖空起涨了两元。

"看见了吧，JL。早告诉你正涨着呢。你犯傻劲儿，白丢了6000块。"

利弗莫尔默不作声，只是笑了笑，出去欣赏夕阳去了。

第三章　赚本钱——旧金山布阵纽约地震

第二天刚到下午，他又去了，股票略有涨幅，但临近闭市，有人开始抛盘。利弗莫尔又卖空了2000股。

"你真是疯了JL。"朋友说。

"我同意，我得回纽约了，保证金不够了，我得回去盯着，休假结束。"

利弗莫尔当晚就回到纽约。

就在那天晚上，确切说是1906年4月18日凌晨5点整，他还睡得正香，旧金山地震了。刚开始动作不大，有隆隆声，接着就剧烈了，上下震动、左右摇晃，地下像过海浪一般，要把整个城市晃起来。圣安德烈亚斯断层巨大的两岸不停地改变面貌、左右移动、上下震动。地上裂开巨大的口子，把大半个城都吞了进去。高楼大厦摇摆两下就塌了下来；金融区成了一片废墟；火车站也毁了；铁轨扭了起来，脆弱得像饼干，震感都传到了加利福尼亚州帕罗奥图市。斯坦福大学无影无踪，校园毁于地震，死亡人数难以估计，老天打完饱嗝的时候，整座城市都从地平线消失了。

利弗莫尔第二天早上看报纸才知道这个消息。各报纷纷抛出大标题：

旧金山被地震毁于一旦。

消息刚传来的时候，股市只下探了几美元。利弗莫尔知道，牛市消化利空消息的时间比已经处于劣势的熊市要长得多。市场在闭市前还的确反弹了，并且创了新高。利弗莫尔共卖空了5000股，倾家入市，再想买也没钱了。

朋友也回到了纽约，对他说："你还真感觉到利空消息了，可还是听我的话，现在大势上涨，你就别对着干，别把我的话当耳旁风，JL。"

"风向总会变的。"利弗莫尔看着纸带说，连他看都不看。

利弗莫尔估摸，即使形势没有估计的那么严重，但铁路股是不会再那么坚挺了。

第二天，从旧金山传来的消息多了起来，股市下滑，但幅度不大。利弗莫尔坚信他的判断没错，就去找经纪人申请了特别信贷，又卖空了5000股太平洋联合铁路。

地震后的第三天，市场陡转直下，太平洋联合铁路走出了自由落体，利弗莫尔在一片哀鸿中斩获25万美元。他从不费神琢磨一下自己为什么会跟着感觉走，根本不深入分析，钱神不知鬼不觉就进了他的口袋。现在他的赌本更大了，一下子多了25万美元，怎么好好用才是值得他费心的事。

上次亚特兰大的假期被中断，又在地震中打了个漂亮仗，他就去了萨拉托加温泉，玩玩赛马，接着休假。整个萨拉托加让他流连忘返，不仅景色宜人，而且那些马具也堪称奢华，一匹匹赛马全身整洁，装扮得帅气十足。当时的纽约人成群结队聚积在此，衣着考究、能力非凡。

利弗莫尔又去逛了逛赫特在萨拉托加的办公室，看看纽约的战事如何。他默不作声地看着纸带，不时抬头看看黑板上公布的几只领跌股，不断有人到这个"小豪客"跟前低声耳语，兜售消息。

虽然快30岁了，他看起来还只是个学生仔，只是打扮得不错。经理也走过来，把指令单在他眼前晃了晃，让他看看萨拉托加的一些大玩家都做了什么买卖。利弗莫尔只是笑笑，无动于衷。

他关注的始终是老朋友太平洋联合铁路。利弗莫尔对买空或卖空没有偏爱。他知道市场有涨就有跌，他一视同仁，手握现金，耐心十足，伺机而动。太平洋联合铁路的交易量和股价一直在变，他认定现在处于"蓄势"阶段，三天来他按兵不动，密切注意股市，根本没心思关注赛马。最后他根据纸带显示的变化确定，有一群职业玩家一直在买进。

第三天，股价到160时，他出手了。分批操作，每次只买500股，共计买了5000股。埃德·赫特万分火急地给他打了电话，他一直尊重这位朋友——消息灵通，在高层也有人脉，华尔街的消息没他不知道的。

"JL，你疯了吗？"赫特说。

"怎么了？"

第三章　赚本钱——旧金山布阵纽约地震

"他们就是在引你入套。这只股的庄家就是调你上钩,你买多少他们抛多少,然后就跑,再从你那低价买回。你就是下家。大鱼吃小鱼,你就是那个小鱼。"

"真的?"

"千真万确。听上面人说的,他们最了解情况。"

"我不这么看,"利弗莫尔说,"一直有人不断买。"

"是你在买!眼看就跌了。我是想赚佣金,但更想让你成为纽约最大的交易商。我这是在救你,别栽大跟头。"

"我听你的,埃德。"利弗莫尔沉吟片刻说。他知道埃德·赫特很够朋友,过去多次拉他一把。

"多谢了,埃德。"

"没事。咱也不能每把都赢,JL。"赫特说完挂了电话。

利弗莫尔坐下来,看着手里的指令单,几分钟后站起身告诉伙计清仓,最后以162元脱手。除去佣金,算是不赚不赔。第二天太平洋联合铁路公司宣布分红10%,股价应声大涨10元,利弗莫尔痛失5万美元。

分红消息公布的时候,利弗莫尔正好在萨拉托加的经纪办公室,看着股票飞涨一句话也不说。经理看着,耸了耸肩,他知道前一天的事,知道埃德·赫特说了什么,利弗莫尔对他笑了一下,点了点头。

利弗莫尔对埃德·赫特非但不生气,甚至还心平气和,只当是上了一堂课。市场不受感情影响,生气根本没用。市场完全自行其是,残酷而真实,但只对自身。他认为市场永远是正确的,只是你自己有时候不明白。

利弗莫尔现在决定完全遵循自己的交易方法。他现在知道,传消息的人会采取各式各样的形式、顶着各式各样的名目、伪装成各种各样的面孔——甚至密友,打着为你好的旗号,对他们只能竭尽所能退避三舍。

风风雨雨15年,利弗莫尔学到了最有价值的知识,以29岁的年纪,手握重金,信誉良好。这时他已完全摒弃了投机店的交易方法,他要在萨拉托加事件后再创佳绩，不再只是紧紧盯着一只只股票，而是开始关注市场的基本面。就这么干，他告诫自己，选股前，仔细研究整个市场的基本面。

他迷恋这个游戏——投机的游戏，充满层出不穷的挑战，你永远无法大获全胜，但即使不百战百胜也能带来大笔财富，只要超出平均水平，就能恣意生活、其乐无穷。

现在他万事俱备。

第四章
1907年崩盘，市场求救
——J.P.摩根请求出手救市

人类天性向学。

——亚里士多德

杰西·利弗莫尔摸索着他的交易策略并逐步成型，第一步是分析了整个市场后再交易；然后沿着阻力最小的轨迹线做交易，牛市时做多，熊市时做空；市场整理时，持币观望，方向明确后再行动。

他对寻找低价股不感兴趣，无意守株待兔，反而是紧随市场，无暇他顾，市场趋势就是他所说的轨迹线，他因此也成为趋势派的开创人之一。

基本的市场策略有了，还缺一个资金管理策略。他被圈里人叫"小豪客"，但这么说并不准确，30岁前，他前后三次穷困潦倒、不名一文。

交易时的资金管理是必需的。他为此专门观察了华尔街最成功交易人的实际操作，他们都是资金管理的行家，每人各有绝技，但他得开创自己的系统。

他现在思考的已不是股市或某只股是否会转向，而是"何时"转向——时机决定一切。他也发现，谁也没法知道或预测股市转向的确切时间或某只股票如何变化。因此，利弗莫尔就开发了自己的探测法，也就是试探一下市场。

方法很简单：别一下就大笔投入——买之前先试一下，就好像指挥官先派侦察兵到前线探测、侦察敌情，了解敌人的前沿阵地。利弗莫尔在股市就依葫芦画瓢。不管怎么说，股市也是另一种战场。

有一点很重要，在首次交易前，利弗莫尔会提前确定好总持股量或总投资额。

如果他计划买某股票10 000股，会试探性投入总量的20%试探市场。假设在每股100元时买2000股；如果首次买入后股价下跌，他要么清仓，要么再等等，但会把损失控制在10%以内。

一旦股票如期上涨，他就加一次仓，在101元时买2000股，这时已有盈利了。

如果股市继续上涨，假设股价是104元，他会第二次加仓2000股。

这时已经买了6000股了，占投资目标的60%。加仓之间的股价间隔完全可以更大些，但利弗莫尔认为没有必要，他只要确定市场运行是否不出所料。

接着就是等着市场转向和调整。比如市场从100元涨到112元，再进行正常的调整，股价跌掉104元，这时他再最后加一次仓。

如果市场能从104元涨上来，利弗莫尔就把其余的4000股全部买入，比如说股价是106元，这样买入均价就是105元左右。

也就是说，利弗莫尔第一次会投入计划总持仓量的20%，第二次再投20%，第三次还是投20%，直到市场确认后再最后一次性投入其余的40%。

他认为每一次买入都很关键，形势一旦不利，他要么就耐心等待，要么清仓，损失全都控制在10%以内。

第一次试探至关重要，是这个技术的核心。一定要等到确定判断正确之后再第二次出手。市场如期而动，有钱进账了，这时才能肯定判断是正确的。

第四章　1907年崩盘，市场求救——J.P.摩根请求出手救市

利弗莫尔从不认同价高不敢买、价低不敢卖的说法。他认为不敢做的只有一件事：你要么做多要么做空，利弗莫尔在两方面都游刃有余，但千万别做错。

经验告诉利弗莫尔，交易员最难得的是能在第一次买入后市场不利的情况下提早割肉。

他说："一旦证明判断错误，市场运行出乎意料，不少投机商就任意妄为。其实恰恰是这个时候，投机商必须果断行动，降低损失。市场没有按预期运行就证明判断错误，必须马上承认错误，即刻清仓，就看能不能自己战胜自己、控制自己。"

利弗莫尔逐渐领悟到大钱来自大波动。要等到市场明确方向，尽量长时间地推拉股票，直至基本趋势不可避免地改变了轨迹线的方向。他要等着市场给他信号，而不是天马行空瞎猜一气，就像福尔摩斯，等着线索一一暴露、真相慢慢呈现，再由他最后总结。

他的新交易策略有三条重要原则：

第一，确定市场的大方向—确定轨迹线—确认基本趋势。

第二，形成买入策略——探测市场——先轻仓测试市场。别鲁莽行事，一时冲动押上全副身家。

第三，耐心等待，等待市场——验证所有的判断，并最终确定走势。市场大幅震荡才有大钱赚。

1906年后半年，新策略发挥威力。利弗莫尔觉得市场会发生巨大震荡，基本趋势会改变——转而下行，他关注的几个领先的板块，特别是几个领先的股票全都开始转向。几个大玩家和媒体还毫无觉察，继续叫嚣股市世纪初的牛市仍将继续。

他后来告诉儿子，他一生中最辉煌的事件之一就发生在这时——1907年崩盘时，J.P.摩根请他施以援手。

杰西·利弗莫尔疯狂的一生
THE AMAZING LIFE OF JESSE LIVERMORE

• • • • •

1906年他仔细研究了其他全部因素,认为市场马上见顶,甚至阻力最小的方面也已经发生了改变。他就用新交易办法进行验证,用几个领先股票进行测试。他选了四个领先板块,每个板块至少卖空了两只股票。而他的卖空交易有了收益,卖空的股票都下跌了,每次发动攻势时都显得软弱无力,无法创新高,刚上涨几美元就随即下挫,从前一个高点上滑落下来。

市场反攻不成利弗莫尔就加仓,循序渐进。

坚持到最后的是雷丁这家铁路公司,股价一动不动,大家都认为股价被锁住了,股票在一伙人或一个人手里。利弗莫尔认为哪只股票也抵抗不了大势——股市从牛市的上升区间转变为熊市的下跌区间了,雷丁不可能螳臂挡车,终有随势下跌的时候。

利弗莫尔决定煽风点火,同时在两家经纪公司以111美元卖空了4000股雷丁,并且让两家同时报价,股价下跌,他交易成功,接着他又卖空2000股,共计6000股的平均价是92美元,不过几小时,他就撒好了网,随后雷丁急跌,利弗莫尔早在多只股票下跌前一切就绪。

他测试市场的新策略首战告捷,接下来的问题就是何时平仓。

就是因为没有及时平仓兑现利润,利弗莫尔多次一无所有,看着熟透的鸭子飞走。这次他不等市场露出触底迹象,有了利润就套现,存了钱就要直奔棕榈滩轻松一番。

交易让他身心疲惫,只想暂避一时。他嗜好深海钓鱼,随即就去海边放松,算是对辛苦工作的回报,此外他还想再琢磨一下新交易策略。现在几乎赚了100万,1907年,30岁了,他这才觉得生活走上了正轨。

接着他就去了巴黎。他喜欢欧洲,没有股市的飞短流长,能好好放松精神。有大笔存款,这儿无论是景还是人都赏心悦目,他总算是能心满意足一会儿了。

但轻松的时间不长,他的心还是系着股市,还是很快被吸引了回

第四章 1907年崩盘，市场求救——J.P.摩根请求出手救市

去。他看了巴黎的《先驱论坛报》，显然，纽约股市的震荡会比他预计得还大。

他后悔了，平仓太早，根本没有坚实的理由，只是担心利润减少，急着套现。

他火速回到纽约。

当然他那时还不知情，他即将亲眼见证"1907大恐慌"。

一回到纽约，他就用试探法证实了对大势的判断，然后再次卖空，这次在几只领头股票上大重仓卖空。这时市场完全失去了牛劲，越来越多的股票疯狂下跌，带来很多投机机会。

基本金融问题很快凸显出来，并集中在一个地方——短期贷款，简直是一片惨淡无光、腥风血雨。短期贷款是经纪公司向银行借的限时贷款，用作客户的保证金，现在更给下跌的股市火上浇油。提款点每天12点到下午2∶15办公，银行准时到股市交易厅给经纪人办业务。这个问题已经孕育了几个月，终于在1907年10月24日爆发。

问题很简单。银行里现金不足，无法再给经纪人提供保证金，因为贷款利率高达100%到150%，以往银行都争先恐后提供这种高息贷款，而现在根本不理经纪公司，利息再高也没用。只借不还，现在无款可借。股市急跌！利弗莫尔一直卖空，看准熊市持续加仓。

10月24日12点整，交易大厅乱作一团，成千上万的经纪人围着提款点，大喊着要贷款，但银行已经空了，没有钱了，这就意味着经纪人必须以市价平掉部分头寸补足保证金，但股市根本就没有买家，买盘枯竭。突然之间现金没有了，买盘消失了，市场最糟的情况出现了，而且让人措手不及，一时间经纪公司和银行人人自危，惊恐万分。

华尔街一分钱也没有了！

各个经纪公司立刻去找交易所主席R·H·托马斯，他又给詹姆士·斯蒂尔曼打电话，后者号称美国首富，权大无比，他名下的银行宣称贷款利息从不超过6%。

听托马斯先生讲明情况，斯蒂尔曼只说了一句话："我们必须找摩

根先生。"他们立即动身去拜访J.P.摩根，美国金融巨头摩根公司的总裁。

摩根听斯蒂尔曼和托马斯介绍了现在的惨况。灾难可能蔓延到全国，进而阻碍整个工业革命的进程，必须趁现在问题还小将其扼杀于苗头。摩根了解情况后，即刻站起来说："你们现在赶去交易所，就说会给他们钱的。"

他们问："钱从哪儿来？"

"银行呀。"摩根说，莫名其妙地看着两人，好像问他们"还能从哪来？"

托马斯快马加鞭回到交易大厅，告诉还围着提款点的人，会给他们提现，"摩根先生亲口保证了！"

"什么时候给呀？"大家急切地问。

"很快。"

"能有多少？"大家兴奋起来。

"足够你们用的。"

时间一分分过去，下午两点刚过，J.P.摩根的密友——凡·安格和阿特伯里经纪公司的约翰·T·阿特伯里最终出现在大厅门口。大家一下鸦雀无声，呆呆地站着，给他让开一条路。他走到提款点前，举手对大家说，"我受他人之托出借1000万美元。"人群沸腾了，立即喊着各自要借多少钱，阿特伯里只好大声说："安静安静，一个一个来，都会有钱的。"

"在哪儿领钱？"有经纪人高声问。

"一会儿告诉你明天去哪儿领。现在别着急，先办眼下的事。"阿特伯里回答说。

这天成为华尔街的神话，J.P.摩根凭一己之力，力挽狂澜挽救了股市，甚至是避免了全国性的金融危机，这个国家成立还不到150年。

托马斯和斯蒂尔曼一离开摩根公司，J.P.摩根立即给各大银行总裁打电话，告诉他们："我们需要现金救市，必须立刻行动，立刻给他们提供现金。现在情况危在旦夕。"

每个银行家的回答都大同小异:"钱全都贷完了,没钱借给经纪人救市。"

"不是还有准备金吗!"J.P.摩根喊了出来。

"早都低于合法限量了!"

"拿出来。你以为准备金是干嘛用的!"他劝告所有的银行家。

J.P.摩根是杰西·利弗莫尔的偶像,是一位睿智务实、有一颗爱国心的金融伟人。1907年10月24日深深刻印在杰西·利弗莫尔的记忆里。

他的利润首次超过100万美元,而且是一天的利润,这一天甚至还没结束,而对他来说更重要的是他采取了新原则。他为市场下跌准备了很久,先是清仓测试,看看估计是否正确,最后一切如他所料时,最让他开心的时候到了——时机成熟,重磅出击,以蛇吞象。

他不断加仓,到快闭市时账目价值和持仓量都很可观,他甚至想做更大胆的交易。摩根现金救市只解决了一个问题,即经纪人的资金流动性问题,还有一个重大问题摆在眼前——没有买盘。利弗莫尔临近闭市时看了看股市,根本没有买盘,没人买股票,无论价格几何。

他知道如果明天开盘再卖的话,就能让市场雪上加霜,不堪重负。他不断打压蓝筹股,造成的压力会加剧跌势。现在他不断卖空,利润随之滚滚而来,就是利用了股市一跌再跌,他想趁利好,明天先卖空10 000股太平洋联合铁路,再做空蓝筹股中优质的五六只股票。他现在有足够的保证金,精明的交易技巧,完全能灭了这些股票,只要他再继续打压,那赚得可就不止100万,而是1000万,2000万。

要不要这么干?支持股市还是拉着股市下跌、下跌、再下跌,直到交易所那些当官的关闭交易所,甚至永远不开了?

闭市前,利弗莫尔正思考下一步计划时,一位朋友沃伦·奥古斯塔斯·里德来到了他的办公室。他是一位银行家,就职于华尔街一家很有实力的投资银行,目睹过利弗莫尔的操作,很了解其市场技巧和强大威力。那天出现恐慌的时候，利弗莫尔就告诉过他日后的局势。

之前总裁打电话找他过去。

朋友现在又回来对他说："JL，有人让我告诉你看看现在的惨状，别再卖空了。我知道你还能赚得更多，但有时候我们还得顾全大局。"

"是你老板说的吧？"利弗莫尔问。

"不是，是比我们老板更厉害的人。"他回答。

利弗莫尔知道他指的是J.P.摩根，"真的？"

"真的，他亲自跟我说的。我当时刚好在办公室，听见他们的谈话了。"

利弗莫尔思索片刻，"你清楚，几个月来一直派发筹码的，就是市场上的这些人，不断抛售，让大家买入，他们知道快跌了，但光顾着自己发财，不管大家死活。"

"我知道，但那时候情况不一样，JL，那时股价可高着呢。股价高高在上的时候，从来都是聪明的老手派筹给稍逊一等的大众。"

"是呀。"

"JL，如果还想保住股市，就必须停止抽血、不再卖空，进而提供买盘，否则股市就完了，只剩一片混乱。"

利弗莫尔估计了一下自己的仓位，然后说："告诉你老板就说我同意了。今天我不再卖空了，明天一早买入平仓。之后我会买进更多的股票。我明白现在的严重程度。"

"谢了，JL，我这就回去告诉'大人物'本人。"

朋友来之前他就已经仔细分析了局势。股市今天可以说是惨不忍睹，利弗莫尔觉得如果没人打压的话，股市该出现技术性反弹，而且他的空头头寸巨大，必须利用市场的流动性来平仓，这样才能保住利润。

再怎么说，为了大局，也应该奉献一次，继续打压的话就会严重伤及全国形势。知道自己卖空的强度和技巧竟能让股市消于无形，他也暗暗吃惊，他才31岁而已。

第四章　1907年崩盘，市场求救——J.P.摩根请求出手救市

第二天利弗莫尔平仓，增加了市场信心。股市重振时，他又买了很多只股票，共计10万股，又在同一天卖出，人们争相抢购。这天他手里有了300万美元，不是纸面富贵，而是童叟无欺的现金。

真是白衣苍狗，他想。30岁前三次一无所有，31岁时就能消灭纽约证券交易所，他不禁笑了起来，他也有和J.P.摩根比肩的一天啊。摩根能让股市起死回生，利弗莫尔则能让股市灰飞烟灭，摩根对此也无能为力。从被投机店赶出门，到应美国最厉害的银行家之邀对华尔街"手下留情"，他声名鹊起，竟然能稳定国家的金融局势，这速度简直是一飞冲天。

但利弗莫尔对纯粹的权利不感兴趣，能让他满意和欣喜若狂的是战胜华尔街。经过无数交易的锤炼和长期对交易技巧的仔细研究，他知道自己最终摸索到了正途。震荡越大赚钱越多，见好就收确实让他赚够了本钱，但是想赚大钱还是得到大风浪里去，只要能耐心等待、等到确认了你的判断，大震荡最终会出现，你也能一击而中。

他觉得，这两天他已经从赌徒成长为投机商——关注未来、评估大势、谨慎行动、先试探、等确定一切因素向好时重拳出击。

"小豪客"再也不是赌徒了，心智已经成熟，是一个投机商了，但是公众还是认为他是个"疯狂的赌徒"，因为他们只看到了三幕剧的最后10分钟，只看了结尾，反而对第一幕或第二幕不感兴趣，但因为第二幕暗中进行，他们也看不到，结局才是他们看到的、想学的。

但是利弗莫尔有了自己的计划，一个有效的投资策略——要成功，至关重要的核心只有一个——努力工作，再就是持续不断的分析。

现在他想看看他只是侥幸成功，还是的确打开了引领他找到行之有效的交易方法的大门。他得休整一下，去度一次假，好好放松，于是他就买了一艘游艇，想去南边看看，钓钓鱼。

但还不行，至少现在不行，因为他又研究了商品市场，正参与其中。

利弗莫尔确定，商品市场也会来一场股市上那样的暴跌，因此在度

杰西·利弗莫尔疯狂的一生
THE AMAZING LIFE OF JESSE LIVERMORE

假享受新游艇前,他作了试探,最后做空1000万蒲式耳的小麦和同样多的玉米。小麦不出所料重挫,玉米却逆势上扬,利弗莫尔很快找到了原因。

亚瑟·卡顿一直囤积玉米,要造成轧空行情,他是个有头脑的交易人,是利弗莫尔的同行。20世纪早期,轧空很平常,有时是一个实力雄厚的人,更多时候是一个组织,他们会先决定一个商品或股票的仓位,然后就发动攻势,全盘买入,这就让卖空的人"无股"可买,无法平仓,只好不计价格买入任何可买的股票。很多人要么无法平仓,要么用巨大的损失换来平仓,因此倾家荡产。持续买入发生时,一般非常迅速。

亚瑟·卡顿1870年出生于安大略省的圭尔夫,比利弗莫尔大7岁。卡顿后来被人称为"大买空家",与利弗莫尔的"大卖空家"媲美。他的身材也像利弗莫尔那样瘦,个头一般。卡顿衣着朴素,但质量上乘;而利弗莫尔则是衣着华丽,样式时髦。

卡顿十几岁的时候就在自己的农场干活,辛辛苦苦5年时间才攒了50美元。他就带着这50美元去了芝加哥,在A·S·怀特公司当一个小书记员,每周4美元。卡顿很节俭,仔细算计每一分钱,并将这个原则坚持了一辈子。他意志坚定、刻苦用功、努力工作,5年时间里攒了1000美元,这时他25岁了,收获的可不止这1000美元,还有在怀特公司积累的丰富的商品交易经验。

他和利弗莫尔都奉行沉默保密的信条。他一直只留心最有利可图的机会,虽然这种机会千载难逢,但他根本看不上芝加哥那些混乱不堪的粮食品种。他细心研究了怀特公司交易厅里的交易员和客户的操作,也像利弗莫尔一样,每晚都研究大量的交易数据,寻找趋势、模式和定时机制。

他给老板干了5年,也在工作之余给自己干了5年。之后他找到怀特先生,对他说:"我想开个交易账户。"

"给谁开?"怀特先生问。

第四章 1907年崩盘，市场求救——J.P.摩根请求出手救市

"我自己。"卡顿说。

"你是个聪明的年轻人，亚瑟。要明白生活拮据的人玩不起商品市场，这是白日做梦。"

"但是先生……"

"好了，听我的话，你迟早会感谢我的。建议你远离商品市场，远离股市。那是傻瓜的游戏，你明白的，他们的钱很快就没了。"

亚瑟·卡顿纳闷"傻瓜"怎么能赚钱，但他还不敢跟严厉的怀特先生顶嘴。"好吧，先生，谢谢您。"

午休时间，他去了另一家公司，偷偷交了1000美元开了户。

3个月后他手里拿着羊驼夹克工作服进了怀特先生的办公室。怀特先生正在打电话，示意他坐下来。卡顿还是站着，轻轻把工作服放在了桌上。

华特先生挂了电话，看了看桌上的工作服。"怎么了，亚瑟？"

"我是芝加哥交易所的会员了，先生。"

"亚瑟，我这忙着呢，别捣乱了。"

"我在交易所买席位了。"

"哪来的钱？"

"我自己交易赚的钱，先生。"

怀特先生目瞪口呆，好不容易才张嘴说："这么说你是要辞职了？""是的，先生。我想这辈子都不用给人打工了。"

卡顿关上门走了，留下一个呆若木鸡、一动不动的怀特先生。卡顿说得没错，他再也没给人打过工，那是1895年，卡顿25岁。

20年后到了1907年，卡顿成为芝加哥谷物交易所的传奇。悄然行动、不置一词、意志顽强、坚持自己的原则，堪称实力惊人，他和利弗莫尔属同一类人。

卡顿已经发觉了利弗莫尔的头寸，他把杰西·利弗莫尔当成同辈中唯一能与他匹敌的人，现在他卡住了利弗莫尔的喉咙。利弗莫尔卖空1000万蒲式耳的玉米，他把价格每推高10美分，利弗莫尔就亏100万美

元。他将了利弗莫尔的军。

现在去佛罗里达好好度假的想法成了泡影,利弗莫尔又到了生死存亡的时刻。幸好的是,他对小麦价格的估计没错,因此还有收益,但如果不纠正在玉米上犯的错,这些收益也有可能打水漂,甚至他自己也有可能被洗劫一空,他得想办法战胜卡顿,从漩涡里解脱出来。他知道卡顿发现了他重仓卖空,并且会不断推高价格,让他一败涂地。

他晚上在床上想出了办法,第二天一早就付诸实施。利弗莫尔知道垄断只是一时的,那些造势的人手里有大把的玉米,因此价格上涨根本毫无根据,卡顿是在操纵市场,确切说,是把杰西·利弗莫尔的金融生涯玩弄于股掌之中。

利弗莫尔首先平了小麦的仓,获利颇丰,这样他就有钱来施展拳脚。他听说卡顿同时又在考虑燕麦市场,与芝加哥实力强大的阿莫家族顶牛,而后者正被轧空捆住了手脚。利弗莫尔经过核实,知道情况属实。

然后他就开始大举反攻,入市卖空了5万蒲式耳的燕麦,接着又是5万,再跟着一个5万,然后又一次性卖空20万蒲式耳,他要让芝加哥的交易人以为阿莫家族在燕麦市场效仿卡顿,要打破垄断。这几笔交易让燕麦大幅下跌,他觉得交易商已经信以为真,认定阿莫家族正努力打破卡顿在燕麦上的垄断,还会认定阿莫下一步会介入玉米市场,打破垄断局面。

交易商们果然如利弗莫尔所料,一看到燕麦的价格连创新低,就纷纷出手玉米市场,借高价卖盘。利弗莫尔就在此时接手所有卖盘,以解脱困境。10分钟内就平仓600万蒲式耳,并在当天闭市前全部平仓,他也在同一天将20万蒲式耳的燕麦全部脱手。

全部损失,加上小麦的盈利,25 000美元。卡顿几天之内就将玉米的价格又推高了25美分,如果没能清仓,利弗莫尔的损失至少是250万美元。

现在总算是能休假了!

第四章 1907年崩盘，市场求救——J.P.摩根请求出手救市

他还想着再提高一下生活质量，就搬到了河岸街194号的公寓，里面布置富丽堂皇。他的游艇"安妮塔·威尼斯"号被送到了棕榈滩，这是他的第一艘游艇。这个圈子非富即贵：杰伊·古尔德的继承人乔治·杰伊·古尔德，他的"大西洋"号游艇，长300英尺，钢质，三个螺旋桨；J.P.摩根，开着全世界最大的"海盗"号游艇满世界跑。

"安妮塔·威尼斯"号202英尺（约61.6米）长，蒸汽动力，构造上乘，挂着哥伦比亚游艇俱乐部的红白蓝三色旗。他专门买了在船上穿的精干的黄铜纽扣蓝色夹克，还带了灰色灯芯绒家常裤和一顶手工缝制的船长帽，这个一身整洁的船长准备好好玩一场。

利弗莫尔去棕榈滩登船，他喜欢棕榈滩和那里的人。他对在南佛罗里达深水钓鱼热情高涨，能畅游在墨西哥暖流深蓝色的大海里。

墨西哥暖流在棕榈滩一段离佛罗里达最近，有时距富人的海滩不到3英里。深海鱼经常借时速3～4海里的水流加速前进，利弗莫尔就是想钓这些鱼——大鱼：巨型金枪鱼、大鲨鱼——槌头双髻鲨、虎鲨、灰鲭鲨，以及基韦斯特的旗鱼群、少见的枪鱼、刺鲅、巨型鲭鱼和大海鲢。这些鱼全都是他的猎物，在浩瀚无边的大西洋捕到难于对付、捉摸不定、反抗力极大、四处游荡的鱼。

他白天在"安妮塔"一边沐浴佛罗里达温暖的阳光，一边钓鱼，惬意无比；晚上则在棕榈滩高档的浪花酒店饱餐一顿。当时的酒店名字还是"棕榈滩旅馆"，就建在海滩上，有425个房间。享受完美味佳肴，他就去海边的走廊上小憩，抽着雪茄，喝点白兰地，与华尔街的朋友聊天。

晚饭后，他还常常溜达到著名的"海滩俱乐部"——也按老板的名字被称为"布拉德利家"。这位爱德华·布拉德利是有名的赌徒，和利弗莫尔一样沉默、隐秘，日后还赢了四次肯塔基德比马赛。他多姿多彩的经历在大西部广为流传，也就在那里他结识了"大棒小子"怀亚特·伊尔普，此人在阿帕齐战争中的做过侦察兵，还因协助抓获杰罗尼莫受过表彰。

杰西·利弗莫尔疯狂的一生
THE AMAZING LIFE OF JESSE LIVERMORE

"大棒小子以前老跟我借钱,去赌印第安的小马赛,"布拉德利大笑着告诉利弗莫尔,"谁敢不借呀,他真能杀了谁。"

布拉德利在棕榈滩和亨利·弗拉格勒制定了一个秘密协议,后者是标准石油公司约翰·D·洛克菲勒的合伙人,还是个虔诚的基督教徒。弗拉格勒在佛罗里达做了很多建设工程——横跨整个佛罗里达海岸直达基韦斯特的西海岸铁路和棕榈滩四座大型酒店。他的客户都喜欢赌一把,他就和布拉德利达成协议,让他经营当地唯一一家赌场。布拉德利的海滩俱乐部是美国历史上营业时间最长的非法赌场。

布氏赌场在朴素中尽显品味:白色大门,一块方形、表面粗糙的玻璃牌上写着"B·C",代表"海滩俱乐部"。赌场里禁止吸烟,食物绝对是五星级的。旺季时他给主厨的工资是25 000美元,这在当时可是天价。7点以后,男人着装的最低标准是便装,决不许破例,白色领带和燕尾服是标准装束。座上满是美国金融界、娱乐界和政界的精英。

他和利弗莫尔一见如故,虽然两人都不善吐露真性情,但对彼此都很尊重和仰慕,利弗莫尔喜欢在布氏赌场玩。布拉德利还有"赌命布拉德利"之称,但他绝少输。

他有一次告诉利弗莫尔,运气是一件实实在在的东西,因为"天道酬勤"。他说:"人要么劳作求生,要么以赌求生,生活本来就是一场赌博。但要想以赌谋生,不仅要能研究出门道,还要起码比其他人下两倍的苦。"

布拉德利随身带着10万多美元,一有大客户赢了钱去兑现,伙计收拾筹码的时候,他就过去笑着祝贺并抽出一沓面额千元美金的支票双手奉上。要想在这儿赌必须获得布拉德利的首肯,由他最后做最长的一次面试。如果合眼缘,他就会考虑最后一个最重要的问题:"他输了钱会赖账吗?"

布氏赌场内荷枪实弹的保镖无处不在,但客户无从分辨。赌博室都有暗门,万一受到突击检查,赌桌能够瞬间无影无踪。守卫结算室的人带着来福枪,站在小窗口边监视整个赌场,他是一个神枪手,受命射杀

第四章　1907年崩盘，市场求救——J.P.摩根请求出手救市

任何企图抢劫的人，保镖也都可以这么干。布氏赌场坐落于棕榈滩的孤岛上，根本无处可逃，小偷从不打布氏赌场的主意。员工都谨小慎微，一旦被发现议论客户，立即卷铺盖走人。布拉德利还在员工中安插了暗线，随时掌握情况。

利弗莫尔在海滩俱乐部消磨了很多愉快的夜晚，机会合适就玩，他有三个固定项目：赌双骰，十一点和轮盘赌，这里的限额比蒙特卡洛的赌场高。

其中一天晚上，来度假的埃德·赫特告诉他，棉花大王珀西·托马斯因想轧空棉花，但在3月份的棉花上爆了仓。

托马斯的消息激发了利弗莫尔对棉花的兴趣，乘专列回纽约的路上，他仔细研究了交易报告，显然大家都重磅打压7月的棉花。7月临近，他开始买入棉花，心里清楚空头根本没有足够的时间平掉空仓，5月份他不费吹灰之力就做多12万包棉花。不久市场就转而上涨，但交易量增长缓慢，利弗莫尔现在是重仓，时间急迫很难脱手。

利弗莫尔表演了他的拿手绝活：周六最后的10分钟，他突然出击，一下发出四个指令，各买进5 000包，在闭市前价格一跃上涨了30点。利弗莫尔知道伦敦市场周一会追涨，保持与纽约市场一致。他明白自己的处境：正在按阻力最小的轨迹前进，但是他也知道，自己手里拿的是巨大的、很难平掉的持仓量。

他的策略生效了。伦敦棉花强势高开，不是30点，而是50点。芝加哥也表现强劲，但还不足以全部消化他巨大的持仓，他有点担心了。

第二天上班路上，他遇到一位朋友，给他看了《纽约世界》的头条，标题赫然是：

杰西·利弗莫尔轧空棉花七月合约

利弗莫尔一直否认这一消息，但是市场却翻上了天。既然天上掉下来这么一大块馅饼，他何乐不为呢？14万包棉花全部

杰西·利弗莫尔疯狂的一生
THE AMAZING LIFE OF JESSE LIVERMORE

脱手。这是利弗莫尔的标志动作——如果连老天都向着你，就别客气了，卷了横财赶紧溜，千万别得陇望蜀。如果手里有大量头寸，无法流动，就只能见机就钻，能跑多少跑多少，想要不拉低市场就脱手太难了。

利弗莫尔声称对报道毫不知情，但很多人都持肯定态度，随便怎么样，反正机会来的时候他抓住了。

转天他碰到一位朋友，也是一位棉花的最大玩家之一，直接在街上拦住他说："我当时正等着看你好戏呢，怎么能卖掉那么多棉花。我本以为你是要狠狠砸盘的。这是我见过的最干净利落的一次交易，JL，恭喜你了！"

"我根本什么都没做，故事都是瞎编的。"利弗莫尔说。

"我不知道你是怎么让报道登出来的。只能说我真的很佩服你。我就估摸着你操纵了伦敦市场，再加上那篇报道……干得太漂亮了。"

"说真的我……"

"JL，我没指望你承认，对吧？"他冲利弗莫尔眨眨眼，"一切尽在不言中。"他扬长而去，剩下利弗莫尔无言以对地站在街上。

杰西·利弗莫尔的声望与日俱增。有一些故事是真的，有一些是经过华尔街街头巷尾的口口相传，有捏造和修饰的成分。利弗莫尔对此只是摇摇头，暗地笑笑，沉默悄然如故。

他自我感觉良好，对成就暗自得意，毫未察觉史无前例的大灾难正步步逼近，迫在眉睫。

第五章
崛起于棕榈滩，陨落于棉花合约
——国王落马

> 我只在违背自己的原则时才输了钱。
>
> ——杰西·利弗莫尔家训

杰西·利弗莫尔热衷美女，据报道，他迷上了"钻石吉姆"布拉德的女朋友——远近有名的丽莲·拉塞尔。

她是举国皆知的"美国美人"、标准美女，1861出生于爱荷华州的克林顿市，原名海伦·路易斯·伦纳德，内战后举家搬到纽约。托尼·帕斯特慕名签下了她，她一边在赌场表演，一边开始学唱歌，后来加盟麦克莱伦歌剧公司，登上了韦伯和菲尔德的音乐厅，随即组建了自己的公司。她当时是纽约的名人，痴迷珠宝，个性大胆张扬，委身"钻石吉姆"布拉德一点也不奇怪。

"钻石吉姆"和丽莲·拉塞尔一样讲究奢华，毫无顾忌。前者在铁路上搬过行李，做过销售，最后又给每家美国铁路公司销售带刺铁丝网，并在这里挖到了第一桶金。他胃口很大，能吃能喝，据说他1917年致死的原因就是暴饮暴食。他穿钻石戴钻石：钻石手杖钉、钻石袖钉、钻石戒指，甚至把钻石缝在裤子上当扣子使用，系着结实的背带，亮得扎眼。他还是个散财童子，随手就送钻石，特别愿意送给丽莲·拉塞尔这样的"美国美人"，并以此为乐。

杰西·利弗莫尔疯狂的一生
THE AMAZING LIFE OF JESSE LIVERMORE

"钻石吉姆"是一个传奇人物、一位美食家，相传为饱口食之欲不惜千方百计。都说他曾专门派间谍到巴黎的马尔格里（Marguery）餐馆，窃取其著名的马尔格里独家秘方。间谍不负厚望，满载而归，布拉德就请作曲家维克多·赫伯特和商店之王马歇尔·菲尔德来吃饭，让他们见识一下独家马尔格里特色。餐间，"钻石吉姆"粗声说："给这个鬼土耳其毛巾加点酱就能吃了！"

据说利弗莫尔刚从1907年恐慌中赚够100万，就开始约会丽莲，还颇得美人青眼相加，随他吃遍了纽约大大小小的餐厅，在"钻石吉姆"眼皮底下暗度陈仓，最后真的抱得美人归。报道称二人驾"安妮塔·威尼斯"号迤逦前往棕榈滩，传言最终成了现实。

但实际上，追着丽莲·拉塞尔不放的不是杰西·利弗莫尔，而是他的好朋友、当时已婚的亚历山大·P·摩尔。摩尔后来成为美国驻西班牙大使，一生都维持着和利弗莫尔的友谊，他虽然出身名门望族，但非常崇拜和尊敬利弗莫尔。杰西·利弗莫尔在《警察报》看到自己的风流韵事，一笑了之。人们指责他就是拆散了纽约这对名人佳偶的"罪魁祸首"。利弗莫尔为能有点小秘密很是得意，只要他、亚历山大和丽莲知道真相就够了。

利弗莫尔应有尽有，30岁就成为华尔街的传奇。摩根就是请他杰西·利弗莫尔手下留情不再卖空，不再打压股市，对一个白手起家的年轻人来说，这可以说是凤毛麟角。他没受过什么正规教育，又非系出名门，出道时没有什么社会地位，也没有一点立足之本。

这次他还是住在棕榈滩的浪花酒店，随行的还有丽莲·拉塞尔和彬彬有礼的亚历山大·P·摩尔。驾驶世界一流的"安妮塔·威尼斯"号游艇，住在河岸大街富丽堂皇的公寓楼里，随处可见古董、波斯地毯和无价的油画，还有300万美元的存款垫底，他盼望着在棕榈滩的浪花酒店好好过个冬天。多么惬意的生活呀！还能有什么让他烦心的？

三个人在浪花酒店美餐一顿，就坐了两辆三轮车去布拉德利的"海滩俱乐部"赌两把。这种白色柳条的三轮车在棕榈滩随处可见，都是黑

第五章　崛起于棕榈滩陨落于棉花合约——国王落马

人做这种生意,但穿着得体。丽莲和亚历山大直接去玩轮盘赌,杰西则去玩十一点,只玩了一会儿,他就和布拉德利到酒吧喝酒了。

棉花大王珀西·托马斯也独自在另一桌喝酒。利弗莫尔说:"棉花大王太可惜了。"

"是呀。他曾是我们最好的客人之一。"布拉德利接着他的话说,"我很喜欢他。我们都明白他要等重整旗鼓了才会再坐到赌桌上,但随时欢迎他来吃吃喝喝。"

他们随之转了话题。布拉德利喝完他的唯一饮品——苏打水就离开了。珀西·托马斯走过来说:"一起喝一杯,利弗莫尔先生?"

"当然,叫我JL就行了。"利弗莫尔一边回答,一边示意他坐下。

珀西·托马斯温文尔雅,很有教养,博学多才,魅力十足,气场很强,对任何话题都能侃侃而谈。二人谈到了音乐,利弗莫尔沉迷古典音乐和轻歌剧,这也是他喜爱丽莲·拉塞尔的原因之一,他还和亚历山大·摩尔多次观看她的演出。

珀西·托马斯最后道出来意,"JL,我有一些打算,就开门见山直说了吧。"

"别客气。"利弗莫尔说。

"我们合伙操作棉花期货吧。"

"这太看得起我了。如果我要找人合伙的话,可能就只能找你了。但你肯定知道,我一向都是单干,将来也是。我知道你想成为棉花市场的霸主,我也久仰你的本事,但我只一个人干,这是我的原则。"

"听我说,小伙子,我还从没见过像你这样的交易商。你能从卡顿设置的玉米陷阱里安然脱身,手段确实高明,卡顿还想着你死定了。而且你还能预料到芝加哥那帮小子会在燕麦市场应声而动——看起来就像是阿莫家族在买入,一场好戏,高手呀!"

"只是天时地利刚好,仅此而已。"

"更像是灵感爆发。还有设计在《纽约世界》登那篇文章'利弗莫尔轧空棉花'。精彩呀孩子,太精彩了。"

"那篇文章不关我的事,我也一样吃了一惊。这就是为什么我单干,不想给谁说要怎么干,就是错了也不用费那个劲儿抱怨谁。我压根不想合伙,不想把计划解释来解释去。"

"我明白你的意思了,随你便吧,JL。"珀西沉吟片刻说,"你知道我因为棉花的三月合约倾家荡产,一无所有,只是想着我倒霉的时候你拉一把。"

"我一穷二白过不止一次,每次都能东山再起,你也会的。"利弗莫尔拿出随身带着的支票,又从口袋里拿出笔,"能资助你是我的荣幸,需要多少尽管说。"

"那就不用了,谢谢,先生,我不是这意思。我没你聪明,也没你那种对市场的感觉和确定时机的能力,我就是需要这些,才想和你合伙。"

"我独来独去这一点永远都不会变。"

珀西很长时间都没有开口,而是仔细打量杰西·利弗莫尔——身穿黑色丝绸燕尾服,金黄色的头发向后梳着,牙齿洁白整齐,蓝色的眼睛炯炯有神。随后他笑了,对这个年轻人说:"那也不妨碍我们成为朋友吧?"

"一点儿没问题。不如明天一起在浪花吃晚餐,我给你介绍一些朋友。"

第二天晚上,他们共享晚餐。二人交往甚欢,相约去浪花酒吧喝酒,到沙滩上散步,或坐在舞厅欣赏乐队的演奏,最后两人成为亲密的朋友。"棉花大王"和"小豪客",再加上丽莲·拉塞尔和亚历山大·P·摩尔,只要他们一出现在人群里,所有人都在交头接耳,私语之声就像亚热带轻柔的微风,掠过房间里的每个角落——"棉花大王"、"小豪客"、名门贵族,再加上美国甜心。

"棉花大王"向"小豪客"介绍了棉花市场的情况——美国棉花期货的历史,世界范围内棉花需求的根源,满足日渐高涨需求的棉花的来

第五章 崛起于棕榈滩陨落于棉花合约——国王落马

源、埃及新开辟的棉花产地以及其效果如何、是否会影响整个世界的棉花贸易,如此这般,事无巨细。这是一堂完整的、深入的大学高级棉花课,任课教师为这一行业最厉害、最有声望的专家。

利弗莫尔洗耳恭听,聪明绝顶的脑袋无一遗漏。但有个问题,利弗莫尔对这位博学的朋友并非言听计从,他看问题的角度不同。利弗莫尔只看市场行为——市场的真相是什么,而不理会棉花行业的基本原理。他不追究市场行为发生的原因,而是尽量预测市场未来的行为,只在乎市场每天的情况,只听纸带说什么了——现在情况怎样,价格几何。

他还认为,市场不会按照已知的情况运行,而是按照未来的情况运行——甚至那些连专家当时都未知的因素。市场一直都是掰玉米的猴子,只看重还没到手的下一个。他不认为市场会按照合理的基本因素运行,绝大多数情况下都是感情战胜理智。

而且据他观察,纸带常常不听棉花专家的指挥。利弗莫尔内心还为一个小问题绞尽脑汁:"棉花大王"破产了,如果他无所不知,怎么还会破产?利弗莫尔也破产过,但不同的是他知道自己并非无所不知。他对市场的研究结果是,市场自己想怎么样就怎么样,而不是你让它怎么样它就怎么样,而且你还没办法一下子搞明白为什么。尽管如此,利弗莫尔还是集中精力,想要长点见识。

利弗莫尔一直只身作战,无人觉察,不加宣扬。他几经生死才研究出自己的交易规则——利弗莫尔市场交易原理,但人不是机器,无法一直控制感情,抑制内心的冲动,难免有恐惧和贪婪。

尽管他早有防范,但不久就在"棉花大王"的威力下俯首帖耳了。"棉花大王"上知天文、下知地理,而且能雅俗共赏,同时也激情四射、魅力十足,他对自己绝对自信,也能让利弗莫尔相信拒绝他的慷慨解囊、雪中送炭绝对出自真心实意。

他谆谆教导的那些棉花市场信息不容置疑、合情合理,而利弗莫尔这边对商品市场行为的认识凤毛麟角。利弗莫尔是个投机商,从业16年,对棉花的了解不比对钢铁、煤炭、玉米、燕麦、小麦或其他任何商

杰西·利弗莫尔疯狂的一生
THE AMAZING LIFE OF JESSE LIVERMORE

品多，但对市场如何行动、有何反应胸有成竹。

利弗莫尔也把市场运行情况和棉花大王介绍的信息进行了对照，他开始认为："可能我做交易时真的思考不周，可能分析市场运行还有更好的办法。"

而且，棉花大王有获取信息的绝招——他在南部的棉花种植园安插了很多间谍，能了解生产情况。基于这些事实，用什么办法做交易似乎一目了然——市场的涨跌看的是未来供需量的内幕消息。每个精明的律师、哲学家、销售员甚至骗子都知道，说服别人先要让他们相信基本事实，认可基本前提条件，他们就会相信最终结论，推理过程显然合情合理。一旦利弗莫尔承认了棉花大王"秘密"情报的威力，也就和棉花大王一样相信了结论。

这是利弗莫尔一生最有价值的课程之一。从此以后，他再也没有向谁透露过他的操作，而且他会告诫别人千万别把自己的交易情况和秘诀告诉别人。

这段时间，他和伯纳德·巴鲁克交往甚密，二人经历相似。后来巴鲁克亲口对别人说过："如果你知道了我持有的股票的内幕消息，千万别告诉我，别让我知道。切记切记！"

利弗莫尔结识棉花大王的时候，看空棉花合约，持有少量空仓。二人交流大约一个月后，他扭转了自己的看法。他经常扭转自己的股票头寸，根据就是演绎法。"如果我错以为股票会上涨而买空，那么卖空就肯定没错，根据就是股市历来不上涨就最有可能要下跌。"

他大举入市，买了6万包棉花。既然他已经违反了不采纳小道消息的重要原则，索性就违反到底，试试另一种玩法。

棉花合约价格与他的预期相反，因此他接着购入，要将价格拉低，因此没有卖出或降低仓位。然后他又大笔购入小麦，这次有了收益。他还是持续购买棉花，囤积了15万包。

然后他又违反了一条原则。保证金不足，他还持有一再亏损的棉花，反而卖掉了盈利的小麦。切记"抛亏留赢"，虽然明知这条原则，

第五章　崛起于棕榈滩陨落于棉花合约——国王落马

但他并未遵守。他一平仓，小麦就涨了20美分，他少赚了800万美元，这个事实更加动摇了他的判断。判断完全错误，他的信心也彻底丧失，反常行为愈演愈烈。

他买了更多的棉花，觉得该见底了，但事实恰恰相反。破产的时候他还有44万包未脱手，这才一下明白自己有多傻了。平仓之后，损失百万。投入300万元，收回30万元，巨亏270万元。

他被棉花大王和他的理论带到了泥沟里。利弗莫尔明白棉花大王本人都没因此受益，但他个人的魅力本身就是一种力量，听到他的棉花市场理论，不由自主就信服了，他在精神上战胜了利弗莫尔。棉花大王就是杰西·利弗莫尔此次毁灭的导火索。

利弗莫尔却对棉花大王恨不起来。他觉得是自己重蹈覆辙了，这是听信小道消息的另一种形式，上一次他并没有好好吸取教训。后来利弗莫尔想通了，棉花大王提供的是"狡猾的消息"，精密设计、完美展现、好心好意、绝无私利，非常非常诱人。价值300万的教训。

百万富翁做了还不到一年，他就被迫卖了"安妮塔·威尼斯"号、河岸街的公寓以及里面的精致摆设。谁都知道棉花大王破产了，就是栽在3月份的棉花合约上。他为什么会步棉花大王的后尘？杰西·利弗莫尔就只能昙花一现，就和华尔街众多的"小奇迹"一样——其兴也勃焉，其亡也忽焉吗？华尔街街头巷尾都在纳闷："这个交易高手到底怎么了？"

利弗莫尔眼下需要钱重回宝座，要很快赚回来。然后他又犯了一个错误，又违反了一项原则。他想让市场把吃了他的都吐出来。他满怀复仇的怒火回到市场，但是心有余而力不足，他的交易能力受到了影响，自己成了情绪的傀儡。他不应该重回市场，而应该远离市场，等待情绪恢复平静，但是他依然坚信自己是众所周知的操作老手，随而鲁莽行事，输掉了老本，他还不善罢甘休，去向支持他的人借钱。

几个月后，他最后算了一笔账，欠经纪人和债主的钱远远超过100万了，这下不仅自己300万的积累没了，还又欠了100万。"有个操盘

杰西·利弗莫尔疯狂的一生
THE AMAZING LIFE OF JESSE LIVERMORE

手，"他自我反省，"他手臭死了。"

在铁轨上等候开往芝加哥的火车时，杰西·利弗莫尔情绪低落，无精打采。他又一次回到了起点，得去芝加哥看看有没有投机店，如果运气好的话，还能在芝加哥谷物市场起死回生。他心里没底，前途一片迷茫，失望之极，自己都讨厌自己。但有一点他坚信，他还要在纽约叱咤风云。而这也的确并非虚言。

在芝加哥，利弗莫尔精神一度崩溃，灰心绝望。他研究过自己的交易记录后，心情更是雪上加霜。棉花惨败后做的几笔交易荒谬之极，完全是另一个人的所作所为，根本就不像是他的手笔。就像一个疯了的赌徒，甚至还不如他小时候的手法。他的信心完全丧失，难以恢复平静。仅在一年前，他在经纪公司轻易就能买卖10万股甚至更多，价值超过1000万美元，而现在要能交易几百股就感天谢地了。他抛弃了自己的交易原则，受到其他交易员的影响。一有损失就心烦意乱，完全搅乱了自己的判断。更糟的是，他坚定无比的自信树不起来了。有了这种自信他才能起死回生，他没胆量理直气壮地说："我富过，还会再富起来。"

绝望透顶的情绪已经渐渐控制了他的整个身心。

这样几个月后，他最后还是鼓起勇气，分析了自己的擅自妄为，并极力不去烦恼过去的蠢事。利弗莫尔需要了解自己个性中人性的一面——情绪和感情，虽然他一生都拒绝这样做。他清楚市场的技术面，但还不了解自己的情绪。他怎么能摒弃自己的市场原则、自己的交易理论、自己千辛万苦一点一点积累的原理。他的疯狂行为不仅在经济上打垮了他，而且在精神上也打击得他一蹶不振，简直是下了十八层地狱！

他认识到是自己的"自负"在作怪。一直沉醉在掌握市场的名誉、摩根请他手下留情停止卖空的余味里执迷不悟。正是被一天赚100多万的巨大成功冲昏了头脑，才一落千丈，他并不是对失败束手无策，绝对不是，他一辈子都在跟失败斗，令他不知所措的是成功！

他现在知道了，成功和失败一样难以对付，一样能毁了一个人。他在芝加哥找一个好心的经纪人借了点钱，后者很清楚利弗莫尔的实力，

第五章 崛起于棕榈滩陨落于棉花合约——国王落马

知道他能带来多少佣金和财富。

但他的麻烦还没完。

• • • • • •

数年后的一个深夜,在海滩俱乐部的酒吧里,他向埃德·布拉德利回忆了这段经历。布拉德利问他早年在华尔街最惨的经历是什么,他娓娓道来:

"到芝加哥后不久,大概3个月的样子,我收到朋友弗瑞德发来的电报,让我回纽约,他是一家大型经纪公司营业部的经理。我给弗瑞德打电话,他说'JL,你绝对值得回纽约一趟,这有人想见你。'

"我即刻回了纽约,接着就发生了我一辈子也忘不了,一辈子都后悔不迭的事。一到纽约的经纪人营业部,弗瑞德就带我去见了他的老板,就叫他查尔斯吧,这家伙腰缠万贯、闻名遐迩。

"介绍完毕,弗瑞德就出去了。老板直奔主题,说'利弗莫尔,听说你在棉花上遇到麻烦了,我很遗憾。我知道你是听了棉花大王的话,结果害你出了局。珀西是好意,他都能把梳子卖给和尚,说服力太强,自己也控制不住,他本该是个杰出的政客。你不是第一个,也不是唯一一个被他拉下水的人。我了解你的交易经历,也清楚1907年恐慌时候的事,知道摩根请你帮忙时你慷慨大方,这都有口皆碑。那就长话短说,我来资助你。'他写了一张25 000美元的支票,'拿着,从头再来。'"

我看看支票,又看看那个家伙,问,"什么条件?"

"条件是你只能在这儿做交易,就在我这儿做。"他说。

"万一我输了呢?"我问。

"那我就再给。你会赢的,我等着你赢。"他告诉我。

"我还是不明白你什么意思。"我说。

"好吧,我就知道你不会同意。我让你来、给你钱,就是看中你嘴巴严。你这种人做交易偷偷摸摸,自己也不声不响,跟我一样。没人知道你有多少钱,也不知道谁背后支持你。"他说。

"你是想利润分成?"我问。

"不是,我说实话吧。我有几个大投资人,有了他们我这公司才能开下去,我不想让人知道他们的交易。如果你来负责他们的话,消息就不会泄露了。人人都知道你交易量大,人人在买空的时候,你总是卖空。"

我不太相信。"你的意思是,让我给所有公司的大笔交易作掩护,特别是卖空的时候。"

"是的,一点没错。"他说。

"我就是你的客户把大量筹码投放进市场的通道,无人知晓。"我说。

"是的,而且一定不影响你自己的交易,这一点也不犯法,随别人怎么猜。"他附和说。

我正巴不得干老本行呢,就毫不犹豫地把这笔钱投了进去开始交易。我干得不错。当时是牛市。三个星期后,25 000美元就变成了15万。这时我犯了第一个大错。我去找查尔斯,说:"还你25 000美元。"

"先留着吧,利弗莫尔,什么时候你账上真有点钱了再还。"他这么回答我。

我一下想起来,他还赚着佣金呢,我又做了几个月。我还有点喜欢这个资助人,在我孤立无援的时候拉了我一把,我觉得良心上过意不去,就想着要对他忠心。更重要的是,我精神上的不安、压抑逐渐消失,斗志又回来了,我又变成原来的我,开始赚钱。

接着我看空市场,卖空1万股切萨皮克大西洋公司(Chesapeake and Atlantic)。第二天被叫到查尔斯办公室时,我吓坏了,不知道出了什么事。他告诉我:"JL,我撤销了你昨天卖空1万股的指令,给你换成了多单。"

"但是我觉得快到熊市了。"我说。

第五章　崛起于棕榈滩陨落于棉花合约——国王落马

"错了，孩子。那家铁路公司的总裁是我姐夫，他娶了我最爱的姐姐，虽然我知道的情况还不能告诉你，但股价马上涨。"他说。

但是股票如我所料下跌了，我的利润打了水漂。查尔斯跟我说："别担心，JL，我会帮你赢回来的，再等会儿，肯定会赚回来的。"

就如他所说，没多久，他拿了一把贷款单，我又资不抵债了。他还告诉我，"还有，我刚给你买了1万股南大西洋公司，给你记到账户上了。"

"这不就是你姐夫控制的另一家铁路公司吗？"我问。

"没错，上涨潜力很大。"他回答说。

但是南大西洋公司跌了，我没过几天就抛出了，又损失了一笔。这次我听到是还是："别担心，JL，没事，"我赚钱是为了活命，可不是为了一点恩惠搭上100万美元的巨款。

我终于明白到底怎么回事了。我的恩人查尔斯正在把他姐夫的资产套现。他姐夫是美国最富有的人之一，消息都传开了，他姐夫病了，无药可治，拖了几年，现在行将就木。

我想找弗瑞德谈谈，就是他给我发的电报。一天晚上我约他出去喝一杯，告诉他我的猜测。我说："我觉得我就是颗棋子，烟幕弹，掩盖查尔斯把他姐夫财产套现的事实。外人都不会知道或相信这家公司的巨额资产被卖了，因为股价根本没怎么下跌。"

弗瑞德看着我说，"是的，我猜就是这样。现在那些财产基本上都是现金，我就告诉你吧。"

"这么说我拿到的钱和账户上的损失才是现金财产的九牛一毛？"我问。

"没错。"他说。

"那我就没看错。我就是这家公司摆在外面的稻草人，骗大家上当，避免他们发现真相。"我说。

"这只是一小部分事实。"他说。

"什么叫一小部分，还能有什么事？"

77

"老板知道快转熊市了,早晚的问题。他清楚你的大手笔,操作你账户之前,先看了看你前三周的操作。当然,你来这里放烟雾掩盖事实,对他的确大有裨益。这些都不假,但主要原因是,他清算的时候得把你拉到身边。"他跟我解释。

"什么意思?我没明白。"我说。

"听我说,JL。一旦你站稳脚跟,大家都知道你迟早又会是两三百万股的交易量。你很快会发现查尔斯这些铁路股有一大笔都在他姐夫手里。你会发现并且立刻把这些股票一打到底,股票会一跌再跌。你打压熊市的经典战役大家都知道,查尔斯心里也清楚。"他说。

我目瞪口呆。我因为丧失信心、精神萎靡,就顾不上探究他人更深层、更阴暗、更狡猾的动机了,根本不是我以往的做法。我仅看到了表面现象,没看到背后的阴谋,我想都没想过,能有一天被锁住手脚,对历史上规模最大的股票换手无能为力。查尔斯的姐姐最后兑现时,到手的现金超过2亿5000万美元。

我震惊了。我纯粹是为了回报我认为支持我、帮助我的人,反而又一次愚蠢地中了另一个人的圈套,就像我和棉花大王的那次。真是个聪明人,绝顶聪明,知道别人的致命弱点,而且能借以来为自己攫取利益。

晴天霹雳!我的恩人甚至比我自己都相信我的交易能力!

但我真不生查尔斯的气。他有自己的理由,财产最终受益人是他姐姐,他觉得有义务帮她最大限度获取更多的钱。在人类更加深奥的游戏里,我只能是个棋子。真正让我寝食难安的是,我错过了最佳的市场机会,本来还可借机弥补所有损失,现在还是身负重债。我被利用了,而且还听之任之,就因为没有遵守自己的原则——独自交易,只给自己交易。

我当晚即清理了办公桌,去了查尔斯的办公室,用最平静的声音说:"我不在这交易了。"

查尔斯看看我点点头,脸上毫无表情。他直视我的眼睛,心里清楚

第五章 崛起于棕榈滩陨落于棉花合约——国王落马

我猜出他的阴谋了。我转身朝门口走的时候,查尔斯说:"我们都会想你的,JL。"

"我绝对相信你会的,你一定会的。"我说,随后关上门。

先是棉花大王珀西,接踵而来的是我信誓旦旦的恩人查尔斯。我沉思着这些所费不菲的课程,思索着还有多少这样的课等着我。

利弗莫尔喝完了一杯,又叫了一杯。他盯着布拉德利,笑了笑:"该你了,埃德,我说了我的伤心事,你也说一个。"布拉德利是最有名的赌徒之一,两个人都以神秘莫测、毫不张扬著称,彼此却能敞开心扉。

"好吧,JL,那我就说一个。如果你的教训是不敢臆想我们人类心里能有多险恶,那我也没能幸免。"

"JL,你知道我是马痴,只有它们才能触动我的感情,我也不知道为什么。我当时是去西部治疗轻度肺结核,自那时就迷上了马,而且结识了一些在西部到处流浪的人,他们居无定所、性格豪放。然后我参军当了侦察兵。那时要是一有机会我就赌马,在印第安小马赛上下过重金,然后想方设法在新奥尔良和佛罗里达拥有了赛道。但我爱的还是那些马。实际上我宁愿跟马为伍,也不爱挤人堆。当然我眼前这个人除外。在自己肯塔基的农场里,我亲眼目睹了小马驹是怎么生出来,怎么为自己的血统而战,无愧祖先。

"我早期送去参加肯塔基德比大赛的赛马之一就是"蓝燕雀"。你知道我有点迷信,所有赌徒都迷信。我给所有的马都起名字,第一个字母都是B,这是效仿我的第一匹好马,它叫"坏消息",因为坏消息总是跑得最快!总之,蓝燕雀两岁大时,参加了七场比赛,就赢了六场,是德比大赛里同等赌注的宠儿。我在它身上押了125 000美元。比赛前,彻齐尔道恩赛场下了几个小时的倾盆大雨,我跟驯马师商量了一下,决定给蓝燕雀换上泥地掌。

"比赛开始了,门啪的一声打开,起跑令刚一发,蓝燕雀抬脚就站不稳。它一路上一滑一拐,差点跌倒摔断腿,好不容易才跑得稳了,最后在21匹马中得了第四。

"赛后,我专门去看了一眼,马掌根本就没换。铁匠和驯马师有些矛盾,好像是因为看上了同一个女人。驯马师让他换的时候,答应得挺爽快,实际上他是直接从彻齐尔道恩的后门溜了。这次差点害死蓝燕雀。你永远都想象不出人的脑袋里一天到晚他妈的都在琢磨什么!"

利弗莫尔回味着埃德·布拉德利说的故事。他问这个老印第安侦察兵,"埃德,那个铁匠最后怎么样了?"

"JL,适可而止吧,这事永远不会有人知道。"

······

时间来到1910年。身在纽约的利弗莫尔口袋中的钱少得可怜。牛市已成强弩之末,市场交投清淡,一直在横盘,交易几乎停滞,方向难辨。

接下来的四年多时间,利弗莫尔在各经纪公司游走。他虽然能从各式各样的经纪公司拿到贷款额度,但是交易还是一团糟。他既生气又愤慨,交易时一直无法保持头脑清醒,有点消沉情绪,交易就损失惨重,他根本无法平心静气。

他全身笼罩着债务人死气沉沉的阴云。他本质上还是一个新英格兰人,自小受到的教育就是:"别借钱,也别欠钱。"他讨厌欠债。这种负罪感像一座山一样压着他。是人就应该还债,而且他大量的钱都是欠朋友的——每天低头不见抬头见的朋友。

他最后意识到,他有可能陷入更深的无底深渊,或许再也爬不出来;自杀的念头冒了出来,不止一次。

他可以自暴自弃、一了百了,也可以正视自己的问题,最后他决定正视自己的问题。

他发现问题其实很简单,就是钱,或者说是没钱。

他曾用母亲给的几美元积累到几百万美元,为什么不能从头再来?

第五章　崛起于棕榈滩陨落于棉花合约——国王落马

查尔斯就认为他可以，所以才利用他处理姐夫的财产。他进而总结出，他只是没按照以前的办法操作。他的脑袋不转了，陷入债务和失败的悲观绝望中无法自拔。

怪不到市场头上。无论市场现状如何，你都能找到机会赚钱。市场的天性就是变化不定，这里永远隐藏着机会。

那他真正的问题出在哪？为什么总是判断错误？因为他一直消沉。这又是为什么？他总结消沉的原因是因为欠了钱，而且欠得还大都是朋友的钱。他知道，不从欠债的消极情绪里解脱出来，他就永远也别想好好交易。

他想宣布破产，他必须从欠债的阴影里走出来，头脑清醒进行交易，他需要一个全新的开始。

他拜访了所有的债权人，向他们一一保证一定会还债，然后才会让律师准备破产文件。

他们都笑笑，冲他摆摆手，说："我们知道你不会让我们吃亏的，JL。"他们都和查尔斯一样，对他的信任超过了他自己。"JL，我们都不怀疑你会东山再起。你不是第一个、也不会是最后一个被华尔街打趴下的人，振作起来，我们等着你再来这里交易。"

"我会还清每一分钱的。"

"我相信你会的。"

"我真的会。"

"说实话，现在还有一件事。"许多人还对他说。

"什么事？"利弗莫尔问。

"我们不会把债款写在破产声明里，没必要对外公开我们之间的交易，杰西，对吧？"

除了少数几家经纪公司，其余公司都不愿意向法庭提出债权诉讼。即使如此，破产仍然让杰西·利弗莫尔胆寒。当时已经是1914年，一战刚刚在欧洲拉开帷幕，股市从7月31日到12月15日休市。杰西·利弗莫尔已经破产，住在百老汇和第86大道之间的布雷顿酒店，这是一家二等酒店。

他找到律师，让律师提出了破产申请。他足不出户，等着消息，感到无地自容。1915年2月18日，他在《纽约时报》上看到了这篇报道，对他这五年来的生活进行了总结。

纽约时报
1915年2月18日

"棉花大王"破产

杰西·L·利弗莫尔输掉了在华尔街赚来的数百万美元。他在1907年大恐慌中赢得绚烂夺目，但在几个月后棉花合约上的惨败同样让人目瞪口呆，他是华尔街尽人皆知的大人物之一。昨天他主动向联邦地区法院提出破产申请，现在寄身于在百老汇和第86大道的布雷顿酒店。他自称欠债102 474美元，但他的资产价值无人知晓。

利弗莫尔先生现年仅38岁，自16岁起就一直从事投机交易。1906年他抓住了机会，当时，他认为市场处于下行阶段，就开始卖空太平洋联合铁路、雷丁铁路、客泊铁路和斯迈尔特铁路，直到1907年市场触底时才平仓，赚得盆满钵满。

紧接着，他8月份注意到利物浦的棉花价格过高，认为棉花会出现下跌，这次又满载而归。据称到1908年他的财产有200万到300万美元。

但是到了1908年8月，运气开始和他作对，重仓持有60万包的10月份棉花合约被套，据说价格跌破67美元时他赔上了所有财产。

第五章 崛起于棕榈滩陨落于棉花合约——国王落马

利弗莫尔合上报纸,放在柜子上,然后从破破烂烂的椅子上起身,走进了狭小的盥洗室。他慢条斯理,像以前那样穿戴整齐,然后去了华尔街,走了这一生一次最长的路。他进了查尔斯的经纪公司,拜访了这位赞助人,这几年他一直对这个人不闻不问。

他摆脱了债务的压力,现在得看看自己是不是还能操作,而且对利弗莫尔来说,只有一种办法才能试出来他还有没有感觉,那就是拿钱投出去,让纸带告诉他判断是否正确。但他的机会不多了,他心里明白。

第六章
第一次世界大战
——卷土重来，深陷情网

"偏执狂和天才只有微妙的差别。超前一点，就是偏执狂；但稍有落后，就是个失败者；只有恰逢其时，才称得上是天才。"

——小托马斯·J·沃森　IBM创始人

利弗莫尔最后深深吸了一口气，走进前资助人的公司，立即有人接待了他，并把他带到了查尔斯面前。《纽约时报》就放在查尔斯的桌上，但两人对此绝口不提。

"给我一个授信额度。"利弗莫尔开门见山。

对方坐着没说话，打量着利弗莫尔不动声色。两人都知道他们可没有把酒话当年的必要。

"要多少？"查尔斯问。

"看你了。"

查尔斯起身走到窗户边。1915年，战争时期的股市变幻莫测，腰缠万贯或不名一文只在转瞬之间。"没问题，JL。我给你500股的额度，今天就让他们放到你账户上，你的账号一直有效。"

杰西·利弗莫尔疯狂的一生
THE AMAZING LIFE OF JESSE LIVERMORE

"你就知道我会赚回来？"

"说不定呢。"

"谢了。"利弗莫尔说。两个人握手告别，利弗莫尔离开了办公室。这点额度还不够利弗莫尔塞牙缝呢，幸好没限定股价，如果股价是150美元的话，他就能有75 000美元，但这也算迈出了第一步。

现在就该想想怎么做了。资金有限，他输不起，他还是采用原来的交易原则，但试探市场就比较困难了，他不能犯一点错，只有一次机会，第一笔交易必须盈利，而且他也不能让资金有限的压力影响他的判断。他认为现在是大牛市，于是就买空看涨。他还明白，股票一越过100、200或300的整数关口，就有积极上行的趋势。

他现在更了解自己了，更清楚自己的失败之处和弱点，也知道了自己的不足，但自己的信心决不能因此而动摇。战争期间股市活跃，让他迫不及待，正因如此，他才对查尔斯的公司退避三舍，不在他那交易。破产整整6个星期以来，他一头扎进纸带里研究报价，分析每笔交易，仅靠一点点钱维持生计。他深知如果进了债主的地盘，他就可能受到诱惑，头脑一时发热就出手交易了，他可不能这么干。第一笔至关重要的交易，他必须保持一切全心全意，因此就躲开了可能受到诱惑的环境，埋头研究纸带。他现在已经很清楚，情绪就是他的大忌，每个交易商总有一天会遇到这个问题。

整个环境都必须称心如意才行。

他最终看中了伯利恒钢铁，战争时期选这个不言而喻，大家也都心知肚明。利弗莫尔看着股价攀升到98美元，只差2美元就到整数位100元，他觉得如果跃过100，股价还会一飞冲天。他随即奔到经纪公司买了98元500股的伯利恒钢铁，到114美元时，又用浮盈买了500股，总计买空1000股。

第二天，股价就攀高到145美元，几天后清盘，获利50 000美元，这样他就有了50万的额度了，他最终全副武装地回来了。

破产后，他就摆脱了欠债的念头，做这次交易，他又获得了可观的额度，他的自信恢复了。他能按照老方式交易，这一年内斩获颇丰，接二连三的盈利后，资产额将近50万美元。

他唯一的失算就是1915年5月7日的路西塔尼亚号沉没事件，人人都相信美国会参战。沉船消息传来，股市暴跌，利弗莫尔损失惨重，立即平仓，1915年末的账户资产是15万美元。他最终重出江湖，更重要的是他找到了自己的交易模式，现在严格遵守自己的交易规则，竭力避免情绪失控。

他破产后，开始赚钱时，前妻内蒂又来找他，他自分居后就没见过她，那时正处于情绪低谷。他一周给她1000美元供她开销，"算是对以前穷日子的补偿"，还给她在长岛安了家，房子很大，家具和车也是他付的钱。

路西塔尼亚号沉没后美国并没有参战，令很多人大感意外。美国人洁身自好，无意掺合别国战争，但不久市场就恢复了，步入了战争经济的大牛市。

美国开足马力进行生产，把急需品运到被战火摧毁的战区，而运回来的则是一船船的黄金。形势越来越好，利弗莫尔1916年一年都在买空，操作频繁。但牛市和熊市一样，都不会长久，利弗莫尔着手为股市见顶下饵布阵，准备大捞一把。

他密切关注领涨股票，还是1906和1907年的故技重施。他知道，如果这些股票见顶下跌，就预示着要准备对付熊市了。他也清楚，市场无论下跌还是上涨，都不会突然之间一蹴而就，之前会发出大量信号、露出很多线索，但一定要客观分析才行。

他把市场上上涨和下跌的两个方向比做是战场上的敌对双方——牛军和熊军。如果军队中的前锋作战不利要掉头撤退，就会发出警告信号，所以他们转身撤退时，你就应该改变作战策略，进行反方向操作。他坚信1916年的领涨股提供了很充分的线索，但是很隐晦。

股市就像一个圆滑的牌手，他的小动作不是所有人都能看见的，你必须有这个意识、机敏、警觉，时刻留意这些信号的出现。这时，认为

杰西·利弗莫尔疯狂的一生
THE AMAZING LIFE OF JESSE LIVERMORE

市场转向的观点会与大众看法相左,大家仍然沉迷在当前高歌猛进的大好形势下。看见这些主要变向信号的时候,利弗莫尔最有可能的做法就是在人群里保持独立,靠人群边沿着相反的方向慢慢走。这么干,利弗莫尔可是驾轻就熟,他就是这样才大赚特赚的。

他捡起来时机测试技术——试探性地小投几笔,看看情况,检验一下对市场的判断是否正确。他逐渐在12只股票上都建了仓,包括领涨的美国钢铁、鲍德温公司、美国罐头、通用汽车、福特汽车和安纳考德铜业,共计卖空6万股,这个持仓量当时对他还比较适中合理,他静观其变。大盘跌了4美元,他知道他押对了,持仓量翻了一番到12万股,接着耐心等待。

就在这时,"泄密"丑闻从华盛顿传来。据称,伍德罗·威尔逊总统发出和平请求,要求德国和协约国停战。停战的话就会破坏美国的对外贸易,摧毁因此繁荣的战时经济,股市应声陡然转向直下。利弗莫尔的一贯原则就是,万一有意外之财,必须马上变现,别贪多,拿了钱就跑,赚一大笔就清仓。利弗莫尔还有12万股空仓没平,这在1916年可是重仓,很难在一时兑现。

1916年12月20日爆出了"泄密"丑闻时,利弗莫尔还在棕榈滩,人已经溜达到了芬利巴乐公司的办公室,这里没他的账户。他正看着纸带和报纸,经理拿过来一封从芬利巴乐总部发来的私人电报。

"看看这份电报,利弗莫尔先生。"经理说。

"威尔逊今天晚些时候会向参战国求和。"利弗莫尔念出了声,是华盛顿记者W.W. Price发来的,利弗莫尔认识这个人。"你觉得这是真的?"

"是的,先生。"经理说。

利弗莫尔谢了经理,就去找棕榈滩的E·P·赫特经纪公司,问他们是否听说了威尔逊总统"求和"的消息,没人听说。他就给纽约的埃德·赫特打电话,赫特说他也毫不知情。利弗莫尔看着股市的的确确地下跌了,他叫了午餐后,就认真看着股市。

第六章 第一次世界大战——卷土重来深陷情网

下午一点刚过一会儿，E·P·赫特的电报部门给他们所有的营业部发来紧急快报，内容与利弗莫尔早上在芬利巴乐那里看到的一样。利弗莫尔到各大电报机构核实，却没有任何威尔逊总统向德国求和的消息。

但是"欧洲和平的传言已经出现"，人们趁消息还未公开纷纷抛盘，股市开始下跌。"传言"很快看起来就有变成事实之势，市场开始大举下挫。大家开始还都莫名其妙，但很快可能恢复和平的消息就众人皆知了，一时抛盘云集，价格暴跌。

利弗莫尔的朋友伯纳德·巴鲁克大举行动。他和利弗莫尔一样之前就卖空了，这次更是重锤砸入，甚至卖掉了一直上涨的股票。但利弗莫尔则在留意把手里12万股空头平仓，下午两点开始买入，三点就清仓完毕。

此次获利巨大，超过300万美元，绝大部分是借了华盛顿"泄密"丑闻造成1916年年底突然抛盘的东风。

国会成立了一个委员会调查泄露事件，巴鲁克承认他利用"泄密"事件交易"战争题材股票"，但他仅获利465 000美元。而利弗莫尔则解释，卖空是他的一贯作风，威尔逊的和平提议发生前7个星期他就持仓12万股，他早都认为股市到顶了。

他被传唤时告诉委员会，"我怎么可能那么早就知道威尔逊总统会向德国提议结束战争？我怀疑连总统自己7个星期前都不知道他会做出和平提议。"

"泄密"事件的结果是，纽约证券交易所改了交易规则，禁止根据"泄密消息"交易，当然这条很难付诸实施。

就是在1917年至关重要的时刻，利弗莫尔身上发生了一件怪事。几年后，他在一次吃晚饭的时候给儿子讲了这件事。

"我正去中央车站给几个朋友送行，我把专列借给他们去棕榈滩。我们朝车站走，行李员就在一边用小推车推着行李。到了车前，我朋友去小推车上拿他妻子的首饰箱，结果帽子掉了下来滚到了车厢底下，行

杰西·利弗莫尔疯狂的一生
THE AMAZING LIFE OF JESSE LIVERMORE

李员去捡了帽子交给我,让我递给朋友。我低头看了看帽口,帽边有几个字母,'W.A.R.'是我朋友名字的首字母缩写。

"孩子们,这几个字母对我就是一条消息、一个信号,然后我火速回到办公室,匆匆忙忙开始卖空。我之前已经开始卖空了,现在则完全肯定,美国马上参战。"4个月后,1917年4月6日,美国加入协约国参战。美国人一直反对直接参与欧洲战争,但也一直同意支持协约国,向他们提供货物和武器,经过美国沉船和德国采取无限制海战政策等一系列事件后,美国最终介入战争,对德宣战。

1917年初宣战前夕,杰西·利弗莫尔到华尔街开始了他最引以为豪的一次散步。他走出百老汇111号自己的新办公室,挨个到每个债权人的公司去拜访,把他破产时欠的钱全部还清,一分不差。

"我想付点利息。"利弗莫尔主动说。但他们都没收利息,只是接过支票,笑着摆摆手并祝他好运,这件事给他的华尔街传奇又浓墨重彩添了一笔。

1917年杰西·利弗莫尔40岁。他想在生活上改变改变,就给自己设立了50万美元的基金,一年能有3万美元的收益,这样他就再也不会受穷了。

利弗莫尔不久之后陷入情网。

弗洛·齐格飞是利弗莫尔的密友,创建了"齐格飞歌舞"——漂亮的女孩、华丽的布景、醉人的音乐,成群结队的绝世美女轻摇异域风情的扇子,衣着裸露,款款而行在美轮美奂的布景中,翩然漫步于精心布置的台阶上,这种盛况一下就能点燃观众的热情,成为百老汇最炙手可热的表演。弗洛·齐格飞就是它的缔造者。

一天弗洛·齐格飞给利弗莫尔打电话,"JL,我想让你见个人,你一定不能错过。黑发小美女,绝对能蓬荜生辉,你得见见她,JL。她会点亮你沉闷的生活,光赚钱太单调了。你要知道,总干活……"

"总玩会玩穷的。"

"我们只是偶尔放纵一下,JL,又不是老这样,所以一定很好玩。"

"我说不过你，弗洛。"

"这就对了。今晚在我家有个聚会，她会来，你也来吧。"

"好，我去。"

当晚，他一走进弗洛·齐格飞在曼哈顿华丽的顶层公寓，就对桃乐茜·文特一见钟情。她个子娇小，深色头发，一双淡绿色的眼睛让他沉醉其中，既锐利又满含笑意。五六个人围着她坐在一起，听她连比带划地说个不停，被逗得都很开心。弗洛·齐格飞直接挤了进去，把利弗莫尔介绍给了桃乐茜·文特。

利弗莫尔像丢了魂儿一样，追着去看她所有的演出，带她到纽约各式各样的酒吧和餐厅。他们恋爱了——锐不可当的金融家和娱乐大众的漂亮舞女，一个浪漫的童话故事。

他平生第一次终于找到一个人，非卿不娶。问题是，他还和内蒂保持着婚姻关系，必须先离婚。

利弗莫尔原以为每周提供1000美元生活费，还给她又买房又买车，对他的离婚官司总有点帮助。他大错特错了，离婚离成了仇家。利弗莫尔"又有钱了，风华正茂"，内蒂都一清二楚，而且他还另结了新欢。她要在法院讨公道。

他只有一件东西不想给她，就是他的黑色劳斯莱斯，这是他给自己买的。但他愚蠢地把车存在了她的车库，而她则紧抓不放。"这是我的"，回应他的就这一句话。

利弗莫尔无奈之下求助于W·特拉弗斯·杰罗姆，前纽约郡最著名的地区律师。特拉弗斯·杰罗姆是个私家侦探，给人印象深刻：身体强壮、充满自信、留着整齐的八字须。让他声名远扬的是他不依不饶地指控20世纪最出名的谋杀犯之一——哈利·K·肖。他谋杀了纽约著名的建筑师斯坦福·怀特。

斯坦福·怀特是建筑界和纽约社交界的宠儿，曾经设计了麦迪逊花园广场的鲁夫剧院，哈利·K·肖就是在这里、众目睽睽之下枪杀了

杰西·利弗莫尔疯狂的一生
THE AMAZING LIFE OF JESSE LIVERMORE

他。哈利·肖的妻子——歌舞女郎伊芙琳·内斯比特告诉丈夫,旧情人怀特曾经强奸了她。哈利·肖则是匹兹堡铁路和煤矿巨额资产的继承人。

枪击事件发生在1906年7月25日晚。当晚正在上演音乐剧《马恩若拉香槟》,演员开始唱"我能爱这么多女孩"时,哈利·K·肖站起来,径直走到斯坦福·怀特桌边,从腰上抽出枪,对着他的头开了三枪,然后把还冒着烟的手枪举起来炫耀他完成了壮举,接着若无其事地回到自己的位置坐下。他立即被捕,被在广场执勤的消防队员缴了械。

而同时美国最著名的建筑师斯坦福·怀特倒在地上就这样死了,头部周围一大摊血,脸部都被火药熏黑了。

这是一场牵扯到富有而堕落一族的"世纪审判"。法庭里你来我往,法庭外是疯狂、愤慨的媒体头条,如何有钱、如何颓废、如何无法无天地随心所欲、再以具体的情事内幕做结尾,媒体的头版头条开始大肆报道名人的任意妄为。爆出来的细情之一就是斯坦福·怀特的"红天鹅绒秋千"——他让舞女不穿内衣在他面前荡秋千。

伊芙琳在法庭上说斯坦福·怀特经常用鞭子抽她。他们第一次见面就在他公寓,他二话不说就给她灌酒,并"强奸了她"。她承认坐过红秋千,但她怎么也说不清为什么和哈利·K·肖在一起后,还经常找旧情人斯坦福·怀特。

"伟大律师"的"伟大辩护"也开始了。肖的律师德尔分·德尔马斯援引"精神分裂史料"提出辩护,诉称一个美国男人因为自己妻子的纯洁被侵犯而受到煎熬。经过两次开庭,肖最终以精神错乱为由被判无罪,余生不断造访精神病院。

伊芙琳·内斯比特则余生都在永无休止地讲述那一晚的故事。她以82岁高龄寿终正寝,遗言是:"斯坦福·怀特1906年被枪杀了,但我的命更惨,我还活着。"

利弗莫尔拜访了特拉弗斯·杰罗姆,请他代理自己打官司,并给了他一套钥匙,让他去长岛,趁内蒂不在的时候,"收回"他的劳斯莱斯。

1917年9月7日，内蒂·利弗莫尔在长岛的牡蛎湾把鼎鼎大名的特拉弗斯·杰罗姆当场抓获。警方只是把杰罗姆关在拘留所，他的合伙人伊西多尔·克勒赛立即交了2000美元保释他出来。把特拉弗斯·杰罗姆送监狱不是闹着玩的，他可不是好惹的，他给利弗莫尔打电话，两人决定跟踪内蒂，监视她。

几个星期后，在9月22日的法庭上，各个角色悉数登场。正义之神的化身是法官阿里森·朗兹，她立即开始审问。"利弗莫尔夫人到庭了吗？"她问。

"不好意思，法官，利弗莫尔夫人病了。"律师弗兰克·艾克和弗兰克·戴维斯说，"我们想申请休庭，日后再审。"

"法官，我反对，"特拉弗斯·杰罗姆站起来说，"我所知的真相是利弗莫尔夫人昨晚在纽约，今天凌晨一点才回到长岛的家，她根本没病。"

"让她过来，立刻，否则我就不受理了。"法官说。

10分钟后，内蒂·利弗莫尔走进法庭，一起来的还有她的姐姐、父亲和两个朋友。法官问特拉弗斯·杰罗姆怎么会开走车，他回答说有车库和车的钥匙。

接下来问的就是利弗莫尔夫人。

"你怎么就说车是你的呢，利弗莫尔夫人？"法官问。

"利弗莫尔先生买的时候对我说：'这车归你了。'"

"你和利弗莫尔先生结婚多久了？"

"18年了。但我们分居了很长时间。"

"车子维修你付过钱吗？"法官问。

"没有。"

"购车发票或车证上是你的名字吗？"

"不是。"

"那你知道杰罗姆先生接受你丈夫的委托，有权开走这辆车吗？"

"知道。"

"离婚前,你收到的赡养费有多少?"

"一月1000美元,法官。"

"利弗莫尔夫人,鲍克警官说,这辆车值25 000美元。你知道吗?你同意吗?"

"是的,法官。"

"但是开给利弗莫尔先生的购车发票上写的是10 000美元,这你也知道吧?"

"是的,法官。"

"看起来你全知道,利弗莫尔夫人。我认为这件案子你一点权利都没有,现在结案。"法官挥下了锤子,结案了。

后来在接受报界采访时,媒体名人特拉弗斯·杰罗姆表示:"那位警官一定看错车了,他说的价值25 000美元的车,可能是自己用金子造的。而且我觉得利弗莫尔也不会说'车归你了'这样的话,我认识的杰西·利弗莫尔根本不是这样子。"媒体很捧特拉弗斯·杰罗姆,杰罗姆也与媒体打得火热,他们都对行动隐秘、一言不发、难以捉摸、新闻不断的华尔街传奇杰西·利弗莫尔好奇不已。

利弗莫尔的好日子来了。1917年9月24日他在棕榈滩买了一颗硕大的祖母绿宝石铂戒,向桃乐茜·文特示爱。戒指据称价值12万美元。这仅是他以后多年为桃乐茜大量购进珠宝的开始。

第二天他还买了一艘巨型高速游艇,并命名为"潜水艇捕手",这艘游艇不是停在棕榈滩就是停在基韦斯特。

利弗莫尔还获得了更多人的认可,他和伯纳德·巴鲁克同被称为代表了股市投机商的一个"新血统",《纽约时报》1917年5月13日专门就这一话题刊登社论。

纽约时报

1917年5月13日

华尔街大张旗鼓的交易人谢幕
现今的股市投机商更像是学生和经济学家
与以往骇人听闻的操纵者大相径庭

当今的华尔街投机商在交易方法上，不同于自由和快钱时代的约翰·W·盖茨以及他那一伙有钱的赌徒，这类人以"百万赌徒"盖茨为首，他在股市蒙头乱撞，但还非常自信自己会带领大家共同富裕。而现在，领袖的年代一去不复返了，詹姆士·R·基恩是这类伟大操盘手的最后一个代表，他资金雄厚，行动起来气势汹汹，所向披靡，经常在股市掀起惊涛骇浪。

没人能指责伯纳德·M·巴鲁克炫耀自己的股市成就。在国会成立委员会调查去年12月的"泄密"事件之前，他说自己是个投资人或投机人，那种轻描淡写就好像别人说起自己的杂货店一样，他向委员会汇报他在12月卖空股票赚了467 000，就好像讨论天气一样波澜不惊。

他抛盘的原因可能说明一个新投机时代的来临——他只是觉得价格太高了，对投机环境的研究让他觉得市场该歇口气了。

杰西·利弗莫尔则是另一类投机商，没人能知道他要干什么。从某种意义上说，利弗莫尔身上有旧时代的影子，毫不夸张，他的交易就是他自己的事，而且从没听说过他利用给朋友传消息来影响市场。他行踪诡秘，把他与旧日巨头联系在一起的，是他做多和做空的庞大规模。

有传闻说，利弗莫尔在去年11月价格下跌前一个月就开始卖空，他嗅出来市场要掉头了，在一片积极气氛中不为所动。直到涨势告一段落，他已经卖空了50 000到60 000股左右，利润累计数十万美元。

巴鲁克和利弗莫尔是名副其实的投机商，能力非凡，堪称突出代表。据消息人士称，他们去年在股市造成的轰动，对其来说只是小试身手，很难将他们的操作简单的定义为投机或投资。

因军火发家的杜邦家族以及大众汽车的W·C·杜兰在战时股市的操作手法可能既有投资又有投机，这些人的收入巨大而且稳定，因此就充分利用了自己的资金，"买了股票就攥着，等着大涨特涨"。

大约在1915年年中，华尔街有人传出杜邦家族把大量的钱投入到了鲍德温机车公司、通用汽车和其他股票，这些股票的价格相对较低，但后来战争投机狂热，股价涨得离谱。传言并未遭到否认，所以就有报道称大量的利润都被高层赚走了。鲍德温从当年的26元涨到154元，而通用更是从82元飙升到558元，1916年继续攀升，一直越过700元大关。

通用总裁杜兰在朋友圈素以智慧著称，只要他愿意，就会是投机行里数一数二的人物，但他从未在股市风云里成为焦点。据说他通过买低价股获取了不计其数的财富，而且总是在大家还未发现投机机会时大量买空；另外他还对自己超级自信，一旦决定大量持股，任何股市一时的变动都动摇不了他。

据称，如果杜兰认为买的是优质股，就绝少卖出，这就是投资买入。

利弗莫尔对报纸的任何报道从来都尽量不置一词，随报纸怎么说，他一直默不作声，更加激起了媒体对这个神秘人物的关注。

从此一直到1917年底，利弗莫尔的交易一帆风顺，只有咖啡交易出了意外，他后来也把这段故事讲给儿子们，还告诫说"抽雪茄的人不好惹，喝咖啡的人也不能等闲视之。"

利弗莫尔认为美国终有一日要渗入到欧洲日益激烈的战争中，而且随着这一天不知不觉地越来越近，物价一片涨势。到最后参战时，物价更是飞涨了两倍，唯一不见动静的就是咖啡，利弗莫尔调查之后就发现了原因。欧洲整个市场的销路全无，所有的咖啡都运到了美国，咖啡的价格甚至比战前还低。利弗莫尔认为德国的海军那么凶猛，货轮终究被击沉，最终会掐断咖啡的来路，价格就会涨起来——简单明了。

1917年冬，利弗莫尔开始买进咖啡合约。9个月后价格还是一动不动，他清盘之后损失巨大。他还不罢休，又钻到期货里进行试探，买入更多的期货，他相信自己的判断没错。果然，价格涨起来了，而且稳步上行，他买的越来越多。他都开始掰指头数净赚多少"百万大钞"的时候，让他万万想不到的事发生了。

卖空的人坐不住了，价格这么高，如果平仓就亏大了。他们前往华盛顿，说服战时价格稳定委员会要保护美国喝咖啡的人。

他们报告说，利弗莫尔已经垄断了整个咖啡市场，要把咖啡抬到天价。委员会立即限定了最高价，并下令咖啡期货市场限时了结所有未平仓合约。

他们还关闭了咖啡交易所，利弗莫尔被迫清仓，几百万的利润成了泡影，消失得无影无踪。利弗莫尔的教训用媒体的话说就是："美国人需要低价咖啡，政府持相同观点。"

这次的经验同样珍贵：他的判断还是没错，但他还是没有因此获利。现在股市上不仅有他未预料的危险，还有他根本无法预料的风险，这种情况你根本无能为力，只能包扎了伤口继续前进。世上有些事没办法预料到，所以没办法防备，只能见招拆招。

即使如此，他还相信谁也不能威力大得能长时间控制或限定市场。不管在哪个方向上——被迫运行太过，总会回归真实价值。

如果股票受到攻击，股价变化总是很慢。突破僵局的契机就是知道真实价值的内幕人士插足买入，随后善于发现低价股的灵敏投资人也会接踵而来，自由市场里价格最终会恢复理性。

杰西·利弗莫尔疯狂的一生
THE AMAZING LIFE OF JESSE LIVERMORE

利弗莫尔也想办法关注那些跌得惨不忍睹的股票，等着它们反弹。一旦跌到极限，反弹通常强烈而迅速，一直追到原来的水平。当然，前提是股票的确只是受了攻击，本身没有什么问题，反过来说，如果股票冲高后逐渐萎靡不振，在窄幅整理区间徘徊不前，利弗莫尔认为这可能就表示股票先天不足，可能沿阻力最小轨迹线维持一阵，然后跌得更多。他会等到股票在走势上做出决定性的动作后，自己才行动。

利弗莫尔1917年在股票和期货上的其他交易都非常成功，大家都把他当成华尔街最强大的卖空家。如果股市貌似因为空方的力量而下跌时，无论是否出自他之手，他常常沦为众矢之的，而且还被指责没有爱国心。而利弗莫尔大多数情况下认为，这只是人们为战时股市的反常运动找了个顺手拈来的理由。

1917年10月，杰西·利弗莫尔终于和内蒂·利弗莫尔在内华达的里诺离了婚。他全盘答应了她的所有要求，送上了他50万美元的私人信托基金，长岛的房子连里面的家具也拱手相让。但他并不担心——交易账户上还有几百万，100多万的债也还清了，虽然他没这个法律责任。他自由了，摆脱了一切束缚，能自由地随自己的意愿交易，能自由地享受生活。

他不心疼给内蒂的那些钱，毫无怨气双手奉上，他相信自己有本事赚得更多。他留下来铁路专车、劳斯莱斯和游艇。他认为，只要有本钱，不用多少时间，他不费吹灰之力就能把送出去的再赚回来。

1918年12月2日，杰西·利弗莫尔和桃乐茜·文特在圣里吉斯酒店举行了简短的婚礼，由地方官彼得·B·巴罗主持。她十八芳龄，穿着婚纱，漂亮迷人；他41岁，站得笔直，金黄色的头发整齐地向后梳着，穿着质地、样式上乘的黑色礼服，面带微笑。结婚戒指由他戴到了她手指上。

后来在新婚套房里，桃乐茜念出了刻在她戒指上的字，"小桃，天长地久——JL"。甚至多年以后，她想起来还觉得既难为情又心潮涌动。

第六章 第一次世界大战——卷土重来深陷情网

这是杰西·利弗莫尔一生中的重要时刻,心情愉悦,现在可不是1907年他一无所有的时候。他要正确看待成功,并发誓再也不让狂妄、自负和虚荣失控,再也不丧失理智。他已经饱尝走投无路、悲痛欲绝的痛苦,会遵循自己得来不易的交易规则和原则。这次再也不麻痹大意、赔上家产。

他找到了自己的爱情,准备安下心来过日子,他会以这个家感到骄傲。但是,他还不知道,生活也和咖啡市场一样,有他预料不到的,也有他无法预料的,他后来就和这无法预料的碰个正着。

几年后,小桃向他们的儿子开了枪。

第七章
迎娶美女
兴建别墅
完善理论

"对意外之财就不会精打细算。"

——塞缪尔·约翰逊 《德莱顿的一生》

利弗莫尔要给他的小新娘一个女人想要的一切。他们结婚第二天，杰西·利弗莫尔就带桃乐茜看了他们的新家。这是位于西76街8号的连栋房屋，布置得豪华奢侈，一切都是优中选优——漂亮的波斯地毯、精致的韦奇伍德磁盘和闪闪发亮的水晶玻璃杯、墙上到处是名家的手笔。卧室更是华丽，埃及棉床单、塞着纯鹅绒毛的枕头、丝绸枕套、羽毛被。盥洗室全都是最新设计的装置，巨大的空间显得浴缸小的可怜。

桃乐茜也算是出自小康之家，但眼前的景象还是让她欣喜过望，这种奢侈世上没几个人能享受得起。她从一个房间窜到另一个房间，觉得一间比一间好。利弗莫尔得意洋洋地站在宽敞的客厅，等着她一间一间地看，这一切是有些铺张，但他举手可得。

他们喝高级香槟庆祝，香槟冰在银色蒂凡尼冰桶里，酒杯则是沃特福德的水晶杯。为了新恋情，再好的东西都值，他在所不惜。阳光从新

杰西·利弗莫尔疯狂的一生
THE AMAZING LIFE OF JESSE LIVERMORE

式窗户上洁净的玻璃照射进来,她穿着从巴黎进口的白轻纱裙,站在纽约清晨的阳光里熠熠生辉,不可方物。

他会抽身去做他的交易,这是他的嗜好,让他浑身充满干劲。

在交易中学无止境,他乐在其中。游戏无止境,学习无止境,问题无止境。

利弗莫尔撞过南墙,对此深有体会。他从不认为自己是"市场大师",而是觉得自己是"市场的徒弟",只是偶尔蒙对了几次。

他知道这辈子都会是个学生,正是这一点吸引他走上了这一行。情况总在变,一天和一天不一样,市场就是一列快速运行的火车,财富得失只在瞬息,但谁都可能是赢家,只要他做对了事。

别人总说他有第六感,让他觉得好笑。

利弗莫尔认为,那根本不是灵机一动,不知情的人才那么想。他的行动都是他绞尽脑汁想出来的——辨析事实、整合信息、对照历史、随机应变、观察同行,大多是自己判断出来的,不是依靠其他人的判断。

1920年1月2日,杰西·利弗莫尔花5 000美元在纽约场外交易所买了席位。没人知道他这么做的原因,因为没人见他做过场外交易,同样也没人见过他走进纽约股票交易所。

究其一生,利弗莫尔花了很多时间想弄明白他的潜意识是怎么回事。他研究过弗洛伊德和荣格,知道了潜意识的力量和神秘莫测,这里是创新的源泉,是神秘梦境的土壤,是一种天马行空、任尔东西的思考。对这种潜意识还能有更深的分析吗?这种潜意识能控制吗?说不定呢!

利弗莫尔偶尔机敏而看似本能的操作,将会在华尔街传诵。人们总是看到这些操作的表面,然后就宣传这是他的第六感、交易商的直觉或赌徒的运气,或是说,他收到了纸带只给他看的潜在信息。利弗莫尔自己都没彻底搞懂某些自己的操作。

他14岁就入了行,现在41岁,摸爬滚打了27年,动辄就是数百万的交易。他看过亚里士多德的书,相信这个伟大哲学家说的"经历造就了

第七章　迎娶美女　兴建别墅　完善理论

完完整整的自己。"就是这种需要聪明脑袋前思后想、动刀子见血的体验，让利弗莫尔痴迷不已。有人说这就是直觉，直觉又怎么能够按常规解释和获取呢？

在棕榈滩波浪俱乐部，利弗莫尔一天晚上和埃德·布拉德利一起吃饭。吃完甜点，布拉德利问他："JL，怎样才能成为股票投机高手？"

"埃德，那怎样才能成为赌博高手？两者可能特点差不多吧？"

"我觉得还是有点区别的，JL。"

"一个股票投机商，得有必需的智力、身入其中的兴趣、冷静看待事态发展的能力、突出的观察能力，还得有个好记性，特别能记数字。

"最后一个，埃德，也是最重要的，就是经验，从你的经验中学习是重中之重，这些能力都要具备。投机商可能观察力和记性都不错，但没有经验；而交易商经验倒是有，但要么记性不好、要么观察力不强，又或者是个数字白痴。成功的交易商需要具备所有这些素质，但能够不断成功的关键因素、至关重要的因素，我觉得，就是经验。"

"还有能吸取教训。"布拉德利补充。

"没错，这不是人人都能干的。不可能人人都是投机商，也没这个必要。"

"那赌徒行吗，像我这样的？说具体点，JL。"

"好吧，我长话短说。如果可以的话，就一心一意做投机，别的什么也不做；别信任何小道信息，不管是从哪来的；别想着逃顶抄底，傻子才那么干；控制买股数量；跟踪的股票别太多；亏损的话赶紧出来，别死守；吸取教训，但要明白犯错不可避免；如果具备了各种最有利的条件，那很有可能大好机会就在眼前，就要真正地倾囊入市。"

"就好像拿到了同花大顺？"埃德·布拉德利笑着说。

"市场上几乎没有确定的事，一定要时刻保持警惕。"

"赌博也是，JL。"

"这就是为什么得时不时套现出来，休息一下，度个假。别一直待在股市里，那样不行，精神太紧张。最后一点，你肯定同意，存点钱，就像你一样，你现在口袋就可能装着100万。"

"80万。"布拉德利笑了。

"有几次我能赚得那么多，就是因为存着点现金能施展手脚，"利弗莫尔也笑着说，"现在该你说了，怎么就成赌场高手了？"

"跟你说的差不多，JL。"

"肯定有差别。"

"好吧，JL。你知道我是天主教的信徒，从不拿宗教开玩笑。自从我会说话起，我妈妈就给我灌输对上帝的敬畏和热爱，这种教育直至持续到我十二三岁开始四处流浪时。所以，第一，赌场高手总希望上帝向着他；第二，你生活在华尔街的文明社会，至少不用担心别人揍你或杀了你，但这是赌徒的家常便饭。我肯定，男人必须学会很多男人的自卫办法，别当个胆小鬼，就再也不用怕别人。"

"华尔街的男人都是在精神上伤害你、杀死你。"

"当然，说谎、小偷小摸、骗人，我不会这么干。"布拉德利抿了口水继续说，"最后一点，跟股市一样，数字也是赌博的关键，要喜欢数字，还能知道它们是什么意思。所以其他人说得没完没了、扯东扯西的时候，你就能深思熟虑、细细琢磨，估计一下百分比和可能性，这样保证赚大钱，就像你一样，JL。"

"埃德，说得这么好听，我不跟你做朋友都不行。"两人都笑着碰杯——华尔街的大空头和美国最有名的赌徒。

· · · · ·

利弗莫尔冬天到棕榈滩不止是度假，他还能远离纽约和股市。虽然他会经常去E·F·赫特在棕榈滩的营业部，但他认为环境不同，感受也不一样，而且大西洋也让他流连忘返，让他感到自己的渺小。一出海，他的注意力就更能集中，一边徜徉在棕榈滩几英里以外钓大鱼，一

第七章 迎娶美女 兴建别墅 完善理论

边思考大问题。

要么就舒服地躺在安妮塔·威尼斯的甲板上沉思，随船游弋到基韦斯特钓大海鲢，一路都能欣赏佛罗里达的壮丽日落。他觉得就是在海上的这段时间，他做出了诸如"板块行动"的重要发现。

20世纪20年代的时候，利弗莫尔又做出了一个重要发现——"行业板块行动"，并应用到自己的交易策略里。他观察发现，股票运行时，并不是单个行动，而是以行业为伍，成队出动。如果美国钢铁上涨，鲍德温钢铁、共和钢铁和熔炉钢铁总会紧随其后。利弗莫尔观察了一次又一次，形成了他交易策略中的一个重要工具。

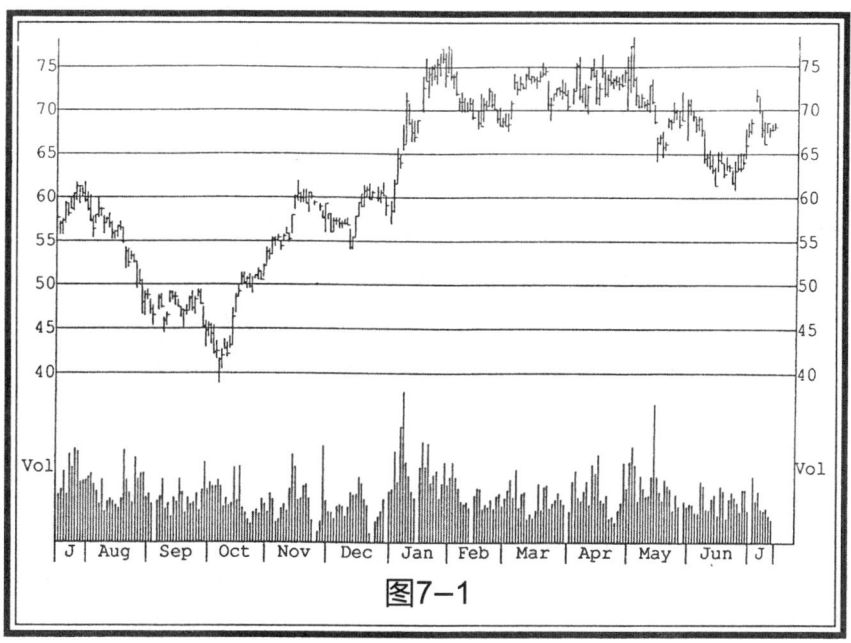

图7-1

板块行动的假设在利弗莫尔看来一目了然。他解释说：

"如果美国钢铁上涨有合理的根本原因，那么其他钢铁公司也会基于相同的根本原因随后上涨。当然，下跌的话，也是同样，如果一个板

杰西·利弗莫尔疯狂的一生
THE AMAZING LIFE OF JESSE LIVERMORE

块因根本原因下跌,那么这个行业板块的所有股票无一幸免。"

7-15-99　　　　　　　　福特汽车　　　　　　　　68.06

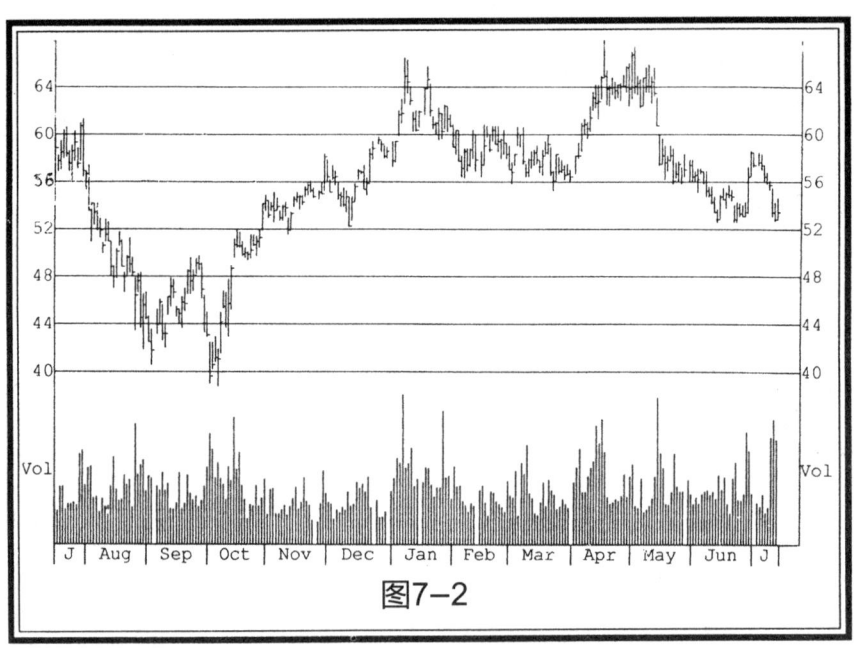

图7-2

示例说明:图7-1和图7-2都说明从利弗莫尔的时代至今,汽车板块都是一致行动,丝毫未改变。通用汽车和福特基本都是一前一后,步调一致。

如果上涨板块有一只股票并未随其他股票上行,利弗莫尔认为这也是个重要线索。可能意味着这只股票本身有问题,因此可能是卖空的好机会。最基本的是,交易商应该在买任何反其板块而行的股票时,都必须谨慎。

反过来说也没错,如果板块下行,而一只股票却逆势上涨,投机商就要小心。

"板块行动"唯一的例外情况是,如果一只股票的交易量占了其板块交易量的一半还多,那么其他股票一定会随这只股票运行。

第七章　迎娶美女　兴建别墅　完善理论

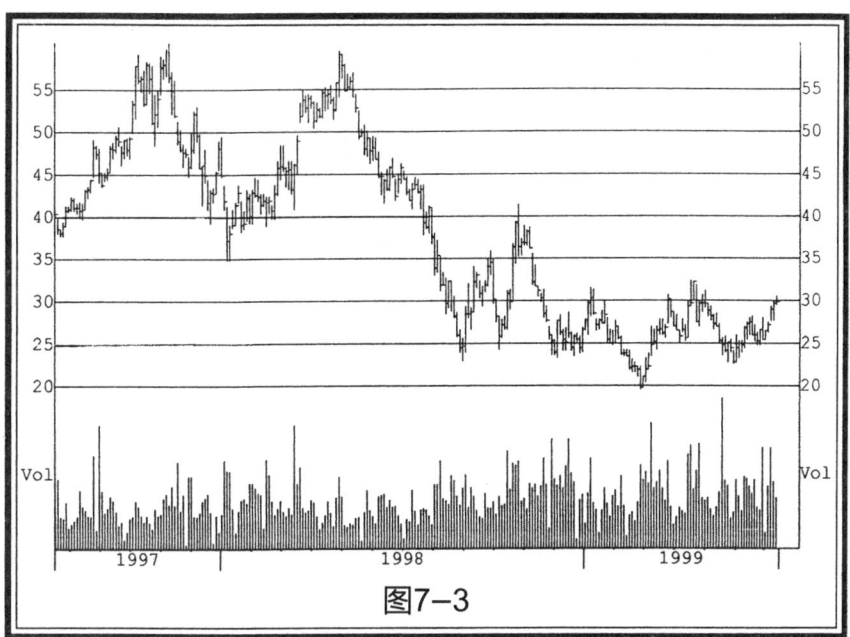

图7-3

　　利弗莫尔还坚持操作市场的领头股票，盯着板块中最强大的股票，不看低价股，这些弱势股会随领头股运行。还要留意，领头股并不一定是板块里的一贯先锋，有时候，板块里规模小、管理良好的股票可能会坐上头把交椅，可能是因为开发新产品，击败了原来的老大。要时刻保持警觉！

　　利弗莫尔仔细观察这些板块在每次大牛市的起起落落。一次大行情的领头板块很可能就"不是"下次大行情的领头板块了。利弗莫尔操作的全都是领头板块，他认为如果在最活跃的股票和板块上都赚不到钱，那投机整个市场就更赚不到钱了。

　　利弗莫尔的经验是，板块行动是了解整个市场方向的重要线索，但很多大大小小的交易商都忽视了。他认为这些板块经常会提供趋势变化的线索，如果上涨股开始乏力而且下跌，通常意味着市场要做调整了。

7-15-99　　　　　　　特赖登能源　　　　　　　11.56

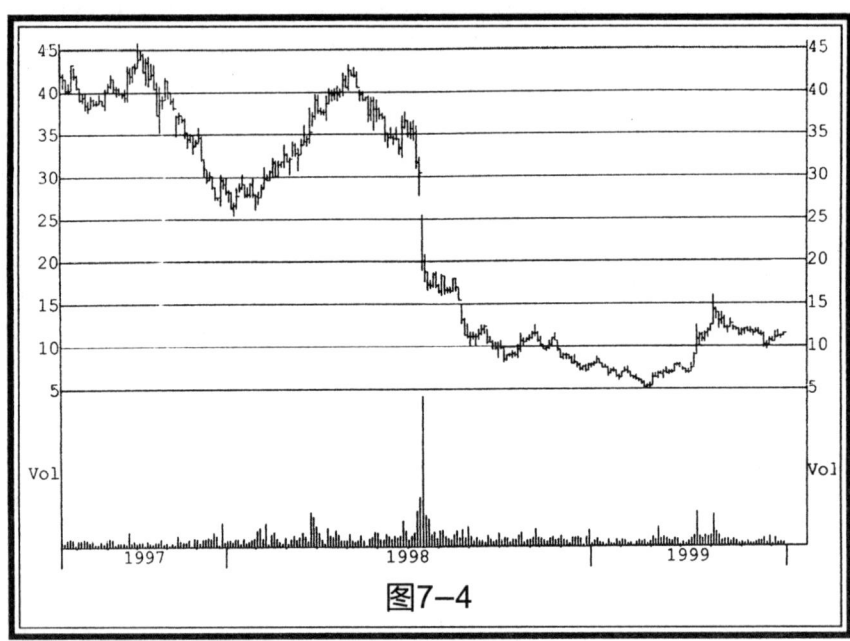

图7-4

示例说明：图7-3和图7-4是部分"石油板块"的表现。1998年春季晚期，石油价格急跌。跨洋近海公司和特赖登能源这两家离岸石油公司因为利润受到影响，被重磅打压，所有石油公司都难逃厄运，股价大幅下跌。

他就是用这种方法判断出了1907年和1929年的股市转向，因为领头股票先跌了。

他还在把股票市场分析出来的板块行动技术运用到了期货市场。

利弗莫尔在生活上也过得称心如意。1919年桃乐茜生了一个男孩——小杰西·利弗莫尔，他和桃乐茜商量后决定最好在纽约的郊区养孩子，于是开始找房，最后在长岛大颈的帝王角安了家。

他们买的那块地叫"洋槐草坪"，有13英亩，景色宜人，有一边紧靠着长岛海峡。房子有100年的历史，以前是个农舍，桃乐茜自告奋勇装修新家。

第七章 迎娶美女 兴建别墅 完善理论

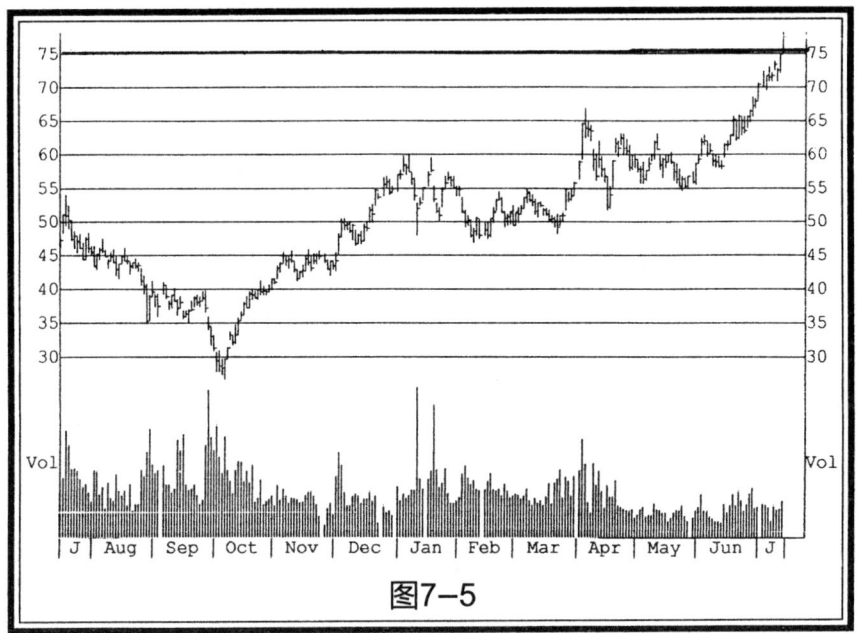

图7-5

桃乐茜的母亲一直跟随她左右，她在新别墅里专门给自己留了一间套房，桃乐茜事事都要征求母亲的意见。一同设计师商量好方案，她们直接去找了JL，他写了一张支票，足够她们随心所欲。房子翻新之后，很快又买了古董家具、迷人的艺术品、精致的银器、挂毯。其中一张挂毯价值25 000美元，有60英尺长，描绘了希腊人和天神的整个战争画面。

两年之后，桃乐茜和她母亲终于宣告完工。房子有29个房间，12间盥洗室，地下室有酒吧、游戏室和一个设备齐全的理发室。利弗莫尔专门雇了一个全职理发师在家服务，每天给他刮脸修头发。每个人都要在家里跋涉，穿梭在储物间和巨大的盥洗室之间。

利弗莫尔定制的套装不下50套，领带和定制的衬衫更是不计其数。利弗莫尔身高5.15英尺，他一直希望有6英尺高，所以他有20双定制的带跟鞋，鞋跟1.5英寸，这样他就达到理想身高了。

桃乐茜完成重塑工程后,在一根前门柱上钉了一大块黄铜名牌,给这块地另起了名字"永久"。

餐桌是黑桃木的,擦得发亮,坐得下48人吃饭。厨房的设备足以让大多数的饭店惭愧,固定厨师有4个,都戴着大头巾,在巨大的冷藏室进进出出,忙着准备晚餐。桃乐茜热衷于举办晚餐会,她很享受万众瞩目、受人羡慕的感觉,而利弗莫尔还是在一边静静待着,气场很强。

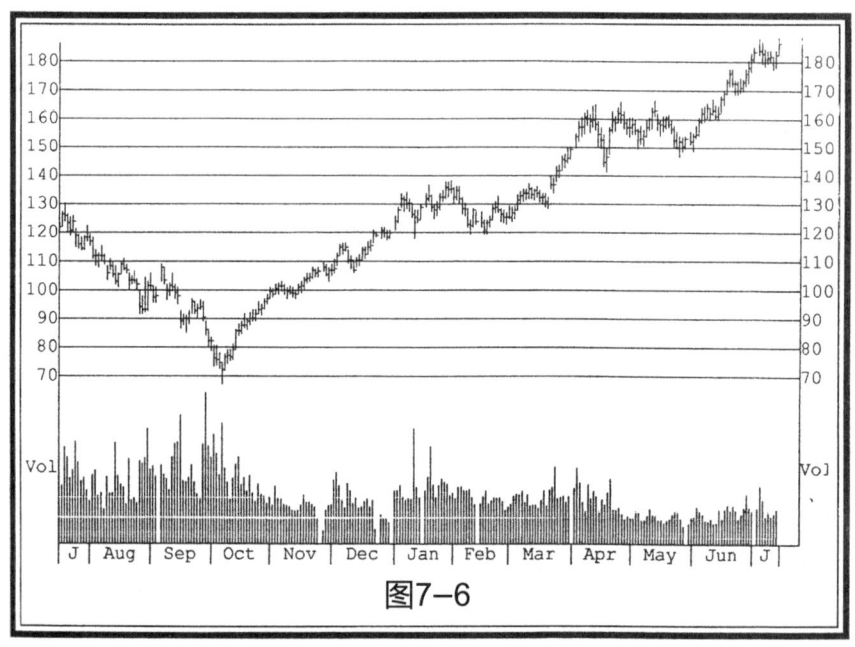

图7-6

示例说明:朗讯公司和其他通讯设备服务板块的这两张图(7-5和7-6)明确反映出"权威"股票对这个板块的重要性。实际上可以说,如图例所示,领头股"就是"板块。

桃乐茜兴头来了就举办晚会,名目繁多。她的化妆室被传为奇谈。大得夸张的镜子,效果绝佳,周围是闪亮的舞台灯;镜子前的几把缎面椅子,四边缀着穗;缎面的长沙发,女士可以在这里休息、躺一会、补

第七章 迎娶美女 兴建别墅 完善理论

补妆、再交流一下有趣的传言密语。

利弗莫尔乐在其中，高兴的是他根本不用管晚会的计划或安排，那是桃乐茜的爱好。还多亏了桃乐茜，他结识了不少人，其中不乏美人和演艺界人士，利弗莫尔对女人的热衷主要针对歌舞女朗和女演员。

他尽量把晚会安排在周末不开盘的时候。而在工作日，他严格履行纪律，就像一个正在受训的职业运动员，晚上10点休息，早上6点前起床，这段时间他独享安宁，思考策略。然后一边在厨房外的角落独享早餐，一边顺着草坪巡视到长岛海峡。那里泊着他300英尺、有14个工作人员的游艇，随着冉冉升起的太阳闪闪发光。旁边还有邻居同样规模的游艇——通用汽车的阿尔弗雷德·斯隆和沃尔特·P·克莱斯勒的游艇。然后司机开着劳斯莱斯来接他上班。夏天的时候，他就开一小时游艇去市里。

搬到这里后，桃乐茜又在地下室建了酒窖，她的一个法国佣人会做啤酒。那时禁酒令已经颁布，全面禁酒，她就会不厌其烦地去周围的邻居家送啤酒。周五晚上和周六早上接订单，周六下午，她就让司机开着敞篷劳斯莱斯去送酒。有时她也把杰西的劳斯莱斯装满啤酒，跟着她的车一起给朋友送啤酒。她的生活就是这样，和朋友笑笑闹闹，接二连三接到邻居的电话，其中不乏沃尔特·克莱斯勒、阿尔弗雷德·斯隆和查理·卓别林这样的名人，他们让她送啤酒，和漂亮活泼的利弗莫尔夫人聊聊天。

卓别林经常来串门，和利弗莫尔从英国进口的球桌上打几杆台球，顺便带走啤酒。他和利弗莫尔都精于此道。他陶醉于桃乐茜的幽默，常常一坐几个小时听她滔滔不绝，不明白为什么她这么有趣，而且能天性如此。

客厅摆着施泰韦大钢琴。利弗莫尔酷爱歌剧和古典音乐，他会请舒曼·海恩克夫人这样的著名歌剧演唱家、有名的钢琴演奏家、作曲家、百老汇明星、时下流行歌手在晚会上表演。

他们的生活如梦似幻、有声有色。1923年，房子刚装修完，桃乐茜

杰西·利弗莫尔疯狂的一生
THE AMAZING LIFE OF JESSE LIVERMORE

生下第二个儿子保罗·利弗莫尔。

· · · · · ·

1923年，利弗莫尔46岁，入行32年，还依然对自己命中注定的事业抱有难以削弱的求知欲，不断学习市场技术，同时他又研究了市场心理。利弗莫尔认为，虽然市场上的心思千奇百怪，但基本上只有一种心理值得研究和掌握，因为人的天性有共通之处。

后来，两个儿子问了杰西一个重要问题："爸爸，为什么你能赚钱，而其他人却赔光了？"

"儿子呀，研究股市可不能大而化之，必须深刻，有自己的认识。我觉得大多数人买股票时还没买家具、买车时用心、仔细。股市给人的感觉是来钱容易，但轻易出手就会犯愚蠢和粗心的错误，赔的就是辛辛苦苦赚来的钱，不是其他什么东西。

"明白了吗，买股票很简单，只要告诉经纪人就行了，然后再打个电话抛股票，这个交易就完了。如果你这次盈利了，钱就好像很容易赚，好像坐享其成，根本不用九点上班，一天呼哧呼哧干8个小时。都是纸上交易，根本不需要你劳动一下，看起来完全是致富的快速道。只要在10元时买入，然后在高于10元时卖出，交易量越大，赚得越多。看起来就是这样，说得直白点，这就是无知。

"然后慢慢长大了，你会发现，交易时你觉得害怕了。担心和狂躁就隐藏在正常生活的表象下，心跳之间、呼吸之间、眨眼之间，就会觉得恐惧或狂躁，好像一下子被人抓住，耳边听见枪响。这时候，求生本能控制了你，正常的理智被扭曲，人在害怕的时候，行为就毫无道理。人开始输钱的时候就害怕了，判断力就受到损害。这是我们人类的天性，无法逃避，必须明白，特别是在市场交易时。

"失败的投资人总是充满希望，在股市上，希望总和贪婪同行。一旦进入股市，希望膨胀了，人的天性就是充满希望，往好的方向想，希望得到最好的，希望是赢得比赛的主要求生技术。但在股市上希望也是

第七章　迎娶美女　兴建别墅　完善理论

无知、贪婪和害怕的兄弟，会歪曲你的理智。知道了吧，儿子，股市只认事实、真实、理智。股市是永远也不会错的，错的是交易者。就像转动赌盘，那个黑色的小球决定了最终的结果，不管你是贪婪、害怕还是希望。结果是客观的、终局的，不能上诉。"

两个孩子不知道自己适不适合股市。是不是太危险了？就让父亲去对付吧！

· · · · · ·

利弗莫尔不让人给他消息，实际上他也告诉人们"请别告诉我"，反过来他也不提供消息。利弗莫尔逐渐认识到，很多时候，人们出于"好意"提供消息，而实际上，心里图谋的是他人的利益。消息可能来自于亲戚、爱人、老友，他本人刚做了一笔好买卖，也想让你沾点好运气。他的格言很简单：

"所有的消息都有危险，它们伪装成各种各样的模样，勿听勿信。"

有些消息是故意传播，用以提供虚假和错误信息，而暗含其中的目的通常没人知道，或许也发现不了。利弗莫尔多年的经验告诉他，消息可以来自任何人，伪装成真实、可靠、不容否认的信息。受人尊敬的银行家，上过报纸的备受推崇、业绩良好的人，全面公布持仓量的知名内幕人士或公司的高管都可能提供消息。

而且这些消息通常合逻辑、有道理。例如："我们这两年的业务发展迅速，公众反应过度了，公司目前前景非常好。根据客观估值，我敢说，我们是市场上最值钱的低价股。"

还有一些正在进行交易或并购的传闻，这些消息很容易通过媒体传播，经常是独家报道。

还有一些人，掌控大笔资金，的确相信自己说的话，还把大笔钱投了进去，用以支持自己的说法，希望公众也都效仿。用投机店的俗话说就是"股票上涨的唯一办法就是某个新手买了。"

杰西·利弗莫尔疯狂的一生
THE AMAZING LIFE OF JESSE LIVERMORE

利弗莫尔说:"我认为,公众是想要有人领导、有人指挥、有人告诉他们怎么做。他们想安心,他们总是集体行动,要成群结队,待在人群里才觉得安全。如果持相反意见,你就是一头小牛,独自站在荒凉无人、野狼出没、危机四伏的草原上。

"我总是沿着阻力最小的轨迹交易,这样情况就变得有些微妙,多数时间我和大家保持一致。当主要趋势开始发生改变的时候,最难把握和出手。我总是留意发现变化的线索,随时准备好脱离主流的想法、大众的想法,朝相反的方向前进。

"这是投机商投机生涯最艰难的时刻,趋势的重大改变就是地狱,但我不想和大众一起坐过山车,除非我卖空。

"明白了这些后,我开发了两条原则。

"第一,别一直留在市场中,我有很多次彻底清盘,特别是我不知道市场方向,需要等着下一步行动的确定信号时。一旦我判断出马上会有改变,但还不太确定时间和改变的强度,我就清盘等待。

"第二,主要趋势的改变对大多数投机商损害最大。他们错误判断了方向,被逮个正着。为确定我对市场趋势马上改变的猜测是否正确,我用轻仓试探,小笔投入,根据市场的趋势改变买或卖,这样就能检查出来判断是否正确。

"表示主要趋势结束的还有一些其他因素——交易量通常很大,但价格却停滞不前,领头股不再上涨创新高,当前的运行已成强弩之末。这就是线索、就是警告。市场这时完全是在换手,股票从强者手里换到弱者手里,从专业人士手里到普通大众手里。市场目前的形势具有欺骗性,普通大众还认为交易量巨大表示市场依然生机旺盛、状况良好、依然会按照原来的方向运行,而不是见底或见顶了。

"交易量指标是表示重要趋势结束的关键信号,不管是整个市场还是单只股票都适用,所以我一直对此非常警觉。我还观察到,如果一个趋势保持了很长时间,在结束时,股票很多情况下会突然一崛而起,同时交易量巨大,但随即就停滞下来,再慢慢爬到顶部,终于精疲力尽撤退下来,再无力创新高,最终就是重大调整的降临。

第七章 迎娶美女 兴建别墅 完善理论

7-15-99　　　　　　第一资本金融公司　　　　　　48.93

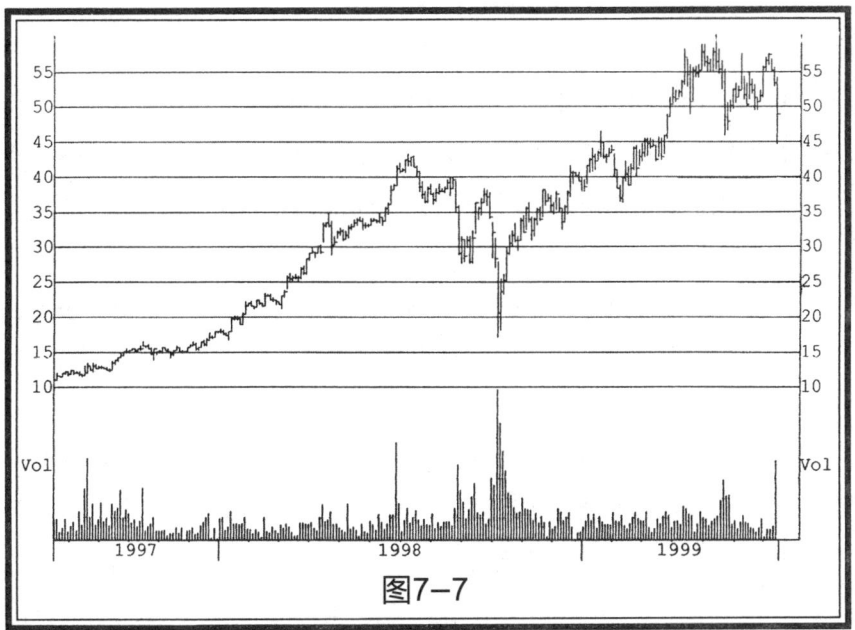

图7-7

示例说明：第一资本金融公司10月初交易创出天量，接着就迅速降低，"量大跌到底"的形态很明显。这种状态就表示下行趋势已经发生改变。记住交易量是预示运行方向改变的重要确认信号。

"交易量最后一次的拼死一搏，为不易处理的重仓提供了大好机会。我清楚，逃顶抄底是愚蠢做法，聪明的做法是趁市场上涨交易量巨大，赶紧处理重仓。卖空时道理是一样的，最好在市场重挫后急升时清仓。

"要想投机成功，最重要的是决定运行的阻力最小轨迹。顺风才能跑得快，可别逆风而行。市场盘整，方向不明时，就退出来休息一下，玩一玩，钓钓鱼。

"风向明朗时再入市，心里有数，操作有利。积极的交易者很难抽身而出，但我还是逐渐明白，旁观一下也很有必要，保持心绪平静才是最重要的。

杰西·利弗莫尔疯狂的一生
THE AMAZING LIFE OF JESSE LIVERMORE

· · · · ·

1923年10月5日，利弗莫尔把办公室从百老汇111号迁到了第五大道780号的赫克舍尔大厦，要用新技巧和理论施展一番。他精心设计了办公室——摆脱华尔街的气氛，不受小道消息的聒噪，操作更加隐蔽安全，不被人知。

有一部直达利弗莫尔顶层办公室的私人快速电梯。他的办公室占了一层，门口没有名牌，进门就是小接待室，哈里·埃德加·达西在这办公。纽约的媒体称哈里"貌丑如猪，人如其貌"。他身高六英尺六英寸，身体健壮，体重接近300磅，长了一张拳击手的脸。哈里的相貌掩藏了他的高智商，利弗莫尔面试了他半个小时，当即录用。他在马因特马利商船上干过，多次环球旅行；会说六种语言，包括拉丁语；嗜书如命，知识广博；管理才能了得。他不声不响就把办公室管理得井井有条。对"JL"死心塌地，严密保护。两个孩子和他很亲，对他纵横四海的神奇经历很着迷；而他也是他们的兼职家庭教师、司机、玩伴和保镖，特别是他们去棕榈滩时便是如此。

接待室没有窗户，只有几把椅子以及哈里的办公桌。哈里身后就是整面墙那么高的门，通往利弗莫尔的办公区。门上都没有任何符号或标志。如果有人要进去见"JL"，哈里会先用对讲机确认，然后才起身用钥匙给客人开门。哈里这个戏剧性的仪式就是要让客人明白，要想进入伟大交易商办公室的"内部圣地"可不是那么容易的。

门后就是宽敞的开阔房间，绿色的书写板占了一整面墙，板前是过道，供四到六个人工作。他们工作时要安安静静，一人分一块板面，负责利弗莫尔正在交易或关注的特定股票、活跃股票或商品期货。每个人都戴着联系交易大厅的耳机，随时把交易大厅传来的"即时"报价写下来——卖盘、买盘和成交价。也不是没有报价器，但报价器太慢，利弗莫尔需要的是最新信息，他年轻时就知道"最新"报价的重要性。

第七章　迎娶美女　兴建别墅　完善理论

如果在几个股票或商品上操作频繁，利弗莫尔会把书写员从四个增加到六个。他们一天都要在走道上安静工作，只在午饭时稍作休息，而这时哈里就上场轮换，因此不会漏掉一个报价。这些书写员会同时跟踪两个或更多股票。如果利弗莫尔正在交易通用汽车，他还会跟踪福特和克莱斯勒，注意板块的运行。

室中间是一张巨大锃亮的桃木会议桌，四周是八把舒适的皮椅。万一有千载难现的客人登门，他总是面对书写板坐着，方便边听边看报价。他还经常中断谈话，到自己的办公室隐秘地下单。

利弗莫尔自己的办公室很大，有很多桃花心木和橡木嵌板。他在一个英国老庄园的图书室看到了这种嵌板，就买了下来，让人拆了运回纽约。

他的办公桌很大，由桃花心木精制而成，面对着"股票板"，桌上一干二净，只放了分别标了"未处理"和"已处理"的两个盒子，一个便签本、一支铅笔。桌边的墙实际上是一块结实清晰的厚玻璃，从这边就能看见书写板。

桌上还有三部黑色直拨电话，第一部直通伦敦，第二部直通巴黎，第三部直通芝加哥谷物期货交易所。利弗莫尔需要第一手的最新资料，也愿意为此埋单。他知道，想打胜仗，信息和智慧同样重要，掌握最新信息、具备最高智商的将军才是最有可能打胜仗的将军，他需要的不是"战争谣言"而是具体、正确的信息。

保罗·利弗莫尔长大后经常来办公室，特别是放暑假的时候，有时候也获准在这打工。书写员受过培训，知道工作暗号，如果一只股票突然大幅波动，他们就会用"秘密暗号"在板上做标记，只有书写员和利弗莫尔知道这些暗号。利弗莫尔日后才透露说这是他的"利弗莫尔——市场钥匙"。有时，来办公室的客人会问："JL，板上这些奇奇怪怪的圆柱到底是什么意思，一种象形文字？"

"我当然一清二楚。"他说。

"能说一下什么意思吗？"

"不行，"他笑笑，"告诉你了，你就跟我一样聪明了。"

"那就简单点，直接告诉我该买什么、该卖什么、什么时候买卖？"

"你知道我从来不说三道四，但是我愿意告诉你股市是涨还是跌？"

"不是涨就是跌，JL。"

"那是自然，但诀窍是什么时候涨跌。"

"还有'哪个'涨跌，JL。记着是'哪些'股票涨跌，这才是我想知道的。"

"知道市场大趋势，就能干得不错。"

"随你怎么说，JL，随便。"

一天，利弗莫尔在办公室对保罗说："转身看看股票板。"保罗转过身，仔细观察在走道上的人，忙忙碌碌，像是跳着动作整齐划一的舞蹈。

利弗莫尔接着说："板上那些标记，我看它们就像是指挥家看乐谱那样一目了然。它们有自己的生命，有节奏、有心跳、有脉搏，构成美妙的音乐，我听得明明白白。

"黑板对我来说也是有生命的，就像音乐，我们能彼此交流。这是我经过多年辛苦工作和实践总结出来的，可不像指挥家——乐队是现成的。我看黑板的感觉只可意会，无法言传，就像指挥家无法表述他指挥莫扎特曲子时的感受，本应如此，不必言说。黑板和那些人就像在给我演奏交响乐，金钱的交响乐，只对我演奏，只对我诉衷肠，让我陶醉其中。"

保罗探究般看着父亲，深信不疑。他极少有机会和父亲如此亲密。父亲注重隐私、情不外露、爱难表达。

第八章
负责股票联盟投资
——积累资产，
擦身躲过几大丑闻

股市投机成功的原理是建立在人们总是重蹈覆辙的基础上。

——托马斯·R·伍德洛克

利弗莫尔喜欢玩牌，而且嗜好桥牌。他每周一晚上在家里下大赌注玩桥牌，还会邀请几个邻居一起玩，包括沃尔特·克莱斯勒、阿尔弗雷德·斯隆，还经常请好朋友哈利·厄罗森过来，他是丝绸商，住在纽约。厄罗森是超级大富翁，曾非常欣赏利弗莫尔和他的突袭交易，一度有很长一段时间也介入其中。他会到利弗莫尔的办公室，静静地坐着，就看着利弗莫尔工作。

一天，利弗莫尔在办公室接到世界桥牌冠军伊利·卡博特森的电话："利弗莫尔先生，我知道你打得一手好桥牌。"

"我们就是偶尔打着玩，跟您可不能比，卡博特森先生。"

"请叫我伊利吧。"

"那也叫我JL。"

杰西·利弗莫尔疯狂的一生
THE AMAZING LIFE OF JESSE LIVERMORE

"我想请你帮个忙。我听说你对数字很擅长，不知道能不能麻烦你帮我计算一下概率。你知道运用某些技巧需要概率，一定点数的牌有多大机率完成一定的定约——类似这样的问题。"

"好吧，伊利，你把问题给我，我看看能不能帮忙。"

接着，卡博特森用30分钟的时间给利弗莫尔描述了他的问题，利弗莫尔记了笔记。一周后，他给卡博特森回了电话，并告诉了他答案，卡博特森很是感动。利弗莫尔就邀请他参加周一晚上的活动。

"恐怕我付不起赌本呀，JL。"卡博特森犹豫了一会儿。

"别管钱的事，谁和你搭伴谁掏钱，赢了钱归你，我们只是想乐一乐。我和大伙说了，能和世界级的桥牌冠军玩，是我们占便宜，不用操心钱了。你来吗？"

"我不用输钱，为什么不参加？"

"那就说定了，我给你转到办公室经理哈里·埃德加·达西那里，你把地址告诉他，我们派车接你。你可以留下过夜，卧室有很多。工作日我们玩不过10点，6点开始，8点有三明治吃。"

"好吧，周一晚上见。"

有了卡博特森参战，他们定了一条规矩：谁和卡博特森一组，就先罚1000点。但他们都是个中高手，很快就赶到平局。这不只是一个比赛，能和世界上最好的桥牌手坐在一起玩，不管是对手还是伙伴，都让利弗莫尔和他朋友激动不已。

因为利弗莫尔和他朋友都嗜好扑克牌、金罗美牌和桥牌，桃乐茜就想出了"游艇团联盟"的点子。星期一的一个晚上，她早早让管家端了三明治进来打断了牌局。

"伙计们，我有个主意你们看看怎么样。各位都知道尊夫人们和我也喜欢玩牌，所以我想你们可以组织一个'游艇联盟'。我们都有游艇，就停在屋后，你们不用一人开一艘游艇去上班，可以一起开一艘，这样上下班的路上也能玩，夏天天气好的话就更舒服了。"

"你是怎么想出来的？"利弗莫尔问。

第八章 负责股票联盟投资积累资产——擦身躲过几大丑闻

"我们几个女人就在船上玩,有时候还兜一大圈呢。"

几个人放声大笑。第二天早上美国独一无二的"游艇联盟"成立了。

• • • • • •

20世纪20年代中期,华尔街尽人皆知,利弗莫尔是最高明的市场交易商之一。媒体经常夸大其词,对他神秘莫测、不为人知的交易方式更是如此。他有时通过多达50个经纪人来隐藏自己的交易,没人能一下子猜到他头上。对媒体来说,他就是华尔街的神秘人物,不声不响、遮若隐若现。

在历史上的这个时期,也就是20世纪初到20世纪20年代后期,联手操作股票稀松平常。这些投资联盟由投资人和知情人组成,大家"联手"一起操作某一只股票,这样就能避免股价波动过大。如果股票盘子不大,市场深度不够,一旦突然出现大卖单,股价波动就很难控制。至少,提倡者声称,联手操作股票创造了有序的市场,但实际上,他们唯一感兴趣的是如何把股票卖到大众手里。

如果个别联手人想把手中的股票脱手,他们常常会寻找利弗莫尔那样的"交易专家"做经理人,尽可能高价卖出,这种操作一般都要给"交易专家"付费。利弗莫尔做这差事的时候,更喜欢拿到这种股票的"买入期权",也就是日后他能以确定好的价格买到股票。股票的交易价格上涨时,他有机会低价行使期权,然后套现。在这之前,他经常用自己的钱抬高股价,把联手人的股票派发给大众,这样他就用不着为自己的操作辩解。

20世纪初联手操作股票屡见不鲜,并没有强有力的制度禁止这种交易,只要不发布错误或误导性声明,联手操作就不是非法的。但是联手人内部买卖股票做"对敲"就是违法的了,这样会使股票起死回生,被同一双手来回倒腾几下就涨了起来。

杰西·利弗莫尔疯狂的一生
THE AMAZING LIFE OF JESSE LIVERMORE

利弗莫尔见识过大量操纵行为，也几乎通晓每个要撬动股票的伎俩，所以他成为管理联手操作的突出人选，访客不断。如果他确认条件有利，偶尔会答应做"联手操作"经理人。

首先，他会评估一下公司，确定公司有前途，而且股票上涨有合理的理由；其次，要确定公司没有破产或持续亏损的可能；再次，他运用自己的基本交易原则——测试市场；最后他才会答应。这个市场的"阻力最小轨迹线"也必须基本明确。利弗莫尔认为，操纵力度再大，也无法在熊市氛围下抬高股票价格。

每次进行联手操作时，他都对合作人保持高度警惕，他们常常想着要操纵操纵者。

利弗莫尔的所有联手操作都反映在报价器上，有目共睹。他知道，看纸带的人有成千上万，股票一旦出现反常——交易量放大、价格陡涨，他们几乎都会立刻抓住机会。利弗莫尔清楚，这会引起其他交易商的兴趣，买盘就会增加，通常这就叫"美化纸带"。

他还明白，上涨也不可避免会引来卖空交易商。他们认为这只是"联手作秀"，反而看空市场。随着价格升高，卖空交易商随后会被挤压，然后不得不"买入平仓"，这也促使价格涨得更高。

利弗莫尔的策略是在股票上涨时就打好牢固的基础，为日后大量抛出"联手股票"做好准备，他的策略很明确。他已经研究了其他杰出联手经理人，例如詹姆士·R·基恩、杰伊·古尔德和范德比尔特准将。策略很简单，尽量将股价推高，市场剧烈波动，然后在最高点和下跌过程中抛出。

利弗莫尔知道这种心态：市场激活时，其他投机商和投资人的贪念也蠢蠢欲动。他喜欢萎靡不振的股票，能将其唤醒，但他从来没有违背过自己基本的交易原则，就是先确定轨迹线，否则就不可能逆势将股价抬高，联盟的力量再大也没用。

利弗莫尔跟朋友说过，"纸带是传播信息的最佳途径"，他用起来得心应手，他反倒是经常比操纵市场更担心自己的合作人。

第八章　负责股票联盟投资积累资产——擦身躲过几大丑闻

这与操作自己账户的交易技巧有所不同，运作联手股票的时候，他原本"上涨时抛盘"的操作，现在只能"在最高点和下跌"时，将大笔联手股票抛出。

如果股票快速下挫，他会停止卖盘，甚至还可能买一点来支撑股价，直到公众再次入市。他清楚一般交易商的心态——总是"奢望"在最高点抛出，所以总是等着，哪怕已经下跌了4或5美元也不愿意脱手，还要等着他认为不可避免的强势反攻，股票还会回到原来的高位。

利弗莫尔还知道，人都喜欢便宜货，贱买贵卖是人的天性，股价只要比前几天低就有便宜可占，但事实上股价可能还会再跌。利弗莫尔知道，聪明点的交易商会等到底部已经打牢，还要经过测试才入市。

公众更倾向于认为现在发生的一切事情还会持续，联手操作正是利用了这一点。一只股票突然"活跃起来"开始上涨，那就会一涨再涨。而这种上涨是知情人有意释放传言、精心操纵的结果。

利弗莫尔了解到，"下跌时抛盘"是派发筹码的老传统。激活一个萎靡不振的股票，利用纸带给投机商和投资人传消息，让他们知道股票现在"活"了，还有最重要的一点，在下跌而不是上涨的时候抛。这就是20世纪初大型联手操作股票、派发大量股票筹码的关键，而且到今天也依然如此，因为——人性永恒不变。

无论经验丰富还是入市未深，投机商就这样落入操纵者的圈套，经常被骗。当然原因也不止这一个，他们常常误以为知情者都是在股票迅猛"上涨"时才抛盘，公众往往是在股价见顶后随着一路下跌吞下知情人或联手人抛出的大部分股票。股价再也不能创新高的原因很简单，联手人正在卸货，正是"知情人"或"消息灵通人"派发筹码致使股价无法攀高。

利弗莫尔自己交易时就对这一套一清二楚。因此，他非常重视"新高"。真正的新高意味着股票冲破了卖盘重压。现在有人开始囤积，而且更重要的是，阻力最小轨迹线强力上扬。在20世纪20年代，他是这一理论的孤独信徒。绝大多数的人看到股票创立新高，就立即脱手，然后寻觅其他的便宜货。

利弗莫尔早就领悟到股市从来都是雾里看花，本质就是在大多数情况下戏弄大多数人。

他的原则都来自与众不同的想法：迅速止损；盈利时，没有坚实的原因绝不清仓；操作方向与领头股一致，它们总是随市场转向；股票创新高就值得买；便宜股票不便宜，它们原地不动，没有上涨潜力。股市是关于周期的学问——既不会涨无止境，也不会跌跌不休，但一旦改变方向，就会保持趋势，直到遇到阻碍——所以别逆风而行。

・・・・・・

1922年6月，皮格里韦格里食品连锁店在纽约交易所挂牌交易。其创始人和所有人是克拉伦斯·桑德斯，40岁，胖乎乎的，来自田纳西州的孟菲斯。公司股票发行后，价格立即一落千丈。

桑德斯先生坐立不安，打包了1000万美元现金就来到华尔街想办法，他直接就找到杰西·利弗莫尔门上。

华尔街历史上最后一次逼空大戏即将上演。

"利弗莫尔先生，我想让股票涨起来，还专门准备了1000万美元供你调遣。你能把股价抬起来吧？"

"现在已经是35美元了，它还能更值钱吗？"

"当然，发行价都是50美元，已经是被低估了。"

"公众持有多少？"利弗莫尔问。

"20万股漂在外面，其他的都在我手里。"

"你想什么时候开始干？"

"明天怎么样？"

"我得想想，桑德斯先生，给我几天时间。"

"没问题。您还没告诉我您的酬劳是多少。"

"我通常不收费，只要一系列买权，但这次情况特殊，我们可以商

第八章　负责股票联盟投资积累资产——擦身躲过几大丑闻

量一个公平的价格。"

利弗莫尔了解了一下市场情况，几天后他们碰面了。

"好吧，桑德斯先生，我想我们可以做一次交易。我需要收股票增值额的20%。"

"公平公平。那你马上干吗？"

"明天吧。"

第二天，利弗莫尔用克拉伦斯·桑德斯的1000万美元专款，悄悄开始在公开市场上买入该股票，第一周闭市前，共买进了20万股流通股中的10.5万股，他去找了桑德斯先生。

"桑德斯先生，我已经买了一半多漂在外面的股票，但股价纹丝不动，还是35美元。"

"这到底是什么意思？"

"这就是说，大家对你的股票兴趣不高。"

"去他的！就会让他们有兴趣的。用我给你的钱呀，就是干这事的。我的股票比35美元值钱多了，多得去了。给点颜色让他们看看！"

利弗莫尔又回头再买，到1923年5月，股价已经被哄抬到70美元。现在他需要做整个事业生涯中最重要的决定之一。华尔街已经在传言皮格里韦格里在逼空，但他们认为是经验不足的克拉伦斯·桑德斯带领一个联手操作的组织在私底下运作，目的是卖掉他手里的股票。结果这些久经沙场的交易员开始卖空——把股票借来卖出，日后再买入。

利弗莫尔很快发现了他的麻烦，这时他已经囤积了19.8万股。麻烦就是他在华尔街的朋友们已经处于千钧一发的境地，抬一抬手指就能让他们毁于一旦。这时桑德斯叫他过去。

"利弗莫尔，干得太漂亮了！你把股票抬到了70多元，现在谁也买不到了。你现在就让那些借你股票用来卖空的人交割平仓。"

"那就能让股价涨到……"

"那就由我们说了算了！"桑德斯放声大笑，"看我哪天高兴了，再把我手里的股票卖给那些混蛋点儿。"

"我不能这么干，这不是明智之举。"

"你胡说什么呢？你不想干？我们说好的！"

"我很多朋友会被毁了，我们之间的交易可不能让我害朋友。"

"利弗莫尔，你疯了吗？如果他们是你朋友，怎么能卖空你支持的股票？"

"游戏就是这么玩的呀，桑德斯先生，有正方就得有反方。"

"可能你的游戏是这么玩，可我的游戏不这么玩。他们把我的股票看得像狗屎，现在他们要付出代价。"他观察利弗莫尔的反应，后者却无动于衷。"还有，利弗莫尔，你说这不是明智之举是什么意思，提高股价有什么不对？"

"这样会让股票一下飞起来，其他交易商就会猜出只是一时被挤压，而股票根本没有实际需要，他们就会对这只股票不闻不问，股价就会一落千丈。"

"一派胡言！你现在只为你朋友着想，因为我让他们吃亏了，我还要再乘胜追击。他们根本就没为我想想，我在华尔街只有这一个露脸的机会，我可不是什么大腕交易商，就像你这样的，有大把的机会出尽风头，而且还有你20%的利润呢。老天，我们能让股价超过100元，对你也有利呀。"

"留着你自己花吧，如果你坚持交割，我就退出。"

"你没听老德尼尔·德鲁是怎么说那些卖空家的：不是自己的东西都敢卖，早晚不是买回来，就是进监狱。"

"是的，我听说过，桑德斯先生，但我还听说过己所不欲勿施于人。我还要在这一行谋生很长很长一段时间呢。"

"好吧，既然你已经决定了，那就祝你好运。多谢帮忙，很遗憾忙了一场没赚到钱。"

"还有其他的钱赚，再见，桑德斯先生。"利弗莫尔走了出去。

第二天，克拉伦斯·桑德斯言出必行，他让所有卖空的人立即交付股票。几小时内，股价就由70美元直窜到124美元。

第八章　负责股票联盟投资积累资产——擦身躲过几大丑闻

但是华尔街开始流传一个神秘的说法，消息来源不明，说是公司老板克拉伦斯·桑德斯逼空股票，这是违反交易所新规的。交易所监管人听说后，当天下午就介入并"暂停"了皮格里韦格里的交易。传言被证实后，股票应声直跌到82美元，利弗莫尔的朋友安然脱险。

克拉伦斯·桑德斯后来破产了，但他一直滔滔不绝炫耀自己在华尔街如何辉煌，但都怪混蛋杰西·利弗莫尔和他那帮混蛋朋友，最后功亏一篑，但虽败犹荣。

· · · · · ·

在媒体看来利弗莫尔一直是个谜。他从来不承认也不明确否认有关他交易的任何传闻。据说他因在大牛市卖空墨西哥石油损失了850万美元。该股票一口气涨了75美元，据报道，很多投资人因为看空都被套了，利弗莫尔就是其中之一。

"先生们，先生们，我从来没有承认或否认你们关于墨西哥石油的问题。"他对《纽约时报》记者说。

"为什么呢，先生？"一位记者问。

"因为我不想败了大家的兴。"

"没关系，败吧败吧，利弗莫尔先生，跟我们说说实情。听说因为你，你和你朋友损失了850万美元，而且你私下做了安排来摆脱困境。"

"不不，我自得其乐，还是不要败了大家的兴好，大家也别追根问底了。"利弗莫尔笑着说，"伙计们，你们在报上说，那只股票开始上涨那天我正在合珀德罗姆参加丽莲·拉塞尔的纪念活动，事实是我没参加活动，那天我5点才离开办公室。我还有证人，昨天我就告诉你们了，可你们还是想说什么说什么。"

"给我们讲讲墨西哥石油和你如何脱身吧，利弗莫尔先生。"《纽约时报》的记者说。

杰西·利弗莫尔疯狂的一生
THE AMAZING LIFE OF JESSE LIVERMORE

"你们在报上说我和墨西哥石油集团商量好了以225美元的价位平掉空仓,还是交易所的某个清算会员告诉你的。按你们所说,我应该在下午4点做的安排,到场的还有我的律师以及我朋友E·L·多希尼先生,真实情况是,我那时正在波基普西市看赛船,我还有证人。"

"那您就是否认报纸的说法了!"一个记者不禁喊了起来。

"我的这些话足够任何一个有理智的人判断出我是不是卖空墨西哥石油被逼空,但我还是得补充一句,如果我不幸是那个卖空墨西哥石油被逼空的人,我应该已经认赔平仓了,不管价格是多少都会平仓。先生们,我从没和谁私下达成过什么交易,而且永远也不会。"

"那昨天报纸说你还有10万股没解套这件事呢,利弗莫尔先生?"

"只能说写这个报道的人对华尔街知识匮乏。他应该至少教教我有什么理由要卖空墨西哥石油所有的流通股。如果那个记者知道当天下午我买了多少墨西哥石油,这样的无稽之谈根本就不会登出来。"

· · · · ·

整个20世纪20年代,这样的故事频频出现在报纸上。利弗莫尔对提高报纸的销量功不可没,虽然他尽量逃避出现在公众眼皮底下,但这只能让媒体对杰西·利弗莫尔的事情更加趋之若鹜。

有一件事报纸上从没爆料过,但却吓坏了他儿子保罗。他让父亲告诉他这件别人一无所知的事情。

"好吧,儿子。1918年一战结束后,那时你还没出生,我觉得棉花价格短期内会下降,因为没有军备需求了。但国家在20世纪20年代初恢复之后,需求就会再增大。

"所以在1919年,我动用了几百个经纪人偷偷地开始收购棉花。棉价如我所料下跌了,18个月后,我发现我几乎完全垄断了棉花,几乎买了每一包棉花。这个情况没有逃过美国政府的眼睛。

"我刚一满仓,就接到农业部的电话,让我即刻去华盛顿见威尔逊

第八章　负责股票联盟投资积累资产——擦身躲过几大丑闻

总统。我乘火车去了华盛顿，直接到白宫，部长和总统正等着我呢。我直接被带去见总统。

"相互问候完，威尔逊总统说：'利弗莫尔先生，我们注意到你已经逼空了芝加哥的棉花期货市场。有这么回事吧？'

"'是的，总统先生。'我说。

"'我们现在见识到你有多聪明了，棉价现在的确很低，你可能想到了国家从战争中恢复过来，经济繁荣速度很快，过不了多久对棉花的需求就会增大。'

"'是的，总统先生。'我说。

"'我们知道你很清楚通货膨胀，利弗莫尔先生，现在你垄断了棉花，需求上涨的话，价格就随你开。'农业部长对我说。

"'但我们不希望出现通货膨胀。国家正在恢复时，棉花这样重要的商品价格越来越高是很糟糕的，对吧？'总统进一步说。

"'是的，先生。'我说。

"'问你一个问题，利弗莫尔先生，我很好奇。'

"'好的，先生。'我说。

"'为什么呢？为什么你要逼空棉花市场？'

"'看看自己有没有这个能力。'

"'你垄断了整个美国的棉花市场，就为了试试自己的能力？利弗莫尔先生？'农业部长冲口而出。

"'是的，先生。一开始的时候还有点控制不了，然后我就想看看自己能不能办到，仅此而已。'

"'好吧，利弗莫尔先生。什么样的条件能让你放弃垄断，趁着其他交易商还不知道情况，没有推高价格？'总统问。

"'什么都不需要，先生。既然您今天在这里开口，那我就照办。'

"'怎么做，你怎么做？'部长问。

"'我怎么买的就怎么卖，当然要一步一步来。我基本上会按照我

的买入价卖出，有损国家的事我不会干。'

"我们达成协议，我也兑现了承诺。但一想到这件事，我总是一笑了之。除了总统、部长和我，谁也不知道。

"现在你也知道了，儿子。"

· · · · · ·

利弗莫尔在20世纪20年代时建造了自己的枪支库，他对手枪非常着迷。"永久"刚落成的时候，他就建了射击场，就在海滩上。他挖了一条长长的保龄球道走廊，起点就在海滩和草坪分界线的岩石上，6英尺高，100英尺长，构成一个Y型。走廊两边用木头支撑，射击道的尽头是由厚木材、沙子和1英寸厚的钢板组成的墙，目的是挡住子弹。

他收集了大量的手枪、猎枪、步枪，还教桃乐茜和两个儿子玩枪。保罗·利弗莫尔就是一个神枪手，在11岁时就能拆卸点45口径自动手枪，还能在几分钟之内组装好。小杰西和桃乐茜也是顶呱呱的射手。

利弗莫尔把他的手枪以及广为搜集的重型步枪和猎枪都锁在图书室里。他经常在普莱西德湖村的家周围的树林里打猎。他还收藏了很多经典的珀迪猎枪用来打鸟，枪是专门在英国定制的。

他还建了双向飞碟射击场，把泥鸽子射落到长岛海峡里去。他的泥鸽靶子5美元一只，子弹有时从髋部射入，就被打得粉碎。

桃乐茜一点也不怵枪，还是个好手，特别是步枪。在射击场上，任何人都无法小觑她。

一天，两个孩子到图书室和楼下枪室数了数到底有多少枪，把所有都加在一起，有405把枪。他告诉儿子，射击场能让他放松市场上的紧张神经。

利弗莫尔要应付挥之不去的压力。

第八章　负责股票联盟投资积累资产——擦身躲过几大丑闻

・・・・・

利弗莫尔办公室的直线电话连着50多家经纪公司。1923年他负责了一次联手操作——猛犸石油，是引发日后所称的"蒂波特山油田丑闻"的部分原因，后来他为此事后悔不迭。

1922年10月，E·L·多希尼和哈利·F·辛克莱来找利弗莫尔，他们两人是利弗莫尔的亲密合伙人，这次希望他把151 000股股票以40美元的价格派发进市场，同时尽量保持市场秩序。

猛犸石油是辛克莱石油的子公司，向美国海军长期承租油田，利润非比寻常，后来才爆出中间牵线的是内政部长艾伯特·法尔。

公众一听说是利弗莫尔在运作这只股票，立即抢购。第一天首笔交易就是以43美元抛出8000股，当天共计抛出40 000股，收盘价为40.75元。销售状况良好，三天之内即告售罄。

1924年2月16日，爆出了"蒂波特山油田丑闻"，在股市引起轩然大波，猛犸石油的价格飞流直下。消息传出时，杰西·利弗莫尔正在棕榈滩的浪花酒店，1923年12月28日就到了这里，同行的是他的私人电报员。

他是乘私人铁路客车来的。客车设备一应俱全，有三个卧室、一间厨房和一大块用做客厅和餐厅的区域。孩子都有自己的保姆和主厨，管家乘的普通卧铺。利弗莫尔将车停在纽约火车停靠站，随时待命；在棕榈滩时，客车就停在迈阿密火车停靠站；去普莱西德湖村的家或去芝加哥到期货市场做大买卖时也会用到客车。

蒂波特山油田丑闻涉及两位内阁成员：内政部长法尔和海军部长登比。这是一场精心设计的阴谋。海军在阿拉斯加的煤矿区被划归内阁管理，之前海军的石油资产也已经被移交内阁。以部长法尔为首的内阁等避过了风头，时机成熟后，将这些资产以非常优惠的条件租给私人企业，这其中就包括猛犸石油。

总统柯立芝的整个行政部门境况危急，一些来往信件和其他的文件也明白无误地证明了这些勾当。消息一出猛犸重挫，随即带动整个市场下跌。

利弗莫尔已经清盘了猛犸石油，丑闻爆出时他早已看空了，他还卖空了其他一些股票。他被指是此次丑闻的一个次要人物，收到了联邦法庭的传票。

报道引用了他的原话：

纽约时代

1924年2月16日

"在石油案件审判过程中，每天都有耸人听闻的新发现，这损害了很多人对市场的信心。如果对内阁成员和国会议员调查的热度不减，还要把触角伸到其他事情上，就会剧烈动摇大家的信心。如果现在还对股市保持乐观，就是愚不可及。"

《纽约时报》第二天接着报道：

有意投机的人认可了昨天杰西·利弗莫尔所言非虚，立即看空市场。下午时下跌已经势不可挡，无一股票幸免。

丑闻一发不可收拾。利弗莫尔在棕榈滩躲了一阵儿，但最终还是被传唤到国会委员会。他做了证词后就一身轻松了，但E·L·多希尼和哈利·F·辛克莱就没那么幸运了，被以行贿罪起诉，辛克莱被判9个月，多希尼无罪释放。内阁部长阿尔伯特·法尔被判受贿罪进了监狱，他是美国第一个进监狱的内阁成员。

利弗莫尔针对此事对媒体的最终评论是："将来，有能力的人都应该被送去华盛顿。这个国家是商业国家，应该由最成功的商人出任各个政府部门的负责人。"

利弗莫尔后来被指控意图操纵媒体,目的是在"蒂波特山油田丑闻"期间影响急速下跌的股市。他对此的回应也登了出来:

纽约时报
1924年3月8日

"杰西·利弗莫尔先生悬赏25 000美元,看谁有证据证明他曾发出或谋划过各种传言所称的意图影响股市的任何消息。"

一时谣言四起。杰西·利弗莫尔从棕榈滩的浪花酒店给媒体发来电报称:

"我坚决否认称我今天下午将发布什么声明的传闻,现在这一传闻已经被人不辞辛苦地传遍了全国。我没有发过任何消息或电报,也没有私下向任何人做过表述。因此,昨天传出的谣言是某个或某些无耻的人兴风作浪。三周前,也就是2月14日,我接到两位经纪人和一位著名资本家的请求,让我发表对近期股市的个人观点。我向他们简短扼要地阐述了我的看法,并在当时就告诉他们这只是秘密,只要他们本人知道就行了。

"有人未经我允许将消息泄露了出去,而且通过一些私人电报被广为传播,最后出现在报纸上。个人和私下言论被暴露,我将不再对任何人发送或提供任何个人言论。"

· · · · ·

毫无疑问,利弗莫尔现在应付媒体是驾轻就熟,而且能为己所用。他在华尔街神秘而深藏不露的方式,只能让媒体对他更着迷,也点燃了公众的热情,报纸销量激增。

杰西·利弗莫尔疯狂的一生
THE AMAZING LIFE OF JESSE LIVERMORE

他最后一次负责的联手操作是德森林广播公司的首次公开发行。股票1924年11月4日上市，发行价21美元，发行量75 000股，被大量超额认购，最后在纽约场外市场上市。

1924年，华尔街大力追捧高科技发明——广播，德森林的发行恰逢其时，这时"广播"股正是香饽饽。

该公司最后破产了。

同时，杰西·利弗莫尔在钟爱的棕榈滩玩兴正浓。他的游艇停在棕榈滩，正要去海上大显身手，好好钓钓鱼。

1925年1月，他开着船，带着六位客人到佛罗里达的基韦斯特。在这里他钓上来了一条大鲨鱼，双方较着劲，一直僵持了55分钟。他稍稍松手的时候，渔竿突然疯了一样挥舞起来，他晕倒在了椅子上。船长和船员把他抬到了船舱卧室。

他在卧室休息了3天才缓过劲来，但玩性依然不减。据称，这次共收获256条鱼，还有一条庞大的刺鳐，是在墨西哥暖流里用渔叉捕到的。它被船拖着游了5英里，最后才被捕获，体重达890英镑，体宽22英尺，体长30英尺。

但生活不总是欢声笑语。如果你以超级"富人"著称，那空气中总弥漫着危险的气息。1925年3月15日。一位国王区地区律师助手的妻子路易斯·戈德斯坦正在浪花酒店的门廊里打盹，当时正下着瓢泼大雨，她被两个人大声的激烈交谈吵醒了。

"100万对他来说算什么？"一个人问，"我的乖乖，他在股市上一笔买卖就能挣那么多。"

"或者我们可以抓那个大的，小杰西。他精力旺盛，总是一个人闲逛，抓他就是小菜一碟。"

戈德斯坦夫人完全清醒了，从椅子上站起来。她认识杰西·利弗莫尔，知道这两个人说的就是他和他儿子。她向门廊里的两个人走了过去，想看看他们的脸。两个人抬头看见她，立即转过脸去，竖起衣领，拉低帽子，站起身，快速从门廊冲进雨里。

第八章　负责股票联盟投资积累资产——擦身躲过几大丑闻

戈德斯坦夫人立即将谈话内容告诉了利弗莫尔，之后他马上发电报到纽约，要一位侦探来棕榈滩，假期这段时间就跟着孩子们。

但侦探没来得了棕榈滩，他的行程被取消了。

3月18日，哈里·埃德加·达西正带着两个孩子开着劳斯莱斯回来。他们去大沼泽观看了鳄鱼和一位西米诺尔印第安人的决斗表演。哈里开着车，两个孩子坐在前座上。接近浪花酒店时，哈里先看到了烟。滚滚浓烟从酒店另一头冒出来。他停了车，和孩子们走到开阔的前门草地上看情况。

桃乐茜就在人群里，朝孩子们跑过来。

"谢天谢地，你们和查理开车出去了。"

"但是我们住的酒店那头并没着火。"小杰西说。

"会着起来的。"哈里说。

这时利弗莫尔来了，他和船员去了游艇上为去佛罗里达基韦斯特做准备。"怎么回事？"他问。

"这地方太容易着火了，JL。在热带老木头都晒干了，这灾害早晚得发生。"

"JL，我希望我们的行李箱没事，我都打包好准备出海了。"

"我们还能买更多的箱子。"他说。

"但是每一件上都有我们的名字，配得那么好。"

他们每人都有12个路易威登的手工印字箱。

"我让那个服务员领班去试了。"她接着说。

"试什么？"利弗莫尔问。

"回去把箱子救出来呀。"桃乐茜说回答。

"老天，JL。看那儿。"哈里指着他们套房的那个角落，"看看那些窗户，天哪，我都不敢相信。"

行李箱被从四楼窗户扔了出来，落到草地上，一群服务员一个个捡了起来，要从火场运到海滩去。

"我想这是我们的行李箱，我太吃惊了。"利弗莫尔说，"桃乐

杰西·利弗莫尔疯狂的一生
THE AMAZING LIFE OF JESSE LIVERMORE

茜,你和孩子们待在一起,我和哈里过去看看能不能帮忙。"两个人跑到大厦的那一角,到的时候,服务员正把最后一个箱子放上去,24个箱子一个不少。

哈里先到的,就检查了箱子。"难以置信,这些箱子摔下四楼,弹到地上,还被服务生踢过,最后又堆到沙地上,竟然一点痕迹都没有。"

利弗莫尔仔细检查后说,"没错,哈里。桃乐茜竟然让他们到火场,他们还真去,而且还能救出箱子,太神了。"

"没一点划痕或凹痕,你的确应该买路易威登。"

利弗莫尔笑着说,"我想我可能会买,但有一个问题,哈里。"

"什么问题,JL?"

"如果东西从不会磨损或失效,那么就没有回头客了。"

他们大笑起来,向桃乐茜招手,表示箱子没有一点事儿。

浪花酒店的重建时间被载入了史册。舒尔茨和韦弗设计了新的浪花酒店,他们也是纽约市的沃尔多夫阿斯托利亚酒店和柯洛盖博斯市的比尔特莫酒店的设计师。1927年,很多人认为浪花酒店是美国最好的休假地,利弗莫尔双手赞成,并早在酒店开业前就租了套房。

这年春天,是利弗莫尔的多事之春。1925年4月9日,杰西·利弗莫尔在帝王角的别墅受了伤。当时他正检查刚建好的一侧别墅,楼梯的灯光昏暗,他摔了下来,滚了20英尺,随后被送上轿车,急速赶往在曼哈顿西76街8号的家。

医生很快被叫到家里,诊断他右臂骨折,还断了几根肋骨,X光也证实了这一点,他只能闭门不出。

直到1925年4月25日他才再次回到股市,就在普莱西德湖村的家里进行操作。有传言称他买空50 000股美国钢铁,而且重仓持有怀特汽车,利弗莫尔拒绝确认这些传闻。

1927年10月27日,他在纽约位于63街和64街间的第五大道825号买了新公寓,这里成了他在纽约的住所。妻子桃乐茜和她母亲对新公寓欢

第八章 负责股票联盟投资积累资产——擦身躲过几大丑闻

呼雀跃,依然花大量时间、精力和资金装扮他们的新家。

第九章
利弗莫尔别墅遭难
——"波士顿大棒"劫富

"我觉得所有这些钱都是沉重的负担"

——小约翰·保罗·盖特

1927年5月29日星期日半夜，亚瑟·巴里、绰号"波士顿大棒"的詹姆士·F·莫纳汉、杰西·利弗莫尔的前任司机埃迪·凯恩（Eddie Kane）以及亚瑟·巴里的女朋友安娜·布莱克——一个金黄色短发的美女，围着篝火，坐在利弗莫尔家"永久"的草坪上。

男人们坐在大橡树下的一块开阔地上，安娜·布莱克坐在草地上。面前是在月光映射下闪闪发光的水面。长长的桥墩拴着克里斯游艇公司，利弗莫尔的游艇泊在离桥墩几百码的深水区；左面是广阔的庭院，还有一片树林。他们正等着别墅熄灯。别墅里正举办晚餐会，他们甚至知道有哪些客人——哈利·厄罗森夫妇，利弗莫尔夫妇的密友。埃迪·凯恩已经将晚餐会的消息和利弗莫尔别墅的布局告诉了波士顿大棒。

亚瑟·巴里和波士顿大棒都穿着深灰色西装，配着衬衫领带，戴软呢帽，胡子刮得很干净，25岁左右。利弗莫尔后来还评价说他们看起来不像强盗，更像在华尔街上班的。巴里结实强壮，波士顿大棒中等身

杰西·利弗莫尔疯狂的一生
THE AMAZING LIFE OF JESSE LIVERMORE

材,大约1.8米高,72千克重,但他才是真正的狠角色。

他们围着篝火烤小红肠,甚至还带来了小野餐包,装了面包和喝的,一边还平心静气地聊着天,一直等到凌晨3:30分。

"这么说保险箱锁了能有100万的珠宝首饰?"亚瑟·巴里问道。

"没错。利弗莫尔那家伙可疼老婆呢,给她买了几百万的首饰。"前任司机凯恩说,"都是从哈利·温斯顿和梵克雅宝买来的,质量一流,珠宝钻石很容易就能从配件上扣下来。"

"小菜一碟。"波士顿大棒说,咬了一口热狗,又抿了口啤酒。

埃迪·凯恩接着说:"听说,利弗莫尔可害怕破产了,他以前就破产过。他给老婆买首饰,就是想着万一他破产了,就把首饰拿出来当了,至少能当整整100万呢,这些首饰是他翻身的老本。还说他真的当过,有时候就把大珠宝商哈利·温斯顿的珠宝当给他本人。"

"高级当铺呀。给老婆买珠宝,回头又当给珠宝商,这些有钱人也真有一手。可走投无路了,还不是凡人一个?一样得把财产拿去当。"安娜·布莱克说。

"哎哟,看起来安娜蛮有体会的嘛?"波士顿大棒说。

"大棒你狗嘴里吐不出象牙。"亚瑟·凯恩说,"埃德,你怎么知道得一清二楚?"

"哼,那些佣人对他们主子的事门儿清着呢。你还能不知道?"

"当然有所耳闻。"波士顿大棒说,"打探消息可不归我管。"

这伙人已经从利弗莫尔邻居沃尔特·罗斯勒的车库偷了一辆价值不菲的淡黄色克莱斯勒跑车,罗斯勒也是从他朋友乔治·欧文斯那里借来专门为那天准备的。这辆颜色鲜亮的车在大颈家喻户晓,现在就被他们藏在利弗莫尔家大门口的路边。

篝火远处,别墅里的灯一一熄灭。几小时后,在美梦正酣的凌晨3:45分,他们把最后一点啤酒浇在篝火上,咝咝几声后,篝火灭了。两个男人站起来,拉直领带,整整帽子,就朝别墅走去,埃迪·凯恩和安娜·布莱克两人也起身站着。

第九章 利弗莫尔别墅遭难——"波士顿大棒"劫富

波士顿大棒拿起斜靠在树上的梯子。梯子四英尺高、两英尺宽，金属质地，共有五节，轻易组合起来就有约6.1米长，由波士顿大棒担纲设计，专门定制而成，便于二楼作业。得手后，他就把梯子留在现场，就算是给自己的作品签名留念。

他们走到主卧室下面的露台。大棒打开梯子，接牢关节，悄悄把梯子靠在墙上，开始往上爬。后来在花园周围的松土上发现了安娜的一个脚印。

亚瑟·凯恩和波士顿大棒爬到阳台上，后者拿出一把宽刀悄无声息地撬开黄铜扣，他们走进利弗莫尔房子的门廊，尽头就是利弗莫尔主卧室的接待室。那把刀最后被丢在了灌木丛里。埃迪·凯恩和安娜·布莱克回到了藏在一边的车里，等着大功告成。

桃乐茜·利弗莫尔躺在床上还没睡，听到了动静，就用胳膊捅捅丈夫说："JL，你听见什么声音了？"

"没，小老鼠，现在好好睡觉。"

"我真的听见有声音，你听。"他们侧耳倾听，果然有动静。

"我起来去看看怎么回事。"她说。

"我去拿枪。"

桃乐茜起床穿上睡袍，走进连着大衣橱和所有盥洗室的大厅。一个黑黑的人影站在门廊里，戴着帽子，拿着枪。

"有什么事吗？"她不慌不忙地问亚瑟·凯恩。

"可能要劳您驾了，回去告诉你丈夫老实待在床上别动。"

桃乐茜言听计从。

利弗莫尔坐在床沿，轻轻把话筒摘下来，把电话打开放到桌上，希望接线员能碰巧听到这里的情况。

"你随便拿，拿了就走吧，"桃乐茜对劫匪说，"我两个小儿子在睡觉，你别动他们。"

"你放心，你就坐那，乖乖的。"亚瑟·凯恩说。

"你们客人睡哪儿？"波士顿大棒问。

杰西·利弗莫尔疯狂的一生
THE AMAZING LIFE OF JESSE LIVERMORE

"下面大厅,左边第四间。"桃乐茜说。

"我过去看看,你在这守着。"波士顿大棒说。

他走到厄罗森的房间,打开门进去。厄罗森是个百万富翁,在纽约城外做丝绸买卖,是利弗莫尔的好朋友,他们夫妻两人是乘着利弗莫尔91多米长的安妮塔·威尼斯号从纽约赶来过周末的。

波士顿大棒走进去摇醒厄罗森,把枪口对准他的太阳穴。"好了,先生,把你戴的白金手表和蓝宝石戒指给我,再起来去把柜子上的珍珠领带夹和钱给我。"厄罗森先生一一照做。波士顿大棒数了数钱,有200元,他抽出两张一元的钞票递给厄罗森先生说:"拿着,打个车回家。如果想要小命,还想利弗莫尔先生和夫人安然无恙,就听我的话好好躺着,等他们来找你。"

波士顿大棒回到利弗莫尔的卧室,找到亚瑟·凯恩。

"但愿你没伤害我们的客人。"桃乐茜说。

"当然没有,你的客人健健康康,四肢健全,我还给他们两块钱打车回家呢。"

"两块钱?他们可住在城里呢!"桃乐茜嚷道。

两个人被逗乐了,连利弗莫尔都笑了起来。"那就让他们打车去火车站,总够了吧?"波士顿大棒笑道,"看看你的手上有什么。"

亚瑟·凯恩用枪筒指着她的胳膊,波士顿大棒从她手指上摘下了漂亮的蓝宝石戒指,转身又从利弗莫尔手上摘下来一枚相似的戒指,"啊,天生一对,真甜蜜。"

"求你,别拿这个,这是圣诞节礼物!"

波士顿大棒看着戒指叹了口气,又看看哭哭啼啼的桃乐茜,"是我失礼了,夫人。"他说着,把价值超过15 000美元的戒指物归原主。

但他还没完。

"我们更想看看保险箱里的东西,打开吧,利弗莫尔先生。"

"里面什么都没有。"他说。

"我们就看一眼,又不会看没了。"亚瑟·凯恩接着说,仍然用枪

第九章 利弗莫尔别墅遭难——"波士顿大棒"劫富

指着利弗莫尔夫人。

"不戴眼镜我看不清楚保险箱。"利弗莫尔说。

"那你眼镜在哪？"波士顿大棒问。

"在衣帽间。"

"我跟你去。"波士顿大棒说，用枪对着利弗莫尔的肩膀，随他进了衣帽间拿了眼镜。

大棒跟着利弗莫尔直接走到画像前，保险箱就在画像的后面。他转开画像，"打开！"

利弗莫尔戴上眼镜就来开，但他的手抖得很厉害，根本没法打开。"看来我打不开了。"他说。

"站一边去，先生。"波士顿大棒厉声说，"我来解决。等一下。"他离身去梯子那儿拿专业工具包。几秒钟后他就拿着铁锤和凿子回来了，然后像砸玩具那样不费吹灰之力就打开了。拿出来的只有几张一文不值的纸，他很不满意地扔在一边，说："就这点东西，就几张废纸？"

"就这些了！"桃乐茜哭喊着说，"拿够了就走吧，求你们了。"

大盗很快扫荡了卧室和衣帽间，首饰四处都是。他们揣走了桃乐茜价值80 000元的珍珠项链和价值15 000元的蓝宝石钻石戒指，再加上从厄罗森那儿收获的200元现金、价值2000美元的珍珠领带夹和价值1000美元的钻石戒指。利弗莫尔家的这些珠宝都经过准确估值，并按照80%的价值投保。

盗贼遗漏了梳妆台上价值20 000美元的蓝宝石，也没瞧上杰西·利弗莫尔的金链扣和钻石袖扣。他们一边装口袋，一边你一言我一语说着首饰的样子，估计价值。

从头至尾，他们在房子里待了几乎一个小时，慢条斯理地聊着天，对一间间房子评头论足。警方后来就此发表意见称，盗贼像这样入室盗窃，在大多数情况下前后用不了10分钟。

两个大盗最后从梯子脱身而去，一路小跑到克莱斯勒的藏身之

杰西·利弗莫尔疯狂的一生
THE AMAZING LIFE OF JESSE LIVERMORE

处——车道的尽头，车里的安娜·布莱克和埃迪·凯恩正望眼欲穿。两人跳上车，立即朝曼哈西特火车站狂奔而去。

约翰·杰曼夫人就住在火车站附近，周日早上5：30到5：45的时候，她就注意着这几个人的一举一动，她从窗户看到了这一队人马。"周日一大早我就睡不着了，一直醒着，听见汽车声，就朝外看了看，是一辆淡黄色的克莱斯勒汽车，还有三个男人和一个金黄头发的女孩。她的头发很短，穿着运动外套，没戴帽子，看起来很年轻，有18岁左右。"艾曼夫人向警方汇报，"我很奇怪，早上一大早一个女孩和三个男人在一起干什么。我看着他们向着火车站开过去，然后停下车，走了出来去了车站，再就看不见了。"

艾曼夫人观察力非同一般："我没听到火车进站的声音，但我也没特别留心听，实际上我又回床上睡了。我知道那辆车是从沃尔特·罗斯勒的车库开出来的，那车是乔治·欧文斯的，后半天警察发现车后，他就来把车开走了。"

艾曼夫人的慧眼没有看到这伙人偷了一辆出租车开到纽约，就把车丢在那了。

星期一，被抢劫吓破了胆的厄罗森夫妇飞身回到了纽约，他们打算待到纪念日的计划被打消了。利弗莫尔派劳斯莱斯送他们回市里。

桃乐茜的计划可不容打搅。她招呼了纽约的几个朋友，到12点的时候，六位客人再加上两个孩子小杰西和保罗以及他们的保姆，全都登上了豪华的安妮塔·威尼斯号。物资齐全的游艇离开了房子后面的私家码头，没有留下口信说什么时候回来。

同时，已经被劫匪在晚餐时抢劫了19 000美元的珀西·A·洛克菲勒雇了波姆斯侦探社，独立于警方介入调查。利弗莫尔被劫的消息一传出，他们就立即派了一名侦探迈克尔·林考斯来，一起参加调查的还有拿骚郡警察厅的探员保罗·罗利和耶西·美弗斯。所有人马全副武装在利弗莫尔家巡逻。

拿骚郡警察厅的探长哈罗德·R·金被任命为主侦探负责抢劫案。

第九章 利弗莫尔别墅遭难——"波士顿大棒"劫富

长岛和纽约已经发生了一连串类似的抢劫案,警方一直在调查。他们怀疑"波士顿大棒"这帮人3年来已经偷了价值100万美元的珠宝和现金,还有可能参与了对康涅狄格州吉伊威支的珀西·G·洛克菲勒、新泽西州迪尔的通用汽车最大股东威廉姆·杜兰、长岛华盛顿港约书亚·E·考斯登以及对其他几个高层当权人物的抢劫,其中对考斯登的抢劫,发生在威尔士王子访问期间。

利弗莫尔从警方处了解到话筒从座机上拿下来没奏效的原因。电话控制的是"内部通讯",听筒另一边是家里的佣人,而当时他们正睡得沉。

6月1日星期三,杰西·利弗莫尔收到了从布鲁克林来的信:

"我们今晚登门拜访,有公事谈。署名绅士强盗。"信是用铅笔写的。

当天晚上佣人接到一个电话,对方是个男人。

"利弗莫尔先生在吗?"男人问。

"不在。"佣人回答。

"那就告诉利弗莫尔先生,如果把警告当耳旁风,后果自负。"

金探长看过信后,派来4个便衣警察来利弗莫尔家里护卫,利弗莫尔也让他的私家侦探到岗了。

6月5日,抢劫发生6天后,警方有了突破。拿骚郡警察厅接到电话举报,说利弗莫尔窃案的一个嫌犯当晚正在一列7:13分到达朗肯科玛火车站的列车上,这一站离费城火车站50公里,位于长岛铁路的主干线,在长岛汽车大道的尽头。

火车准时到站。探长哈罗德·金带着3个拿骚郡探员,还有一个萨克福马郡探员正守株待兔,等在乘客下车的月台上。

亚瑟·巴里和安娜·布莱克下了车,探员挤进人群朝两人快步走去,巴里一认出4个探员伸手就去摸髋部,好像是去掏枪,然后拔腿就跑上了火车。安娜·布拉克站在月台上没动,一个探员朝她挤了过去。其他3个探员掏出枪顺着火车走道追亚瑟·巴里,在厢里展开生死追逐,最后终于把他堵在死角,探长金掏出枪举起来喊:"想活命,就投降。"

亚瑟·巴里束手就擒。

另一边的月台上,安娜·巴拉克见探员走过来就想把一个小纸箱扔掉,探员一把抓过来并铐了她。箱子里是失窃的价值15 000元的珠宝。

探员催着擒获的两人坐进他们从长岛米尼奥拉开来的车里,然后急驰而去,直奔安娜·巴拉克的家。

疯狂追逐和真枪实战引起了乘客和列车员的注意,他们认为那些没穿制服的探员才是真正的劫匪,袭击和绑架了一对无辜的乘客。乘客给车站报警,车站又立即给萨福克郡和拿骚郡的警方打电话,举报朗肯科玛火车站发生了抢劫和绑架。他们惟妙惟肖地讲述了一场传统西部风格的火车抢劫和绑架大案。萨克福马和拿骚郡的警方信以为真,通缉一辆福特或雪佛兰、车牌为纽约2Z33的车。最后经查该车牌来自拿骚郡地区律师办公室,通缉令被撤消。

他们很快到了安娜·巴拉克家,在那里逮捕了亚瑟·巴里的哥哥。

第二天,6月6日,在米尼奥拉的拿骚郡法院顶层的一个房间里,亚瑟·巴里供认他和同伙上周在利弗莫尔家抢劫了价值100 000元的珠宝,他的同伙是比尔·威廉姆斯或厄尔·威廉姆斯,但都叫他"波士顿大棒",之后他就签了供状。巴里和拿骚郡地方检察官埃尔文·爱德华兹达成交易。巴里全盘招供,检察官就放了他的女人安娜·巴拉克和他哥哥威廉姆·巴里。鉴于巴里一再说他们一无所知,警方也就绝不指控。

亚瑟·巴里招供之后,一队探员开拔纽约,突袭了中央公园附近、曼哈顿西区的一家出租屋,却与"波士顿大棒"失之交臂。这个地址是亚瑟·巴里提供的,是双方交易的内容之一。

有了呈堂证供不久,杰西·利弗莫尔和桃乐茜就被请到了米尼奥拉地区律师的办公室,可惜他们根本就辨别不出亚瑟·巴里是不是劫匪,当时一点也看不清,但是根据抢劫的前前后后和逮捕巴里的情形,可以

第九章 利弗莫尔别墅遭难——"波士顿大棒"劫富

肯定他就是劫匪之一。

比如，巴里提醒桃乐茜说，她还让他给过烟，他不仅给了还帮她打火，她不让他拿宝石"粉红戒指"时，他也还给了她，还说："希望给你带来好运。"

警方还认出其中一块价值800美元的手表是新泽西拉姆森的一家人失窃的，这是连环盗窃的第一宗。

亚瑟·巴里供认，他在费城火车站遇到"波士顿大棒"，大棒给他看了报纸上的报道，说利弗莫尔夫妇那天晚上有晚会。他们乘车去了，大家又徒步去了利弗莫尔家。巴里解释说："我和大棒一块做了抢劫计划，我知道这犯法。我在偷的时候，才知道利弗莫尔先生和夫人在那种紧张情况下都还那么好心，我心里真是过意不去，但我还是干到底了。"

凯恩则补充说，他们发现邻居家有克莱斯勒跑车，就去偷了来，后来开到了大颈火车站，但却差一步没赶上火车，只好顺手牵羊开了一辆站上闲着的出租车去了纽约郊区，随地扔了车。

警方检查了他的指纹，并申请了马塞诸塞州和康涅狄格州对他的拘留证。他们还发现他被指控于1923年在纽约斯卡斯代尔镇谋杀了巡警约翰·哈里森，但巴里辩称是同伙开的枪，因此他的罪名就降为了伤害罪。他被判了3个月，但他根本就受不了牢狱之苦。

距服刑只有15天的时候，他就逃了，一个朋友偷偷给他带了一把锯进去。在媒体的报道里，安娜·巴拉克是一位金发美女，35岁上下，5英尺稍高点。穿的黑裙子可不是一般的长，外面还穿着一件黑色丝质大衣，头上紧紧戴着金色绣花的黑色大檐帽。她和威廉姆·巴里借控辩交易的保护没有被起诉。

警方又深挖了巴里提供的信息，发现的事实让他们瞠目结舌。巴里揭发的抢劫案从8件增加到了15件，多达22家遭殃。被抢人名单完全就是名人榜：珀西·G·洛克菲勒、通用汽车的威廉姆·杜兰、美国罐头公司的总裁F·W·惠勒、伊格尔铅笔公司的总裁阿尔弗雷德·贝罗尔

杰西·利弗莫尔疯狂的一生
THE AMAZING LIFE OF JESSE LIVERMORE

兹海默和上校约翰·C·史迪威（已退役）。

还推断出，唯一能暴露利弗莫尔家"内部"消息的人就是前任司机艾迪·凯恩，对他的逮捕令随即签发。

警方最后才公开了抓获亚瑟·巴里和安娜·布莱克的过程。他们先接到两个匿名举报电话，一个在周二晚上，一个在周三晚上，逮捕行动周日就采取了。警方还追踪到电话是从布朗克斯的电话亭打过来的。举报人并没有说明身份，只是告诉拿骚郡警方，利弗莫尔一案的抢劫犯因为分赃有了争执，其中一人在争斗中被铁棒敲了脑袋，他还提供了亚瑟·巴里的名字，透露了他们搭乘火车到达的时间和地点，还描绘了巴里和安娜·布莱克的相貌。

巴里还被问到了约翰·哈里森警官的谋杀案，他声称是"波士顿大棒"动的手，这让詹姆士·弗朗西斯·莫纳汉也就是"波士顿大棒"火冒三丈，竟不惜给《纽约时报》发来了亲笔信，称巴里是"谎话连篇的奸诈小人，会做出把亲哥哥送上电椅的事"，还说他有证据证明是巴里杀害了哈里森警官。

劫案越来越多。巴里带着警察仅在韦斯特切斯特郡的作案现场就转了22个小时。他和"波士顿大棒"在这一带搜刮了50万，大部分都是珠宝。在拉伊，其中一家的受害人穆雷夫人对巴里说："我想对您在抢劫我家时的彬彬有礼表示感谢。请问您还记得把那些大学胸针怎么处理的吗？"

巴里指着灌木丛边的一块草地说："就扔那儿了，我们觉得一钱不值。"

警察离开后，穆雷夫人就趴在草地上找那些胸针。

警察带巴里去了斯卡斯代尔镇，让他重新演示一下杀害哈里森警官的细节。"波士顿大棒"据说枪不离手，千杯不醉，还是个"万人迷"。

抢劫案再滤了一遍后，赃款总计200万，作案时间3年。1927年7月6日，亚瑟·巴里被判刑入狱25年，同时还要服苦役。判决时，他低头看

第九章　利弗莫尔别墅遭难——"波士顿大棒"劫富

了看自己光滑洁白的双手，然后露出了一个淡淡的决然的微笑。

安娜·布莱克跑过去抱住他，用力地亲吻，偷偷把一卷钱塞到他手里，让他在监狱里打点。他被拖走时，她号啕大哭。亚瑟·巴里怪波士顿大棒"出卖他"，因为他正打算坐船去欧洲和安娜开始新生活。

1927年7月7日，拿骚郡警方的戈登·赫利探员守在康涅狄格州桑德威尔一间平房的后门，波姆斯侦探社的查尔斯·夏洛顿在前门边站着，他是由珀西·A·洛克菲勒在被持枪抢劫之后雇佣的，7个月来一直在追踪波士顿大棒，有几次都失之交臂。这回他可不能空手而归。

按照事先约定的暗号，他们从前面破门而入。波士顿大棒就在屋里，拔出了枪，向后门夺路而逃，拿骚郡的探员赫利趁着大棒在门廊上一躲一闪时，开枪打中了他的腿，他随即疼得惨叫一声轰然倒地，然后就被带到麦莫里尔联合医院治伤。

波士顿大棒在医院就供认了几起抢劫案，但不承认利弗莫尔案，还否认同伙亚瑟·巴里所说的杀害了斯卡斯代尔郡的巡警约翰·哈里森。被捕后，他告诉警方他非常关注社会新闻，从中寻找目标，知道谁家要开晚会、什么时候开、有谁来。

接着，目击证人确认他就是真名詹姆士·莫纳汉的波士顿大棒，抢劫了他们的家。

他母亲玛丽·莫纳汉来监狱探视，一见儿子就控制不住，抹着眼泪说："儿子，我希望你能逃过这一劫。"

他回答说："没问题，妈，我们等着瞧好的，我已经找了个好律师。"

后来她告诉记者："他可能是犯罪了，但我还是爱他。"说着哭了起来，"我相信上帝会让他平安无事，我会支持他，倾家荡产也在所不惜。"

第二天，他们把亚瑟·巴里从辛辛监狱提出来，让他在大陪审团前指证詹姆士·莫纳汉，也就是波士顿大棒。巴里还是坚持指控波士顿大棒杀害了斯卡斯代尔郡警官哈里森。

波士顿大棒却指控是亚瑟·巴里杀的，说："巴里想给我栽赃，好让他洗脱罪名。"

拿骚郡地区律师爱德华兹决定让拿骚郡陪审团按照鲍姆斯法律以四级犯罪指控詹姆士·莫纳汉，也就是说如果被判决，波士顿大棒就要在监狱待一辈子，还不得假释。波士顿大棒之前在马塞诸塞就有三项重罪指控，越狱后就被以逃犯通缉过。

1927年7月21日，狱警检查犯人用的勺子时发现少了有一个，然后就在波士顿大棒的单人牢房找到了，而且还被锉成了一把开锁工具。拿骚郡的司法长官立即命令波士顿大棒关禁闭。波士顿大棒激烈反抗，但最终还是被制服，他大喊："我一个人会疯了，放我出去。"

"如果他再有恶劣表现，"司法长官斯特隆森说，"我就把他绑起来。"

第二天，还在关禁闭的波士顿大棒点着了自己的囚衣，司法长官就派人守在禁闭室门口，好好看着狂躁的波士顿大棒。

1927年7月29日庭审，绰号"波士顿大棒"的詹姆士·莫纳汉承认犯有盗窃罪，被判50年徒刑，但杀害斯卡斯代尔郡警官约翰·哈里森的指控并未受理。他走进法庭接受宣判的时候，有人听他说："好吧，既来之则安之，我想我还死不了，但是我很快就会自由的。"

他的越狱危言受到严肃对待，由重兵押送他到辛辛监狱，一直送到狱警提人的大学岬。一路上，波士顿大棒信誓旦旦，对司法长官再三表示了越狱的决心。

1929年1月6日，拿骚郡探员经过两年的搜寻，终于在威斯康星的基诺沙将涉案的利弗莫尔的司机艾迪·凯恩抓捕归案。1929年1月7日，凯恩对利弗莫尔抢劫案供认不讳。1929年5月22日，凯恩被判在州监狱服刑三年半到五年。

桃乐茜和杰西·利弗莫尔发现艾迪·凯恩是劫匪时吃了一惊，如果不是他最后认罪，他们根本没法相信他能和劫匪为伍。

1925年在棕榈滩听说了有人可能绑架自己的孩子、1927年被波士顿大棒抢劫以及受到威胁、旷日持久的劫匪追踪，让杰西·利弗莫尔难堪重负，进而对家人严加保护。

但这也拦不住桃乐茜无法压抑的热情，照样一有兴致就动不动举办盛大晚会。

第十章
泰极否来
——1929年大崩盘

"1929年的溃败并非独有，
每二三十年就会重现，
这就是金融旧事的寿命，
新人也该登场亮相，
憧憬未来崭新精彩。"

——约翰·肯尼思·加尔布雷思 《1929年大崩盘》

1929年初，当利弗莫尔全神贯注于动荡沸腾的牛市时，一个意外的诉讼一时分了他的神。

1929年4月4日，93名投资人起诉米兹那发展公司，要求赔偿1 450 000美元，起因是在"伯克莱屯土地热潮破灭"中受到损失。领头人是前大使亨利·摩根豪的儿子马克西米利安·摩根豪，他带着这些满腹牢骚的投资人去了特科。T·科勒曼·杜邦特和杰西·利弗莫尔都是这家公司的董事。

马克西米利安·摩根豪提交了长达870页的诉状，堪称当时之最。起诉书称，米兹那开发公司犯有欺诈罪；对佛罗里达"伯克莱屯"发布的信息有误，物业的推广商米兹那开发公司没有提前告知房地产的管理和销售情况。

他们进一步称，1925年4月12日"欺骗"活动开始。推广人当日任命安蒂森·米兹那担任总裁，他是一个建筑师，从没干过房地产开发。米兹那让他的剧作家哥哥威尔森·米兹那担任房地产公司的秘书，后者一点也不称职。

媒体为了此次诉讼案倾巢而出，米兹那开发公司迅速地私下解决了此事，细节外界一无所知，整个事件在报纸上无影无踪了。

事情发生在1925年，棕榈滩的出名建筑师安蒂森·米兹那突发奇想，要开发伯克莱屯，这块原生地就在棕榈滩南部。米兹那想要建"世界上最有建筑特色的游乐场"，第一年先建配有1000个房间的豪华酒店，还有马球场和赌场，然后以此为起点大兴土木，再建三座大型酒店。

为了监控和给这项雄心勃勃的开发项目融资，米兹那开发公司成立了，由首屈一指的金融、娱乐和社会名流组成，其中就包括哈里德·范德比尔特、帕里斯·辛格、杰西·利弗莫尔、欧文·柏林、W·K·范德比尔特二世、米兹那兄弟、伊丽莎白·雅顿、T·科勒曼·杜邦特和罗德曼·沃纳梅克。

这家公司买下了伯克莱屯海湾周围两英里的海岸以及1600英亩的土地，首期500万资金中的50万对外公开销售，不到一周就抢购一空，开发地块周围的地价也一路飙升。

宣传广告如下：

棕榈滩邮报

1925年5月15日

米兹那开发公司的股东和控制人是一些富豪，男女都有，手段非凡。他们欲借助安蒂森·米兹那的天才创意建成或许是世界上最棒的度假城市。股东掌握的财富合计或许达到美国整个财

第十章 泰极否来——1929年大崩盘

富的1/3，有理由相信每个业主都会一夜暴富。

声名显赫的支持者名单在广告和推销攻势中一再出现，大力宣传米兹那开发公司，1925年8月6日董事选了出来。

最近当选特拉华议员的T·科勒曼·杜邦特被选为董事长，利弗莫尔被选为财务委员会主任。利弗莫尔和财务委员会不久就知道了真相，反对利用他们的名字宣传地产开发项目，强烈指责打着他们的名字四处招摇，弄得好像他们用个人资金保证该项目获得成功一样。

他们还反对向新买家承诺还会建设三家酒店，其中一家还是丽兹卡尔顿酒店，以及3个高尔夫球场、马球场、贯穿地产内几英里的平整大道。

结果到年底的时候，也就是1925年12月24日，T·科勒曼·杜邦特退出，对媒体的解释是"正当的业务措施"项目前景不错，但媒体不买帐。利弗莫尔和其他几位董事也退出了。

报纸纷纷报道，由于媒体宣传方面的问题以及接二连三的辞职事件，"伯克莱屯土地热潮"立即陷入绝境，开业前6个月，销售就超过了250万美元。但随着董事会的解体，加之杜邦特在《纽约时报》抖出负面消息，销售戛然而止，项目关门大吉。

这又给利弗莫尔上了一课，固守自己熟悉的，对他来说就是股市。他收回心，要把在佛罗里达土地交易上的损失补回来，想当初那些享誉棕榈滩的朋友还告诉他这笔买卖"万无一失"。

· · · · · ·

1928年冬到1929年初春，杰西·利弗莫尔在涨势强劲的股市全面出击，但他一直警惕着必定会出现的市场掉头信号，他就等着处理掉四处播种的仓位。根据经验，最好的办法是趁强市"早早"卖出，特别是需"脱手"的持仓量巨大时。

杰西·利弗莫尔疯狂的一生
THE AMAZING LIFE OF JESSE LIVERMORE

1929年夏初，牛市热度不减，利弗莫尔把他的全部重仓最后一一卖出。他列出了那些领涨股，认为"涨幅过大"。

最低阻力轨迹线已经从上升运动过渡到了盘整运动，他自问，这种盘整运动仅仅是牛市突飞猛进过程中的稍事休息，还是整个市场方向重大变化初现端倪？

市场趋势变了吗？这种变化有目共睹，还是大家贪念太强而对见顶视而不见？

利弗莫尔的全部经验和直觉都"向他呐喊"，告诉他市场到头了。但是他知道时间决定一切，至关重要的并非顶部是否到来，而是何时到来。他以前就错在行动过早，结果是自己判断对了，但却赔了个精光，原因就是操之过急。他决定还是采用老办法——试探市场，于是开始轻仓做空。

他没在第五大道730号赫克舍尔大厦的办公室操作，因此操作很隐蔽。在接下来的6个月时间里他不断更换经纪人，利用了多达100家经纪公司来掩盖行动，对任何人只字不提自己的策略，在黑板上用自己的秘密符号，同时对媒体退避三舍，最后终于完成建仓。

他一开始卖空了几只股票，小额测试，市场继续上涨，他不得不平仓，损失了25万，九牛一毛而已。

他雇佣了6个人，每天在长长的黑板前忙乎，直接伦敦和巴黎市场的电话也一刻不闲。从芝加哥谷物期货市场传来的消息是整个市场所有大型商品纷纷跌到最低价。经过对美国和国外经济情况一直以来的持续关注，他认为世界要面临一场严重的通货紧缩。

他开始进行第二道试探，再检验一下自己强烈的预感，但是事与愿违，市场未如他所料，他只好平仓。虽然如此，在夏末时，他开始进行第三道试探。成了！

卖空一下子赢利了，虽然数目不大，但至少是赢利了，这下他完全肯定了自己的判断。

耐心终有所报，这也是他喜欢钓鱼的原因之一。如果你做得没错，

第十章　泰极否来——1929年大崩盘

那就坚定信念、不急不躁，鱼最终是会上钩的。他已经撒好了网，就要捕到鱼。现在知道判断正确，他准备重仓入市。

他因"小豪客"、"华尔街大空头"和"华尔街孤狼"著称，总得对得起自己的名声吧。

1929年夏，利弗莫尔趁市场依然强劲能接受他的交易量时，布置了卖空局。而他要是平仓还能很容易借到必要的股票，因为几乎人人都觉得现在疯子才去卖空。形势真是再好不过了：经济欣欣向荣，流通量巨大，商人手里有大把的钱能借，根本没有一点通货紧缩的迹象，实际上消费价格一直在降。朋友们问他："你怎么能想着卖？"

利弗莫尔把这一切看在眼里，还是相信他名声在外的直觉，完完全全的本能。他觉得根本就不是本能了，而是他全部经验、全部知识的总结对他的直觉说来道去，晚上在他的梦里飘忽不定，占用了他的睡眠……下意识地侃侃而谈。

随着市场最终到顶，信号也越来越多。市场这次并不是扶摇直上到最高点璀璨绽放，然后就一落千丈。不，还是和以前的所有情况一样，坚决地、慢慢地移动，就像是海上的巨型游轮，但信号还是有的，就是利弗莫尔之前看到的那些：领涨股一再努力，但还是无法创新高；聪明人借公众在强市下的贪婪情绪抛出股票，落袋为安。

而公众已经开足马力投入股市：技工、理发师、鞋匠、报童、家庭主妇、农民，各色人等都交出了10%的保证金，他们看得清清楚楚，在股市上赚钱是手到擒来，只要投了钱就能发。这是历史上的一个新时期，前所未有。无休无止地赚钱，赚钱方式却很简单：买股票——致富。股票只向一个方向前进——上涨上涨再上涨。这是一个繁盛不衰的"新时代"，而且更重要的是，"无名小卒"也能登台亮相了。

他看到的就是疯狂的估价推高股价，好股票价格卖到了年收入的30倍、40倍、50倍、60倍，而正常情况下股价是收入的8～12倍。投机股票更是疯狂，像新科技股——广播则是一发不可收拾，他们就是"潮流、香饽饽。"

杰西·利弗莫尔疯狂的一生
THE AMAZING LIFE OF JESSE LIVERMORE

他还关注到了"领头股"——带领股市上涨的股票。看着它们一步步乏力、调整、创新高无果、一遇有人逆势抛股引来股票换手就跌了下来。

1929年秋，利弗莫尔在办公室透过巨大的玻璃窗户，看着6个雇员戴着耳机在黑板上记录股市的运动情况。这些符号就是他的音乐。现在是恢宏的渐强音，是雄壮的交响乐结束前的高潮，那甜蜜柔美的调子已经响了一年又一年了，而现在快到结尾了，拍子快了，无法控制，几欲疯狂。这个旋律总让他觉得不和谐，他走出办公室，在长长的桃木心大会议桌前做了几个小时，一言不发，看着雇员在走道上忙碌。他越看越坚定，剧终了！他每隔一会儿就会回到私人办公室去交易，然后让他信赖的助手哈里·埃德加·达西记下来。

一天结束，他总是会和哈里比比，就好像是一个游戏。他让哈里计算一下他的投资、确切的股票价值，要精确到角。利弗莫尔自己心算，哈里说出机器得出的结果前，他会抬起手，平静地说出自己心算的数字，而哈里也就仅需要点点头而已。利弗莫尔一直准确无误。

接着平地惊雷，风暴来袭：

黑色星期一

市场一开盘就全速崩溃，交易前30分钟内，实力雄厚的个人和机构就巨量砸入市场，一次就是50万股，甩出克莱斯勒、通用电气、国际电话和电报、标准石油，价格更是让旁观者目瞪口呆。电话和电报公司在夏天牛市如日中天时，股价高达310美元，现在一路溃败至204美元；美国钢铁摇摇摆摆走过190、180、170元，现在还是跌势不止；曾经的宠儿美国无线电公司从110元狂泻至26元，变成弃儿。一些经纪人方寸大乱，卖光了客户所有股票，本来还不至于如此操作，这下反倒给下行趋势火上浇油。其他人六神无主，投机人看着眼前的一切,惊得一句话也说不出来;一个交易商像个疯子一样失声尖叫,跑出交易大厅;留下的人狂乱不安、惶恐四顾,看起来就像被追捕的猎物。

直至中午,抛出的股票超过800万股,所有的交易都不断一低再低,狂躁的情绪笼罩着交易大厅。交易所管理委员会随即在交易大厅下的封闭房间召开了秘密会议,屋里烟雾缭绕,大家激烈争论是否要完全中止交易,缓和一下恐慌情绪。

当日上午所有新闻播报发出一系列的急报简讯:"联邦储备董事会正在华盛顿和国务卿梅伦开会……内阁在开会……胡佛总统正在咨询商务部部长拉蒙特……前几大银行家聚集在小J.P.摩根的办公室商讨对策。"金融崩溃的严重程度已经显现出来——蒸发了150亿市值,全国投资人一生的积蓄都成泡影,人们的损失开始累积如山。

公司倒闭的商人犯了心脏病;破产的投机人从酒店窗户跳下去,要么封了所有窗户打开了煤气,要么就吞了毒药,或者直接开枪自杀。在终生的辛苦劳动、理想和在所难免的幻想被打击得粉碎后,他们的遗言是:"什么都没有了,告诉孩子们,我欠他们的。"

大崩盘就是这个样子,全国股票交易所的股票市值损失了不止1/3,这场沉痛的灾难在整整一代人心头挥之不去。成千上万的投资人——大部分都是中产阶级者,包括秘书、职员、老处女、小企业主的梦想在这次动荡中灰飞烟灭,随之而去的还有他们千辛万苦挣来的积蓄;而国家受到严重的心理创伤,精神萎靡;甚至在20多年后,伤害的后果还触目惊心。

——威廉姆·克林格曼 《1929年:股灾之年》

第二天,黑色星期二雪上加霜,市场一天内下跌11.7%!
利弗莫尔被指责造成此次崩溃。《纽约时报》甚至专门撰文谴责他本人就是罪魁祸首,称他有力和不断的卖空打压引发了崩溃,他再次成为万众瞩目的焦点,生命受到威胁。

电话源源不断,他亲自接电话,告诉哈里把那些愤怒的电话转给他。

"利弗莫尔,你这个骗子!我知道你小子有多聪明。把股价打到底你才说你站到另一边了。我这就来找你,你别想睡安稳觉了。你这个不要脸的混蛋!"

风雨无阻:

"你这个烂到心的畜生,我成穷光蛋了,就因为你和你那些狐朋狗友,我赔得精光。你琢磨着用非法勾当就能碾死我这个小人物、毁了我和我家吗?你死定了!别在一边偷着乐了。我家没法过,你家也别想好!你这个不要脸的畜生!"

势不可挡:

"我没地儿住了,利弗莫尔先生,您有什么好建议吗?我整整花了23年才还清贷款,他们今天把我赶了出来。我现在就跟个要饭的一样在街上露宿,还带着老婆和四个孩子。你是罪魁祸首,混蛋!你会遭报应的!"

电话、信,甚至是人工投递的电报,恐吓铺天盖地而来。过了一阵儿,他就不接电话了,但是这些电话让他担心自己和家人的安全。

1929年12月21日,杰西·利弗莫尔请了曾在拿骚郡当警察的老朋友弗兰克·高曼帮忙,他们有过几次合作,最后一次是因为珠宝被抢劫后,他妻子第一次收到"波士顿大棒"的威胁。高曼住进了长岛帝王角的别墅,陪两个孩子上学,暗中保护桃乐茜。

利弗莫尔走到顶层办公室的窗前,拉开了窗帘,俯视着这座城市,这个巨兽,这就是纽约城,甚至在1929年还是这样。报价器在他手指间悠闲地滑来滑去,源源不断地吐出报价,一片惨淡,纸带就好像是战场上的阵亡名单。他凝视窗外。

其他人一片哀鸿,他也毫无乐趣可言,他不知道生活怎么会是今天

第十章 泰极否来——1929年大崩盘

这个样子。今天一天的收益创了纪录，大获全胜，但他为什么觉得这么空虚和失落？

20世纪初期，抑郁症被认为是因情绪不稳或性格缺陷造成的心理状态，还没发现治疗办法，化学失衡引起异常行为作为一种理论还没诞生。20世纪的大半时间都发生过严重的抑郁病例，病人经常接受电击疗法：把电极接到头部，强压白热电流就会一下击中头颅，让病人失去知觉，现在证明这种疗法毫无医疗作用，只能最终损害大脑。

1930年，利弗莫尔除了抑郁外，还有其他的私人问题。他亲爱的妻子桃乐茜酗酒成性，她的母亲完全成了她的影子，她们一起购物，一起出游；她母亲早已搬进了别墅，家里或个人大大小小的事桃乐茜都要问问母亲的意见。她们的要务就是花利弗莫尔的钱，主要都花在装扮利弗莫尔分散四处的家。

桃乐茜的母亲嗜赌，家底殷实，用的是自己的钱，而且是个高手，赢的比输的多。

1930年去欧洲玩的时候，他们去西班牙看望杰西的好朋友——美国驻西班牙大使亚历山大·P·摩尔，杰西为摩尔和莉莲·拉塞尔的热恋做过掩护。

期间，桃乐茜的母亲经摩尔介绍认识了西班牙国王，她随即开始了一场热恋，持续了几个月，几乎每个晚上她都去赌场赌博，国王陪伴左右。

桃乐茜乐见其成，母亲已经寡居多年。利弗莫尔和摩尔对整件事困惑不解，只能摇摇头，不置一词。

利弗莫尔一直不待见这位岳母，他觉得与妻子隔离了，岳母是他们之间的障碍。他从来就不是个外向、爱社交的人，总是藏起感情，所以从来没和桃乐茜提过这些。他实际上与新英格兰的父母一脉相承，封闭感情，不愿吐露感情就是他的天性。他觉得自己在生意上有必要像个牌手，从不用手暗示，也不能有情绪反映，因为不能也不愿宣泄情绪，他的压力就永远无法排解，唯一的放松就是清仓之后出去休假，或者驾游艇出海，年纪越大越是频繁。

　　他还有个消遣，一个秘密的消遣。利弗莫尔对漂亮女人毫无招架之力，而女人对英俊、强势、富有的男人无法抗拒。人们对隐秘生活的好奇，让他的情事在华尔街昏暗的走道以及金融高层灯火模糊的大厅里不胫而走。他这个"华尔街的孤狼"、"小豪客"，尽管不声不响，但却名声在外。

　　他给人神秘、高贵的形象：总是一身无可挑剔的萨维尔西服，一尘不染，头发修得一丝不乱，由别墅里他的私人理发师每天操刀。通过弗洛·齐格飞，他总能接触到美女，其他人也喜欢他，桃乐茜和长岛的邻居举办的那些数不清的晚会也让他结识了很多女人，其中一些让他倾倒。

　　利弗莫尔工作日时在纽约过夜的日子越来越多，投身到秘密关系中。谣言渐起，并开始在长岛的大颈社区和华尔街的街头巷尾私下流传。这些闲言碎语最后还是传到了桃乐茜的耳朵，她和亲爱的JL短兵相接。

　　"JL，我听说一些可怕的事，关于你的。"

　　"比如说？"

　　"其他女人，漂亮女人，像我以前那样的歌舞女，跟你有来往。"

　　"听我说，小老鼠……"

　　"不，我不听，我不想谈。"

　　"可是你提出来要说的。"

　　"别想转话题，别想引开我。我只是不想讨论，只告诉我这不是真的，JL。"

　　"不是真的，都是瞎说。"

　　"好，那就这样，如果是真的，我也希望不是真的，到此为止。"

　　"什么事也没有，小老鼠。"

　　她笑了，拉起他的手。她不相信他，但希望他会罢手。她酗酒更厉害，举办更多的晚会，在"永久"，在游艇上，在棕榈滩的浪花酒店，在普莱西德湖村的家里。

利弗莫尔依然如故，情事依旧。但是利弗莫尔的私生活从没有影响过他的交易，因为交易才是他的"真实生活"，他衷心热爱的生活，永不知足。投机的精神挑战就是他的生活"高潮"，是在他血管里流动的血液，给他无限的激动，就像报价器随着股市的跳动不断吐出纸带，揭示其中的秘密。

他在市场交易时发现的每个秘密对他来说就是启示，就像探险者打开图特卡蒙国王的墓门，第一次看到其中的秘藏。

第十一章
利弗莫尔揭示市场时机秘密
何时持有，何时抛出

"世间万事如潮汐，
汹涌而来向登极。
阴云苦难终难免，
一生行来总有憾。"

——莎士比亚 《凯撒大帝》

利弗莫尔在棕榈滩的"海滩俱乐部"消磨过很长时间，他和老板埃德·布拉德利相见恨晚。布拉德利成立俱乐部的时候，赌博在佛罗里达还是非法的，但他与铁路和标准石油富商，同时也是约翰·D·洛克菲勒的合伙人亨利·弗拉格勒暗中达成了交易，获得了他的首肯，这才是唯一真正必要的核准。

布拉德利的公司章程称，海滩俱乐部是以社交为目的成立的，业务包括进行任何的游戏和娱乐活动，管理层和董事成员达成一致即可，而且可以随时增加新项目。

俱乐部的制度还有禁止25岁以下者入内、赌博区严禁吸烟、所有的债务必须在24小时内清偿。另外还有严格的着装规定，"晚上七点以后需着晚礼服套装，盖无例外"。白色燕尾服是标准服装，无尾礼服是最

杰西·利弗莫尔疯狂的一生
THE AMAZING LIFE OF JESSE LIVERMORE

低要求。

还有一条不成文的规定，佛罗里达人不得入内。这条规矩是照搬蒙特卡洛赌场的，在那儿当地人不得进赌场。

但这条规矩只是布拉德利的"权宜之计"，一切都是他说了算。他不想让本地人损失太大，他们可能会因此拿着法律跟他较劲，他总是根据自己的判断允许他认为合适加入的"当地人"来玩，当然这些都是"有钱有势"的人，有助于保证他的俱乐部能开下去。布拉德利的海滩俱乐部就在这样和那样的规矩下开门营业了45年。

1930年1月的一个晚上，接近七点钟，杰西·利弗莫尔一身白色燕尾服走进赌场。他对着装很有一套，衣服总是很得体，显示出他消瘦的身材。燕尾服是在英国定制的，几年前他就定做了4套，现在还笔挺，利弗莫尔的体重也从没变过。

他走进赌博室，看见密友沃尔特·P·克莱斯勒还穿着一身高尔夫球衣坐在轮盘边，全神贯注地盯着转个不停的轮盘和跳来跳去的小黑球。他过去坐在一边儿，克莱斯勒抬头看到已经穿着晚礼服的他。

"你好，沃尔特。"

"嗨，JL。你都穿上了，有那么晚了吗？"

"差十分七点。"利弗莫尔回答。

"口袋光光朝夕短呀。"

"很糟？"

"输了大概5000吧。"

7点已经过几分了，埃德·布拉德利走了过来，荷官不明所以地看看他，布拉德利伸出手指着小黑球，荷官递给他。

"沃尔特，差不多7点了，你该去换衣服了。"

"我该换的是运气。埃德，我在这输了差不多5000，我得赢回来。"

"你把衣服换了再来，我们给你留着位子，早上4点才关门呢。"布拉德利说。

第十一章　利弗莫尔揭示市场时机秘密　何时持有，何时抛出

"我说埃德……"

"沃尔特，"布拉德利盯着他。他不习惯被人顶撞，克莱斯勒也不习惯。布拉德利从口袋里拿出自己的幸运币，"猜输赢吧，赢了就把你输的全拿走。"

"没问题。"

"你要哪面，沃尔特。"

"正面。"

布拉德利抛起了硬币。硬币下落，在正面向下时，他一把抓住。

"你赢了，沃尔特。"布拉德利说，连硬币看也不看。他向荷官点点头，示意把克莱斯勒输的筹码交还。

克莱斯勒离开后，利弗莫尔和布拉德利去餐厅的小鸡尾酒桌边坐下。用餐的人至少要到八点钟才会到俱乐部热闹。周围很安静，布拉德利点了苏打水，利弗莫尔要了他常喝的，两个人静静坐了一会儿。

利弗莫尔先开口："你总有办法如愿以偿是吧，埃德？"

"也不是次次如意，但我不想坏了规矩。你肯定也有规矩，对吧？"

"是的，但遗憾的是，我时不时总是犯规。"

"我听说这次大灾你可没打破常规。"

"是的，这次没有。这次我循规蹈矩，结果还行。"

"赌徒和股票投机商都得按自己的规矩玩，对吧，JL？"

"是呀，琢磨出这些规矩可是费了一番工夫的。"

"是一辈子的工夫，因为你从来也没能把这些搞得明明白白，就像你从来也没真正搞懂一个人。"

"埃德，连自己都不了解，怎么可能了解别人呢？"

布拉德利大笑："你说的没错。我的老天，我们一天24小时跟自己在一起，世上再没什么事能比自己更重要，但我们大部分人还是没搞懂自己。"

"这会儿可别提女人啊。"

杰西·利弗莫尔疯狂的一生
THE AMAZING LIFE OF JESSE LIVERMORE

"不不，这都够我烦的了。"酒水到了，布拉德利拿起杯子，两人碰杯，"祝福那些永远也搞不懂的女人——神秘就是无穷的乐趣，再祝那边的人不时有点好运气。"

"干杯。"利弗莫尔回答。

他们又坐着享受了一刻的闲静。利弗莫尔先挑起了话题："埃德，我可以毫不奉承地说你是世上最伟大的赌手之一，全国都有你的足迹，连续不断地赢，我想问你个问题。"

"直说吧。"

"你觉得在股市怎样才能赚钱？"

"我不久前才刚问过你同一个问题，JL，况且我怎么会知道股市的事？"

"说说吧，埃德，"利弗莫尔啜了口酒，"我知道你几年前在芝加哥商品市场干得精彩。"

"好吧，那我就试着说说。"布拉德利沉思片刻说，"我觉得要注意三件事。时机：什么时候入市，什么时候抽身——什么时候持有，什么时候放手；资金管理：不能没了本金，要不然就没得玩了；还有就是情绪稳定，是的，这可能是最重要的，一旦入局，就要能控制自己的情绪。就这些。"

"听起来像是好赌手的准则。"

"人生就是一场赌博，JL。"

利弗莫尔微微一笑，这次他举起杯，"这次祝福那些依靠智慧谋生的人，怎么样？"

"依靠自己的智慧并且知道什么时候喊停的人。"两人碰杯，"我喜欢这种生活，JL。是的，先生，我喜欢。"

· · · · · ·

时机就是投机商的一切。问题从来就不是股票"是否"会运动，而

第十一章 利弗莫尔揭示市场时机秘密 何时持有，何时抛出

是"什么时候"向上或是向下运动。

正是1929年的溃败让利弗莫尔完全相信了中枢点，黑色星期二就是股市历史上最重要的中枢点，股市单日跌幅达到11.7%。利弗莫尔根据中枢点构建了自己确定时机策略的核心内容。

· · · · · ·

他在两个儿子长大后向他们解释过这个概念。

"儿子们，中枢点是我交易的关键点之一，这种交易技巧在20世纪20年代和30年代早期基本上还没有哪个股票投机理论正式提出过。中枢点就是定时技术，我以此来决定何时进入和退出股市。

"给中枢点下个定义可不那么简单。依我看就是'股市基本方向的改变——认为新动向、也就是基本趋势改变要开始的时间'。按我的交易风格，长期趋势变化发生在底部还是在顶部都无所谓。

"我把中枢点分成两类。第一类叫做'反转中枢点'，第二类叫做'持续中枢点'。

"重中之重是要明白'反转中枢点'表示方向反向运动，'持续中枢点'则是确认原来的运动。

"'反转中枢点'就是我最好的交易时机。

"反转中枢点几乎总是伴随着交易量的巨量增加、买盘升至高峰，但卖盘却寥寥无几。相反情况以此类推。

"这次买家和卖家之间的战争引发股市调转方向，不是涨到顶了，就是跌到底了，标志着股市新方向的开始，辅之以交易量的暴增，日平均交易量能增加4倍之多。

"我观察过，这些反转中枢点经常随长期趋势改变而来。我一直认为，想抓住大变动机会赚钱，耐心是必不可少的，其中一个原因就在这里。

"你要耐心等着，一定要确保你已经看出了股票的反转中枢点。我

169

早已知道要进行测试。我会先进行'试探',先根据总持仓量买一个小比例的仓位,用第一笔投资检验一下判断是否正确。"

7-15-99　　　　　斯伦贝榭公司(SLB)　　　　　64.56

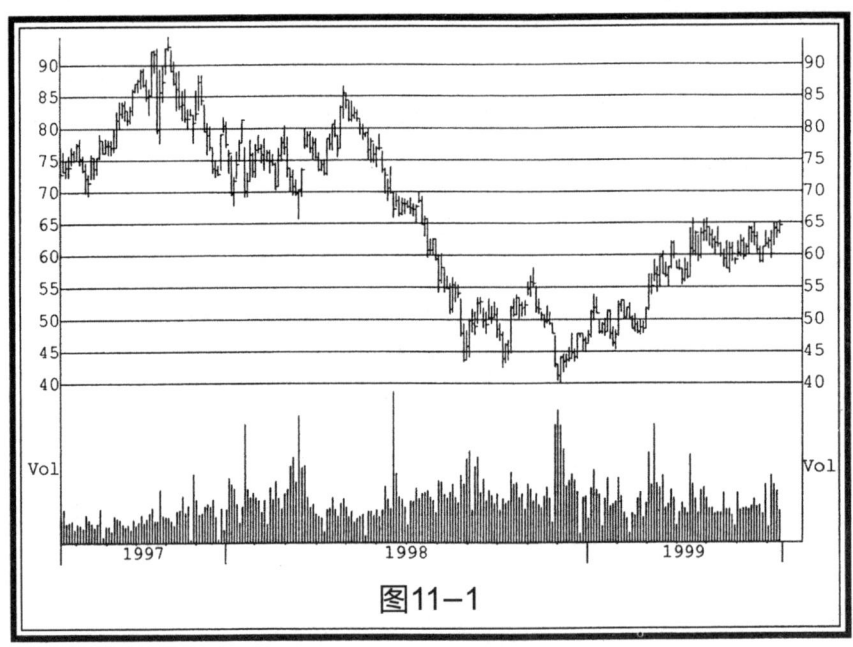

图11-1

这是一家石油钻探和服务公司。有两次明显的反转中枢点,第一次在1997年后期,结果是价格下跌;第二次在1998年末,结果是股价上涨。

如果反转中枢点已经出现,利弗莫尔还要进行最后一个测试来确认。他会看看行业板块,至少再看板块里的其他一个股票,运动模式是否相同。这就是最后一次测试。

・・・・・

他继续向儿子解释:

"第二种非常重要的中枢点就是'持续中枢点',是趋势确定的股票自然反映的一种趋势运动。这是上行区间里多出来的一个潜在入市时机，或加仓时机，但前提是股票已经冲过了持续中枢点，保持相同方向继续前进，一直到遇到整理时为止。

7-15-99　　　　　　　斯伦贝谢公司(SLB)　　　　　　　64.56

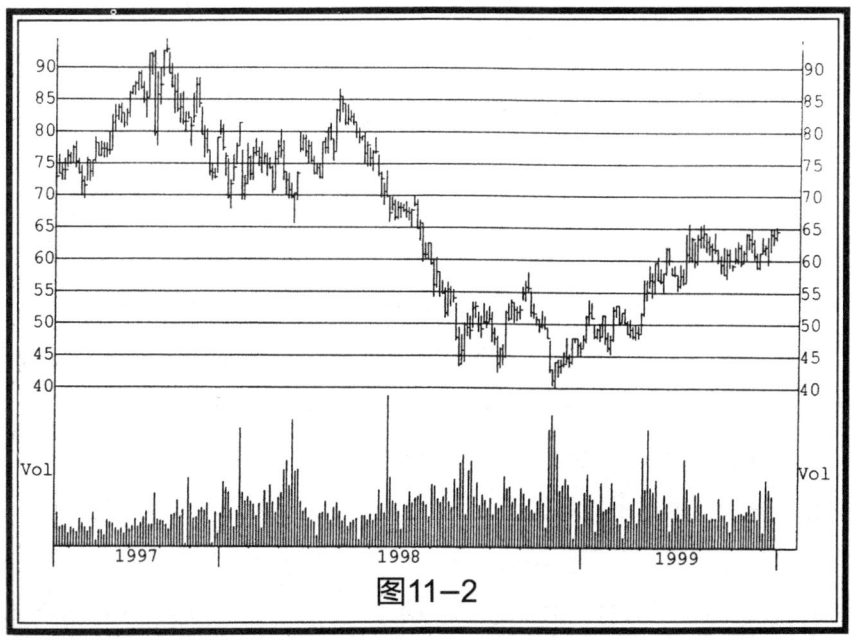

图11-2

斯伦贝谢公司的股价在1998年中期86美元的位置，形成了一个持续中枢点，确认下跌，在1998年末跌到40美元位置。

"在我看来，股票从来都不可能是太高了不敢买，或太低了不敢卖。只要好好等着持续中枢点的信号，我就有机会要么建仓，要么在原基础上加仓。如果错过时机就别跟着不放，我宁可再等等，哪怕多掏点钱，也要等到股票重新定位，形成新的持续中枢点，因为中枢点是一种确认，能保证股票极可能继续原来的趋势。

"我还用这种中枢点理论发现了很多卖空机会，收益颇多。我会留意那些去年一年左右都在下跌创出新低的股票。如果他们形成'假中枢点'，就是说它们从新低反弹，但随后就下跌，还跌破了新低，那就极有可能继续下跌，再形成新低。

"只要能准确无误地抓住中枢点，我就能在合适的点首次买入，这样在运动一开始就能在合适价格建仓，也能确保我永远不会处于亏损境地，正常的股价波动也影响不了我，不用损失我的本金。一旦股市运动越过了中枢点，我就能'赢利'，这时唯一的风险就是损失'账面利润'，而不是损失'宝贵的本金'。

"我早年一败涂地就是买股的时机不对，这也促使我开发了中枢点的新理论。

"在中枢点出现前买，就有点儿早，有危险，因为股市可能永远无法形成合适的中枢点，进而无法明确方向。如果买的时候股价已经比原中枢点涨了5%或10%，那就晚了，运动开始后再出手，就失了优势。

"想交易赚钱，你唯一需要的信号就是'中枢点'。投机商必须要耐心，股票跑完它必须要跑、应该要跑的路程是需要时间的。

"我后期交易理论的关键是'仅在中枢点'交易。我耐心了，在中枢点交易了，就总是能赚钱。

"我还认为，股票运动的重头戏往往发生在一个趋势方向上的最后两周时间左右，期货市场也是一个道理。所以，再说一遍，投机商不得不耐心，选定股票好好等待，但同时要时刻警惕那些信号的到来，不管是好的，还是坏的。"

• • • • •

本例中，经纪公司嘉信理财集团股价猛涨，3天内涨了15元，完全是飙升。上行最后一天，涨势在收盘前中断，股价急挫，以当天低点报收。第二天开盘继续下跌。这种当日反转经常伴随交易量大增。在利弗莫尔看来，这就是"险情急报"。

7-15-99　　　　　嘉信理财公司(SCH)　　　　　55.37

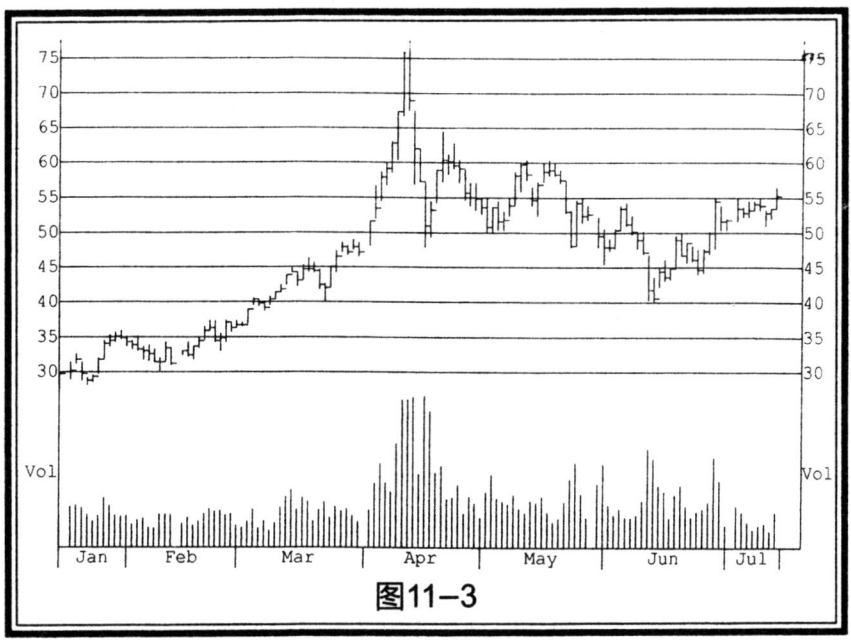

图11-3

在本例中，经纪商嘉信理财公司的股价在3天内大幅上扬15%，形成峰值。但是这次上扬在最后一天接近收盘时崩溃，股价收盘于当日最低价。第二天早晨低开低走。这种当日反转走势经常伴随着成交量放大。这种场景对于利弗莫尔来说，是一个惊声尖叫的"危险的信号"。

"当日反转"是一种危险信号、退出交易的信号、能让利弗莫尔直起身子重视的信号。这样的股票运动通常发生在长期趋势的末尾。他这么解释："如果一天的高点超过前一天的高点，但收盘价却比前一天收盘价低，而且交易量比前一天大，就会发生当日反转。"

为什么呢？因为在股价随趋势上涨时，最高阻力线只能做出正常反应。然后突然之间，阻力线做出了反常、突然脱离轨道的反应，股价仅在3天内就涨了15元，交易量放大，这就是危险信号，必须注意。

利弗莫尔的观点是，如果在股票整个上涨过程中，你"不急不恼"，守着股票，那现在"当日反转"之后，你必须有"勇气"做正确的事，承认这个危险信号，必须现在就考虑卖出股票。利弗莫尔笃信"耐心"和"勇气"。

中枢点理论让利弗莫尔有机会在精确的"合适时机"买入。他从来没想过在最低点买入，在最高点卖出；他就是想着在合适时间买入，在合适时间卖出。

这就要求他要有耐心，等待绝佳的交易时间再出手。如果他跟踪的某只股票并没有出现合适信号，他也不在乎，因为这种模式迟早还会出现在其他股票那里。耐心……耐心……耐心——这就是他准确定时的关键。

利弗莫尔一直认为"时机"是真正核心的交易因素，他的口头禅是："赚钱的不是靠怎么想，而是坐下来等。"

这一点被很多人误读了，他们认为利弗莫尔会买下股票，坐等股票运行，事实并非如此。有很多时候，利弗莫尔都是持币观望，持有一点股票、甚至没有买入股票，就是要等到恰当的条件形成。这就是他的能力，坐下来持币耐心观望，一直等到"成熟时机出现"。如果各种条件都具备，甚至各种机缘巧合的因素都有利，只有这时他才会全力一击。

在中枢点买入，确保他在最好的时机入市——就在运动要开始时。

一旦他确定了布局，行动起来就毫无顾忌。他的"小豪客"可不是浪得虚名。

写《股票大作手操盘术》时，他的观点很清晰。

"如果投机商能确定股票的中枢点，并且能在那一点时明白股票的行动，从它一开始行动起，就能完全确定能赚钱了。

"但是利用中枢点预测运动时一定要记住，如果股票越过中枢点后没有按照预期的方向运动，这是个重要的危险信号，一定要留意。

"我发现研究中枢点非常有意思，我都没想到。自己研究你会找到一个黄金地带。按照自己的判断交易成功，你会觉得别无仅有的快乐和满足。你会发现这样赚来的钱，比那些可能通过别人提示或指导赚来的钱能获得大得多的成就感。

"我一旦没了耐心,不耐烦等着中枢点,自己琢磨着赚点快钱,我反倒会赔钱。"

• • • • • •

利弗莫尔发现商品交易也能像股市一样用到中枢点理论。虽然他不认为用中枢点交易的方法完美无缺,但这的确是他交易策略的"核心"。

7-15-99　　　　　百思买公司(BBY)　　　　　76.18

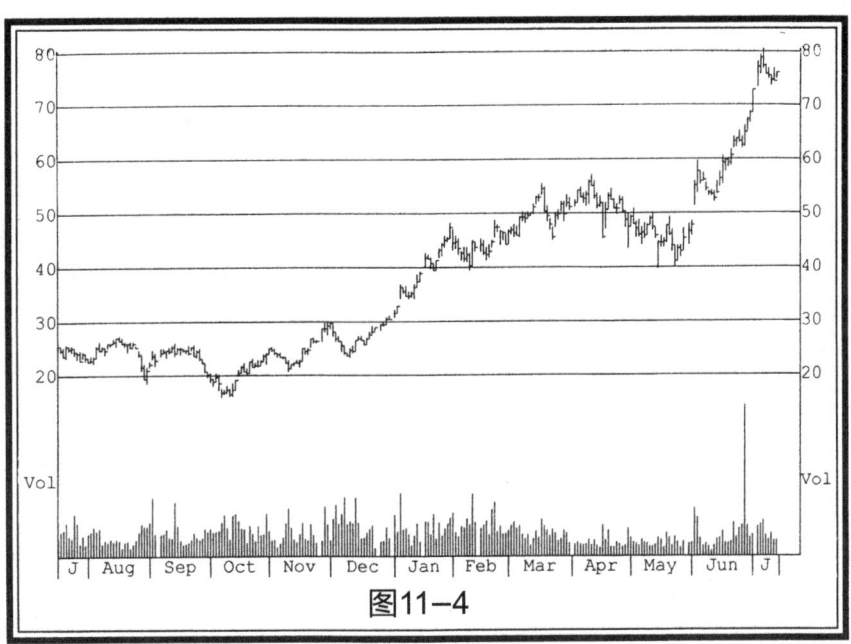

图11-4

百思买公司,一家电子产品、软件和电子娱乐产品零售商,在1998年12月突破了长期以来的区间高价30美元,开始持续创造新高。

他也表示,将来可能还有更多方面来完善中枢点的用法,并肯定,从他的基本前提出发,人们可以开发出更好的交易方法。他保证说自己不会嫉妒别人的成功。

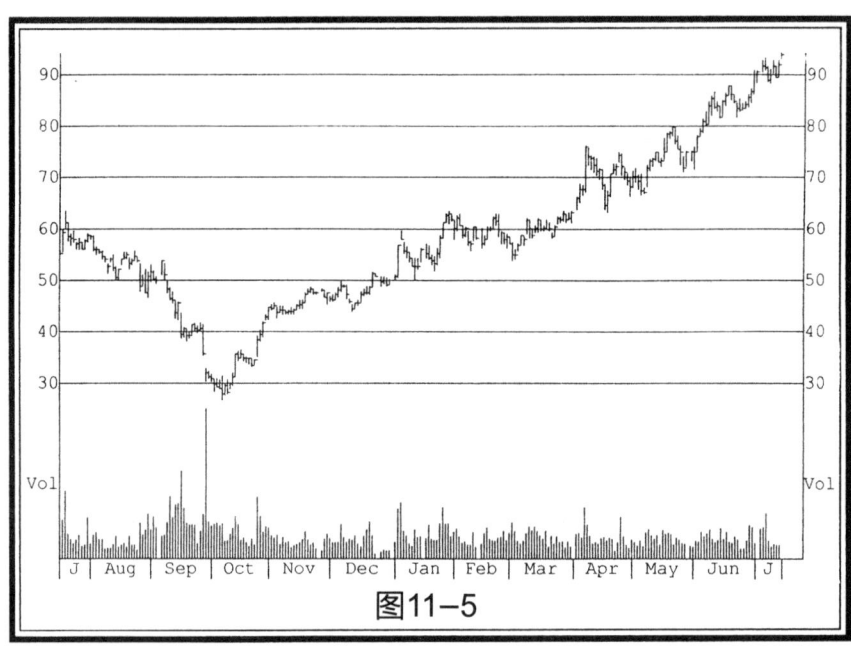

图11-5

北方电信公司是通讯器材制造商，1998年12月，其股价在30美元位置形成了强劲的反转中枢点，一直持续到1999年4月创造出历史最高价65美元。

他说"在脑海里假想一下股市或股票的走势没一点问题。但在市场没有行动确认你正确之前，别轻举妄动——别用自己的血汗钱赌市场。可以先想想未来的运动，但要等到市场显示你的判断正确之后，这时候，也只有这时候再用你的钱行动。"利弗莫尔认为，中枢点是至关重要的确认信号。

他继续给儿子解释：

"市场经常反投机商之意行之。这时候，成功的投机商必须抛弃自己的预测，跟随市场行动。谨慎的投机商从不和纸带争论对错，记住——市场永远都不会错，错的是人。"

第十一章 利弗莫尔揭示市场时机秘密 何时持有,何时抛出

百思买是一家零售商店,销售电子元件、设备和娱乐软件,在1998年12月突破了长期巩固的30美元,并且持续上涨,连创新高。

北电网络是一家通信设备生产商,1998年9月形成了有力的反转中枢点,并由此发力在1999年4月创出历史新高65元。

"新高"对杰西·利弗莫尔来说总是好消息。他认为这意味着股票冲破了头顶的阻力,很有可能更进一步。利弗莫尔不分析图表,他是数字派,一切用数字说话。

以上是几个"新高突破形态",在利弗莫尔看来,它们总是有规律地按照数字模式出现,这些形态图是为了方便说明。

这些形态重复出现的原因,基本上没人知道,利弗莫尔用人性就挑明了原因:"人们基本上一直都是按照一种方式行动,就是贪婪、恐惧、无知和希望的共同结果,这就是为什么数字形态和模式一直不断出现。"

为了寻找整个市场和行业板块的时机线索,利弗莫尔一直密切关注"市场领导者。"他仔细跟踪,就像鹰一样目光炯炯,透过办公室的玻璃板整小时地盯着书写板。

跟踪"领头股",能提供市场大方向的强烈时机信号。在每一个领头板块里选几只股票交易,也有助于确认市场方向,以免只选一个板块,而该板块因失宠而掉头,或反之而得宠,这样就会造成错误判断。

利弗莫尔认为,领头板块也是道琼斯工业平均指数的代言人。如果这些领头板块乏力,这就是红灯警示信号,利弗莫尔就会提高警惕,留意市场大势。信号的表现就是领头股无法创新高,徘徊不前,往往在大势掉头前会先改变方向。

1907年和1929年大溃败时,利弗莫尔就是抓住了这一重要的时机线索,领头股上攻乏力开始转向,而整个市场对二级股票的狂热正在扩大。当然,对这些次级股票的疯狂投机,利弗莫尔可不陌生,他就是从溃败中走出来的人。

利弗莫尔开发了一个深奥的系统——跟踪当前领头股。他对领头股

的兴趣有两方面：

第一，这是他唯一投机的股票。

他说："把对股市运动的研究集中到当下的重要股票上、那些领头股上，战场就在这里。如果在这些活跃的领头股上都赚不到钱，那在股市上就别想赚钱了。"

"第二，也有助于你控制交易范围，别太大，这样就能用最大的潜力集中交易股票。别贪得就想着逃顶抄底。"

7-15-99　　　　　　　　思科系统公司(CSCO)　　　　　　　　66.56

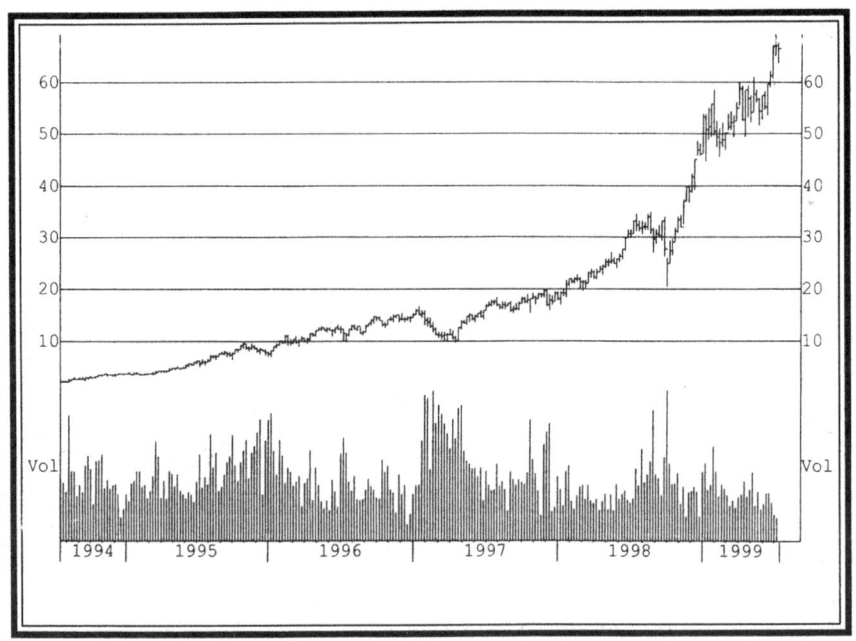

思科系统公司，互联网解决方案的领导者，其股价持续上涨了5年。在1994年投入2000美元买入1000股，5年后，即1999年，将增值到70 000美元。

利弗莫尔还认为，时机从来不是高价格说了算，高价格从来都不是卖掉股票的时间信号。他常说："高价并不表明股价不能再高。"利弗莫尔在卖空时同样如鱼得水，主要是顺势而为。"股价跌了并不意味着不会再跌。我从来不买处于跌势的股票,我也从来不在股价上行时卖空。"

股票创新高时买入、股票创新低时卖空的观点违反直觉,而且历来有很多投资者持这种违反直觉的观点。

利弗莫尔让市场告诉他怎么做。他从中获得线索和暗号,他不预测,而是听从纸带传送的信息。一些股票在很长时间内都能一再创新高,而且还能长此以往。

思科系统公司是互联网网络解决方案的领头羊,实际上连续5年一路上行。1994年1000股股票的价值是2000元,到1999年价值70 000元。

• • • • •

利弗莫尔说:"每只股票都像是一个有自己个性的人,独特的个性——激进的、保守的、兴奋的、高亢的、反复无常的、死气沉沉的、直来直去的、理性的、能预测的、无法预测的。我总是像研究人一样研究股票,过上一段时间,它们在一定条件下的反应就能预测了。

"我不是第一个这样观察的。我知道一些人在股市上收获不菲,就是因为分析了股票个性,顺着这种性子,按照个性特点买卖股票。但是还得明白,虽不常见,但有时候个性也会变。

"我坚信,只要股票行为合理——按照正常的反应运动,如巩固和调整,在趋势方向上前进,就没什么好担心的,投机商不必要杞人忧天。股票创新高只应该是鼓舞了投机商。

"此外,投机商千万不能自鸣得意或放松警惕,错过了股市'见顶'、正在形成中枢点准备在新方向上或可能是反转趋势上运动的信号。我的座右铭是'时刻警惕危险信号'。"

利弗莫尔交易就是为了赢,而且一大部分原因是能够正确定时,他永不满足。优化和提升他的中枢点方法、分析新高的方法以及行业领头股和行业板块理论在当时都是最新的,到现在还被争论不休,但是他热

杰西·利弗莫尔疯狂的一生
THE AMAZING LIFE OF JESSE LIVERMORE

衷于做这些思考。

跟别人一样,利弗莫尔也喜欢花钱取乐,有钱就能买来快乐!

· · · · · ·

1931年,保罗·利弗莫尔快过8岁生日了。他父母决定把巴纳姆与贝利马戏团搬到约5.3公顷的"永久"来,让他惊喜不已。

帐篷前一晚就搭起来了,座位也安上了,卡车一晚上陆续拉来了大象和其他动物。黎明时演员们到了,100名小丑、秋千技师、训狮员、庆典主持大明星、翻跟头的、驯马师,还有高空杂技师。邻居们10点钟就纷纷登门,保罗起床的时候,这个庭院都变成了大型表演场。

他走到"永久"的院子里,瞪大眼睛,连连称奇。一晚上的改造,自家人迹罕至的5.3公顷院子就成了故事书里的乐园。到处是小丑、有趣的汽车、大象、狮子、老虎、猴子、秋千艺技师、穿红挂绿的马、技术超群的骑手、庞大的条纹帐篷、吵吵嚷嚷的人随处可见。他牵着父母的手,跟他们四处看。

表演中午开始。客人的汽车在车道上排成了行,一直排到大路上。司机开着利弗莫尔的三座电车正在接送客人,平时就他和孩子常坐电车在院里闲逛。

马戏表演一直持续了一个下午。之后在利弗莫尔家还有一个大型晚会,生日蛋糕有6英尺高,每个人还有吃的喝的。这在保罗·利弗莫尔的脑海里留下了永久的记忆,这是他最耀眼的一天。

后来长大以后,他想可能是父母对他有所愧疚,他们把全部的注意力都给了哥哥小杰西,外人都知道哥哥才是父母的宠儿。他很小就发觉了,自己也能泰然处之,自得其乐。

两个孩子并不是能常常见到父母。冬天他们去上寄宿学校,夏天去野营。小的时候,有自己的保姆,后来就有了佣人、司机、私家侦探,还有他们最爱的、厉害的保护神哈里·埃德加·达西,他有时也是他们的家庭教师，教他们学数学、语言、甚至如何看待生活。

佣人都说法语，小老鼠觉得要给他们创造学法语的环境。小杰西和保罗都能说法语，保罗说得最好，无可挑剔。老杰西可不费那事，他只用英语。

他忙于股市，无暇顾及其他。

第十二章
利弗莫尔"资金管理"原则诞生

> "原则一是别输钱,
> 原则二是
> 别忘了原则一!"
> ——沃伦·巴菲特,被问及投资原则时如是说

一天下午,在棕榈滩布拉德利的海滩俱乐部,利弗莫尔坐在赌博室桌子边,和沃尔特·克莱斯勒、联合水果总裁埃德·凯莱和T·科勒曼·杜邦特玩大赌注桥牌。中途休息了一下,去吃龙虾午餐,这是布拉德利这里的特色。

佛罗里达的龙虾与缅因的不同,不是一般的龙虾,更像是超级小龙虾。正是布拉德利把这种虾引到了美国富人的盘子里,龙虾沙拉很有名,大片的虾肉放在绿叶上,再抹上芥末,这是主厨最值得称道的秘制。他们都点了一样的菜,还点了两瓶葡萄罗杰香槟。沙拉之前先上了绿色甲鱼汤——俱乐部的另一道特色,1美元一杯,那时候可是很高的价了。

"听说去年这些龙虾的事了吗?"克莱斯勒问。

"什么事?"埃德·凯莱问。

"布拉德利非常喜欢吃,他发话说要买下巴哈马这一季的全部产

量。他还不知道总共会有12万只龙虾。巴哈马人被布拉德利的命令逼急了，出动全部人马去抓，快把龙虾的老窝翻个底朝天。他们接到了一个名叫布拉德利的美国疯子的死命令，他一定要全买下来。"

克莱斯勒打住了，看着盛在大银盘里的绿色甲鱼汤被端了上来。

"结果呢？"杜邦特问。

"结果等布拉德利意识到他犯了一个大错，他无论如何还是要继续买。你知道他是个多么守承诺的人，虽然他对到底要怎么处理那些龙虾还一点主意都没有。"

"可别告诉我他卖给了弗拉格勒，运到纽约去大赚了一笔。"利弗莫尔说。

"没有，去年的飓风席卷了巴哈马，根本没办法打鱼，所以他免了一劫。"

"好运气！"埃德·凯莱笑着说，"庙门就是朝他家开的。"

众人都笑了起来。

"就像你，JL，你最近的这次小麦买卖。我早就听说了华尔街有关你的传闻，跟我们说说，也好让大家午饭时放松一下。"

"也没什么，我就是觉得美国的小麦需求被低估了，价格马上就要上涨。我就等着我所谓的中枢点出现，然后就入市，买了500万蒲式耳小麦，大约700万元。

"买了之后我就密切关注市场，价格下跌了，市场无力，但一直没能跌过我买的价格。然后一天早上市场开始上涨，几天后上涨巩固之后，形成另一个中枢点，在附近盘亘了一会，然后有一天就冲了上去，交易量巨大。

"这是个好信号，我又买了500万蒲式耳，这时价格越来越高。对我可是好消息，因为这明显表示市场的最小阻力轨迹升高了。

"第二次买那500万蒲式耳时非常难，我对此感到高兴，我原先决定1000万的持仓量就完成了，于是我就在一边关注市场，市场进入了大牛市，稳步涨了几个月。

第十二章　利弗莫尔"资金管理"原则诞生

"小麦价格比我的平均价格高出25分时，我套现了。这可是个愚蠢的错误。"这时沙拉上来了，第二瓶香槟也打开了。利弗莫尔停了下来。

沃尔特·克莱斯勒说："JL，都能赚250万了，还能是什么样的愚蠢错误？"

"因为，沃尔特，我坐在那眼睁睁看着小麦在3天之内就涨了20分。"

"我还是不明白。"克莱斯勒说。

"我怎么能害怕呢？卖出小麦根本没有坚实的理由，我只是想抓牢利润。"

"依我看，还是一笔不错的好买卖。恐怕我还是没完全明白，JL。"埃德·凯莱接着说。

"好吧，我再说明白点。你记得那个老笑话吗？一个家伙去赌马，压了每日翻番，结果赢了；然后就把赢的钱押到第三场比赛，又赢了；他就这样接着赌了其他的比赛，都赢了；最后到了第八场也就是最后一场比赛，他把赢来的几百万元都押了出去，赌了一匹马，结果那匹马输了。"

"听过。"克莱斯勒点头说。

"后来，他走出赛马场，遇到一个老伙计问他'今天怎么样？'"

"'还不坏，'他笑着说，'输了两块钱。'"大家都喷笑出声。

"这个故事不错，JL，但这和小麦的事到底有什么联系？"克莱斯勒问。

"很简单，我实际上怕的是把赢来的钱、我的利润再丢了。我那么做就是因为害怕，急着要把纸面利润变成钞票，卖光小麦别无他因，纯粹是因为害怕丢了赢来的利润。"

"害怕又有什么不对呢？"杜邦特问。

"那你又怎么做了，JL？"凯莱问。

"唉，我把小麦利润入账后，就意识到自己犯了大错。我没勇气玩到底，没等到卖出信号——真正确定的卖出信号。"

"然后呢……"

"我又入市了，比我卖出时的价格平均高出25分。接着价格又涨了30分，然后危险信号出现了，一个真正强烈的危险信号。我在接近2.06美元高点时清盘。一周后，价格跌到1.77美元。"

"这么说，你可比我有胆量多了，JL，在我看来这都有点贪了。"

"那是因为你卖的是水果，埃德。你知道如何分析水果市场的方法，就类似我知道如何分析股市和商品市场的方法。我第一次卖出小麦的时候，小麦期货市场根本没有一点走软的意思。"

"第二次我卖小麦的情况就不同了，我能明确看出弱市信号，显示了见顶的线索、暗示、证据。纸带总是能给投机老手大量的警告时间，提醒他注意。"

"JL，我很喜欢你的故事，但有时候我还是觉得，你可能也和布拉德利一样，庙门也朝你家开。"

"好吧，沃尔特，有点好运气没什么坏处。"利弗莫尔停下来扫了众人一眼，"我敢说，我们所有人都有过一两次好运气。"

众人都心领神会笑了起来。

· · · · · ·

资金管理是三个谜题——时机、资金管理和情绪控制中最让利弗莫尔着迷的一个。他在资金管理方面有五个主要原则。几年后他给儿子说明的整个交易理论中，资金管理占了一大部分内容。

一天他把两个儿子叫到"永久"的书房，他坐在大桌子后面，两个孩子坐在他面前。他欠欠身，从口袋里拿出一把现金，从中抽出10张1元的纸币，又同样的抽了一次，然后把两摞钱折起来，交给儿子一人一沓。

孩子们手里拿着钱坐着看他。"儿子们，要一直把钱折起来放在左口袋。好了,照我说的做,钱是你们的了。"

孩子们照做,把钱折起放在了左口袋。"你们要明白,小偷找的总是钱包,经常在后面的口袋找,或者他们会从你身后走上来,找你的前右口袋,因为大多数人都是右撇子。现在你们明白了吗,儿子?"他问。

孩子们点头。

他继续说,"好了,这就是为什么要让你把钱折起来放在左口袋。你看,如果小偷要摸你的左口袋,他就接近了你的要害,你就会察觉。"

孩子们彼此看了一眼。

他们的父亲继续说:"千万别丢了钱,儿子,这是关键。接近要害放着,别让任何人接近。"

利弗莫尔资金管理原则一:

"别输钱——别输了本金,别丢了你的额度。投机商没了钱,就像是店主没了货。钱就是你的库存、你的生命线、你最好的朋友。没钱你就出局了,别丢了额度。

"按照一个价格满仓是错误和危险的。你应该先决定想要买多少股。打个比方,你最终想买1000股,就应该这样做:

"实验阶段先买200股,如果价格上升,再买200股,现在还是测试。如果还在涨,就再买200股,然后看看市场反应,如果继续上涨或者整理之后还上涨,这下你就可以放开胆,一次性买400股。

"还要留意每次跟进买入的价格肯定越来越高,这一点很重要。卖空当然也适用同样的原则,唯一区别就是价格越来越低。

"根本原因很简单:在最后买够1000股的过程中,每次交易都必须表明投机商赢利了。每次赢利就是鲜明的证据,不可辩驳地说明你的根本判断是正确的,你需要的就是这个,别无其他。但反过来如果你亏了,你就立即知道你的判断是错误的。

"道行尚浅的投资商,最难克服的就是加仓的价格越来越高。什么原因？因为谁都想捞便宜货——就是这样。心思别用在和事实争高下、奢望、和纸带辨是非上，纸带永远是正确的。投机就不能心存侥幸、胡思乱想、提心吊胆、贪得无厌、意气用事。纸带说的即是真理，但人们在理解的时候往往失之毫厘。

"最后一点，也可以不按照我的比例买股票。比如，你可以第一次买30%，第二次30%，最后一次40%，这就完全由个人决定，只要你认为效果最好就行，我在这儿只是简单说一下我最得心应手的方法。核心原则就是别一次就建好仓，要等到你的判断得到确认之后——每一次购买的价格都要更高。大多数交易商的本能反应与此相反。

"牢牢记住在交易之前就要确定自己的总仓位。"

利弗莫尔资金管理原则二：

"你应该确定总买股量、所有情况下的投资组合比例、通常情况下上涨的价格目标。同样，**你也应该对何时卖股有一个明确的目标，如果股市运动与你的估计相反，一定要记着止损。**

"而且一定要遵守自己的原则，不能无动于衷坐等，自欺欺人！我的基本原则就是从来都把损失控制在本金的10%以内。

"如果股市运动与预期相反，就应该明确何时卖出，一定要按原则来！别让损失超过投入额的10%，要把损失补回来那可是事倍功半的辛苦。

"这是我从投机店学来的——那里只用交10%的保证金，如果损失超过10%，投机店就自然把我赶出来了。10%的损失原则是我最重要的资金管理原则，也是一个关键的"确定时机"原则。

"记住：在交易前必须确定牢固的止损点，切勿承担超过投资额10%的损失！

"如果输了50%，必须得赢100%才能补回来！"

利弗莫尔10%损失表

初始资金	最大损失	剩余	损失百分比	回本百分比
1000美元	80美元	920美元	8.0	8.7
	100美元	900美元	10.0	11.1
	200美元	800美元	20.0	25.0
	300美元	700美元	30.0	42.8
	400美元	600美元	40.0	66.6
	500美元	500美元	50.0	100.0

"我还学到了一点,如果你的经纪人打电话告诉你,因为股票跌了,你的保证金不够了,得再交点钱,就直接告诉他清仓。如果50元买的股票现在跌到45元,千万别为了拉低平均买入价格再买一些。股价没有按照预计运行,这足以说明你的判断错了!赶紧认亏退出吧。

"记住,别回应要求增加保证金的电话,别连续买低。

"我有很多次都是损失还不到10%就清仓了,就是因为一开始就买错了。我的'直觉'时常对我悄悄说'JL,这只股票有点毛病,是个三棍子打不出一个屁的笨蛋,或者就是不正常',于是我就会一下子全部清仓。

"可能这是'本能'发挥了功效,精炼了我以前目睹几千遍的内容,发送了潜意识信号,在我的记忆里存下来这些一直重复的模式,我也就不自觉地记下来。不管它是什么,我这几年众多的市场经验告诉我,要相信这些本能。

"我绝对相信价格运动模式是不断重复的,一再重复出现,只有稍微的改变,原因就在于推动股市运动的是人性,而人性是永远不变的。

"我多次观察到,人们常常是被动地成了投资者。他们买了股票,但股票下跌了,但还不想卖掉接受损失,宁可守着股票希望反弹最后再涨上来,10%原则之所以重要原因就在这里。千万别当一个被动的投资人,赶紧认亏退出!这说起来容易做起来难。"

杰西·利弗莫尔疯狂的一生
THE AMAZING LIFE OF JESSE LIVERMORE

利弗莫尔资金管理原则三：

"成功的投机商一定总在手里留着现金，就好像一个善用兵的将军，为良好战机专门储备着军队，然后信心百倍地采取行动，让守备部队做出最后一击，夺取胜利。之前，他静观其变，坐等时机完全成熟。

"股市的机会源源不断，无穷无尽。万一错失良机，就再等等。别着急，下一个好机会就快到了。别去追失去的机会，死活不放这笔交易。如果是好交易，那你希望的所有条件都会出现。

"记住，没必要一直待在股市里。"

利弗莫尔把相同的原则运用到纸牌消遣中。金罗美牌、扑克以及桥牌，这些都是人性在操纵的游戏。"一直参与其中"的愿望好似投机商最大的敌人之一，甚至最终会带来灾难，利弗莫尔早年就有几次这样的教训。

"投资股市时，总有些时候得让你的钱歇歇，拿着钱在一边等等，等着开赛时间的到来，这不亏什么钱，时间就是时间，钱就是钱。

"现在一动不动的钱，日后会在合适的条件、合适的时间出动，打一场速决战，大捞一把。获得成功的秘诀是耐心、耐心、耐心，不是速度。如果运用得当，时间是聪明投机商最好的朋友。

"记住，聪明的投机商总是有耐心，而且手里总留着现金。"

利弗莫尔资金管理原则四：

"只要股市按预期运行，就别急着套利。先要知道你的基本判断是正确的，否则你根本无利可赚。如果大面上没什么负面因素，那就随股票涨！可能涨得获利巨大，只要基本面和股市的行动没有什么让你担心的，就让它涨，要有勇气相信自己的判断。别动摇！

"如果交易获利，我从来不紧张。我可能在一只股票上买了几十万股，但还安心睡我的觉。为什么？因为我已经赚钱了。我仅仅是'用了上涨带来的钱，是股市的钱'，而且即使我输了所有的利润，输的那些钱本来也不是我的，仅此而已。

"当然，相反的情况也没错。如果我买了股票，但股票未按预期运行,我就立即卖掉,不能坐视不管,反倒要死活弄明白股市为什么没按预计运行。现在的现实是股市"正"这样运行,这个证据足以让有经验的投机商退出。

赚钱了可让人省心,但亏损了可一点也不省心。

"千万别把随股票上涨跟'买了就攥着不放'混为一谈。我从来没有、也不会瞎买一只股持有。我们怎么会知道那么长时间后的情况?事情是变化的:生活在变,关系在变,身体状况在变,季节在变,孩子在变,爱人在变,促使买股的基本条件怎么就不该变呢?仅仅因为公司不错、行业发展强劲、经济整体状况良好,就盲目地购买和持有,在我看来无异于在股市自寻死路。

"坚守领跑者,除非有明确原因得脱手,就随股票涨。"

利弗莫尔资金管理原则五:

"我建议把赢利的50%存起来,如果赢利100%就更应该这么做。把钱单独放一边,存到银行,作为储备金,或锁在安全的存款箱里。

"就像在赌场赢了钱,时不时要从赌桌上下来,去把赢的筹码换成钱,这错不了。最好的时机莫过于在股市狠'赚'了一笔。现金就是枪膛里的子弹,手里一直要有现金。

"我金融生涯中最大的一个遗憾,就是没对这条原则给予足够的重视。"

• • • • •

利弗莫尔同意他的赌徒朋友埃德·布拉德利说的,"时机"和"资金管理"之后就是"情绪"了。知道做什么是一码事,有毅力真正付诸实践则完全是另一码事,这在股市上则是百试不爽。生活上也是如此。还有谁能比杰西·利弗莫尔更清楚个中滋味?他向儿子解释说:

"我想能有遵守原则的纪律性至关重要。没有具体、明确和历经百战的原则,投机商根本没有一点成功的可靠机会。为什么这么说?因为

杰西·利弗莫尔疯狂的一生
THE AMAZING LIFE OF JESSE LIVERMORE

没有计划的投机商,就像没有战略、也不会有可行的作战计划的将军。没有一个明确计划的投机商,只能根据'股市的脸色'行动和反应,再行动,再反应,直到最后血本无归。

"我总结出来,在市场交易带一些艺术色彩,市场交易不仅仅是理性。如果纯靠理性就能成事,那早就有人想出来了。所以我相信每个投机商必须分析自己的情绪,要明白自己能承受压力的水平。投机商各有不同,每个人的心理都是独一无二的,每个人的个性也是独有的。在投机前,先了解自己的情绪极限,无论谁问我怎样成为成功的投机商,我都送上这条建议。如果你因为仓位夜不成眠,那你的操作就过头了;这时,就减仓,晚上要能睡得着。

"此外,我认为只要聪明、严谨、还愿意付出必要的时间,就能在华尔街有一番作为。只要能认识到股市就跟其他的生意一样,就有很大的机会发达。

"我相信,股市所有的重大运动,都是一些无法抵抗的力量发挥了作用,成功的投机商只要知道这些足矣,只要留意这些运动并随机应变就行了。要把全球事件和时事与股市运动对应起来,难度非同一般,但这也没错,因为股市先于全球事件而动。股市并不是听从或反映当下情况,而是根据还未发生的、未来的情况运行。市场的运行往往与显而易见的常识和全球事件反其道而行之,好像自有打算,大多数时候故意愚弄大多数人,最终,市场那么运行的原因会自动浮出水面。

"所以说,傻瓜才去想根据经济时事新闻和时事预测市场运动。时事包括:收购经理人报告、付款报表、消费者价格指数和失业数据,甚至还有战争传闻,这些因素已经反映到市场了。这并不是说我不关注或不知道这些事,我都知道。实际上,只要能拿到的报纸,我统统都看,一个也不放过。我对全球事件、政治事件、经济事件了如指掌。但我不能用这些事实来'预测'市场。市场运行之后,专家们就会拿着显微镜长篇大论地仔细分析如此运动的道理;尘埃落定之后,历史学家最后会把诸如经济的、政治的、国际上的事件一一拿出来,为市场为什么那么

第十二章 利弗莫尔"资金管理"原则诞生

运动找理由。但等到这时候，再想赚钱可就为时已晚了。

"想要找出市场运动的'原因'，常常会引起人极大的情绪波动。简单的事实是市场总比经济新闻先行一步，并不是根据经济新闻做出反应。公司发布了亮眼的收入报告，但股价还是继续跌，为什么？因为市场已经消化了收入数字。

"深究经济新闻的一个问题，就是它们可能会给你一些'暗示'，这些暗示可能不知不觉危害你对股市的正确态度。

"有一次，在和老朋友联合水果的总裁埃德·凯莱打高尔夫时，我向他做了证明。那次，我们两人还有沃尔特·克莱斯勒在我家后面的普莱西德湖球场打球。我们是周末去的。每个洞赌100到200元不等。

"埃德·凯莱打得更好，偶有失手。一天，在打第15洞时，我对他说，'埃德，你现在是我们这伙儿里打得最好的，有没有想过打到17洞球道上左边的那块大石头？'

"他回答，'我为什么要想，JL？我从没打到那儿附近过，倒是你总是打个正着，没错吧？'

"'没错，我的确打过几次，但是我觉得今天该你了，埃德。'

"'别说大话了，JL'他一下笑了。

"'说真的，埃德，想象一下，你的球打中石头了，然后飞到湖里。'

"'不可能，那我可不得像你一样了。'他说。

"我们接着打了一个洞，都没提那块大石头。我们准备打第17洞时，我说'你知道，我的灵感可是很出名的，埃德，我有感觉、有直觉，你今天会打到那块石头。不如我们来打个赌。'

"'JL，别这么白扔钱，不管赚起来多容易。你想赌多少，100？'他说。

"'不，埃德，赌300，不仅打着石头还要落到湖里。'

"'你输定了，JL。'他说。

"有可能，你可别忘了别打石头。"我笑了，退了下来。埃德把球放好,全力一挥。球飞起来,画出一道彩虹,然后直直落在石头上,又像个脱了线的撞球一样飞了起来,一下就进了湖里。

"埃德大声惨叫,'JL,你这个混蛋!你教唆的,我这辈子还没靠近过那块该死的石头呢!'

"'错了,埃德,不是我。'我回答,'是暗示的力量,潜意识的力量促使你这么做了,我知道你生意做得不错,埃德,但是如果你想进股市就要考虑一下了。市场上暗示的力量无时不在,无声无息地慢慢渗透。相信我,埃德,我太清楚了。我已经破产的够多了,对吧。'

"'JL,我不知道该说什么。'

"'埃德,那就谢谢我今天给你的便宜奉献就行了。'

"'别操闲心了,JL,我就没想过炒股,我才不想谢谢你的便宜奉献,整整300大元呢。'我们开怀大笑。"

· · · · ·

"我一直没弄明白,怎么就有人认为在股市赚钱只是举手之劳。我们都有自己的生意,我从来不会问埃德·凯莱水果生意的秘诀是什么,也不会问沃尔特汽车生意的秘诀,从来没想过。所以我也无法理解有人怎么会问我:'我怎么能在股市很快赚到钱?'

"我总是笑笑,在心里说:'我怎么可能知道你如何在股市赚钱?'对这个问题我总是避而不谈。这就像是问我'怎么在脑外科手术上很快赚钱?'或'怎么通过保护暗杀目标赚几个快钱?'根据经验,我觉得即使是试着回答这些问题,也会影响人的情绪。因为你不得不坚持一个观点,然后证明你的想法正确,而这些想法可能明天就变了,全看市场的情况如何。

"但是我心知肚明,我不是唯一一个知道股市是全球最大金矿的人,它就在曼哈顿岛的脚下,每天开门迎客,邀请所有人、任何人去一探深浅,再带着满车的金条离开,只要有这个本事。我自己就是其中之

第十二章 利弗莫尔"资金管理"原则诞生

一。金矿就在那儿,我相信每天都有人来碰运气。闭市铃声响起时,有人从乞丐摇身一变成为王子,有人从王子晋升为超级富豪,抑或沦落为穷光蛋。无论如何,金矿就在那里待客上门。

"我认为,毫无节制的情绪是投机商实实在在的死敌。希望、恐惧和贪婪永远存在,稳坐在我们的神经末梢,在一边虎视眈眈,伺机跳出来控制我们的行动,主导我们的交易。

"这就是我从来不用'牛市'或'熊市'这种字眼儿的原因之一。我的字典里没有这种词,因为我相信这些词汇能使投机者对股市具体方向产生一种情绪定势,让交易人形成固定看法。而且投机商有很大机会盲目追随那种趋势或方向,而且持续的时间还超长,即使情况变化了,也视而不见。

"我发现,完全确定的趋势不会延长时间。如果有人问我意见,我会说市场目前处于'上行趋势'或'下行趋势'或'整理阶段'。我还会根据市场情况说'市场运动轨迹线现在升高了或降低了。'我能说的就这么多。

"这样我就能根据市场行动灵活改变看法。我努力不再'预测'或'估计'市场,我只是根据市场行为对市场做出'反应'。

"我坚信总有线索告诉你下一步会怎么运动。线索就隐藏在市场行为中,市场真实的行为是什么,此时此刻的行为是什么,而不是预计将来的行为是什么。从某方面说,你必须像个侦探,用获知的事实解决迷局,但也要像个侦探一样,寻找事实的证据,有可能的话还要确认一下,这需要冷静的分析,不带任何感情色彩的分析。

"我从没担心过市场到底朝哪个方向运动,像我这样的投机商不多。我只要跟随'阻力最小轨迹线'就行了,对我来说,只是一个'市场游戏'罢了,市场的方向并不重要。实际上,我被称为'华尔街大空头'的原因之一,就是很少有投机商能有勇气坚持自己的看法,在市场下跌时还参与其中。

"市场突然急速下跌时,他们全都害怕了。市场一旦上涨,他们就

杰西·利弗莫尔疯狂的一生
THE AMAZING LIFE OF JESSE LIVERMORE

都充满希望。如果盼着股票上涨，就不愿意卖出；如果担心股票下跌，往往会迅速抛出。这就是为什么下跌会引发更快、更突然的市场行为，因此，如果持看空观点，就必须能应付更快、更突然的市场模式和情况。

"我认为，股票无所谓好坏，只有'赚钱的股票'。因此交易方向无所谓好坏，不管是卖空还是买空，只有'赚钱'的交易方式。我发觉，卖空与人的本性相悖，人性根本上是乐观的。我想卖空的投机商不到5%。毫无疑问，卖空的风险巨大，因为潜在的损害无法估计，要想卖空，必须对情绪有很强的控制力。

"但是我很早就注意到，股市上升的时间大约占1/3，整理时间占1/3，下行时间占1/3。因此，如果只在上涨时交易，那么就有2/3的时间无事可干，只是在一边等待、希望、猜测。我不是一个想等待、希望或猜测的人，无论结果好坏，我想投身其中，赢的时候要比输的时候多。

"我很清楚，投机股市的有几百万人，但只有极少数人能全心全意投入在投机的艺术里。而在我看来，投机是一项全职工作，可能不只是一份工作，可能就是一种使命，很多人受到召唤，但很少有人脱颖而出，获得成功。

"投机商至今遇到的最难对付的情绪斗争，就是和小道消息的斗争。我搬到第五大道的主要原因就是这个，要远离所有想给我'万无一失'和'内幕消息'来帮我的人。警惕所有的'内幕消息'和'小道消息'。

"各种各样的人都有小道消息。有一次我从一位美国大型公司的主席那里听到了小道消息。在大颈的家举办晚会时，他告诉了我。

"'一切可好？'我问他。

"'很不错。我们扭转了公司的局面，并非原来那样的麻烦缠身了，现在看起来要一帆风顺了。实际上，我们的季度收入一周后就出来，数字会非常漂亮。'

第十二章 利弗莫尔"资金管理"原则诞生

我喜欢这个人,也相信他,于是第二天我买了1000股来测试。公司收入确实如这位首席说的,股票也涨势喜人。收入也一连3个月不断增加,股价稳步上升。看着股票一涨再涨,我觉得安全了,心情也放松了。接着涨势就停了,开始急速下挫,一泻千里。

"我给主席打了电话,问:'这次股价下跌让我很不安,到底怎么了?'

"他回答:'我知道股价跌了,JL。但我们认为,这只是自然调整,仅此而已。毕竟我们已经很难得地稳步涨了快一年了。'

"'业务怎么样?'我问。

"'嗯,销售量降了一点,恐怕消息漏出去了。看起来是那些"空头"听到了风声,开始打压股票。我们觉得股票被大量卖空,受到打压袭击。我们下次反弹时把他们赶出局,让他们吃点苦头,怎么样,JL?'

"'你们自己没卖吧?'我问。

"'绝对没有!我要存钱,还有什么地方比我自己的公司更安全?'

"呃,千真万确,我后来才发现,'内部人'一风闻业务不振,就赶紧趁着股市强劲抛售。坏消息只有他们才知道,随即就全部抛出,市场能消化多少就抛多少。

"我从来不大发脾气,要怪就怪自己又笨又贪。我知道所有的主要管理人,基本上都是大唱赞歌的。他们必须保持乐观,宣传的只能是好消息,从不会告诉股东或竞争者公司真实情况没有看起来那么'漂亮'。实际上,听着他们谎话连篇,我总是禁不住想笑。这些虚报、这些谎言只是一种自我保护,是首席执行官的核心工作,无论他势力大小。

"但我感兴趣的是我的自我保护,不是所投资公司高级管理人或股东的。因此一段时间后,损失了不少钱,我再也不问内部人业务的状况了。

杰西·利弗莫尔疯狂的一生
THE AMAZING LIFE OF JESSE LIVERMORE

"为什么浪费时间听那些半真半假的消息、半遮半掩的说明、虚虚实实的计划,以及厚颜无耻的一派胡言,我只要看着股票运动就行了,来龙去脉,股票行为说,得一清二楚,真相就在纸带上,随便任何人、所有人怎么看。

"我建议对股市有兴趣的,人随身带上记事本,记录感兴趣的市场基本信息,有可能的话开发自己的股票交易策略。我一直建议他们首先在小本上写下:

"警惕内幕消息,所有内幕消息!

"投机成功只有一条路——辛勤工作,不懈地努力工作。如果随便都能赚到钱,没人会想着给我——这一点我心里清楚。我的满足感一直来自于战胜市场,解决难题。钱就是奖品,但这不是我热爱市场的主要原因。股市是人类发明的最大的、最复杂的难题,并会回报给你最丰厚的彩头。

"永远牢记:你能在赛马中获胜,但你无法战无不胜;你能在一只股票上获胜,但你无法一直打败华尔街——谁也办不到。

"有人总在说我的直觉。特别是经过联合太平洋的事和旧金山地震之后,但我从来没觉得我的直觉有那么独特。身经百战的投机商的直觉,与一个像我父亲那样的农民的直觉没有一点不同。说实话,我认为农民是市场最大的赌徒:每年都种庄稼,要去赌小麦、玉米、棉花、或大豆的价格,选择种正确的庄稼,还要和气候、虫害、庄稼难以预测的需求量赌一赌,还有比这个投机性更强的吗?这些原则同样适用所有的生意。因此不管种小麦或玉米、养牛、或制造汽车或自行车,经过20年、30年、40年的实践,人自然而然就有了对生意的第六感、直觉、经验得来的预感。我觉得自己没有什么不同。

"我唯一一个与大多数投机商不同的地方就是,如果我觉得我真的正确了、完全正确了、彻彻底底正确了,我就会义无反顾,坚持到底,我就是这样度过了1929年的市场崩溃。当时我每只股票都卖空了100万股,1美元的涨跌对我来说,就意味着100万的得失。即使在那个时候,我最大的交易中，我担心的根本就不是钱，而是这个游戏本身，解决谜题、击败这个困惑和挫败了人类历史上最伟大人物的游戏。依我看，激情、利润、狂喜都来自击败游戏。对在华尔街投机的所有男人和女人来说，这个游戏就是一个活蹦乱跳、生机勃勃的谜题、一个谜语。

"可能就像战士之于斗争，是精神高潮，是本能，你的全部感觉都调动到极限。

"我跟儿子说，要致力于自己擅长的生意，我就擅长投机。这几年我从华尔街赚了'好几百万'，投资到了佛罗里达的地产、飞机公司、石油钻井和根据新发明生产的新'奇迹'产品，结果一败涂地，哀鸿遍野，赔进了投资的每一分钱。

"切记，没有纪律、明确的策略、精确的计划，投机商会掉进情绪的所有陷阱，从一只股票跳到另一只股票。亏损股持有的时间太长，盈利股抛出得太早，只是因为害怕丢了到手的利润。贪婪、恐惧、急躁和希望会轮番上阵，争着控制投机商的情绪，然后，经历了失败和惨败，投机商会变得士气低落、郁郁寡欢、意志消沉，进而可能放弃市场和市场提供的获利机会。

"开发自己对付市场的策略、纪律和方法。我作为过来人提出来我的建议。可能我是个引路人，避免你跌入我曾经受困的一些陷阱。

"但是，最后的决定还得由你来做。"

第十三章
利弗莫尔痛失所爱
——离婚、孤独、绝望，厄运不断

"战场上，胜利无可替代。"

——道格拉斯·麦克阿瑟将军

一个星期一的晚上，利弗莫尔依旧在家玩他的大赌注桥牌，一块玩的还是那3个人：沃尔特·克莱斯勒、阿尔弗雷德·斯隆和伊利·卡博特森。书房紧闭的门被敲响了。

"进来。"利弗莫尔说。

管家走了进来，身后还牵了一头奶牛，脖子上系了一个大大的蓝色蝴蝶结。管家把牛带进房间，桃乐茜跟了进来，说："希望没打扰你们。"

"不，亲爱的，当然没有，你趁我们玩着桥牌时候，带一头活蹦乱跳的奶牛进来，怎么能算是打扰呢？"利弗莫尔回答。

"好吧，JL。我可不是没事找事。你们现在该喝咖啡休息一下了，而且你总是嫌奶油不新鲜，特别是你早上6点钟一个人吃的早餐更不新鲜，我想着这头奶牛应该能解决你的问题。"

几个人哄堂大笑。管家上了咖啡就和桃乐茜离开了，奶牛却留了下来。他们的注意力又回到了手里的桥牌继续玩，谁也没理那头四处打量的牛，最后沃尔特·克莱斯勒不得不说："JL，你最好还是把那头笨牛拉出去，免得它在你20 000元的波斯地毯上干点什么。"

几个人又哈哈大笑，利弗莫尔只好起身把那头牛牵出去，大叫着桃乐茜和管家过来。

桃乐茜是利弗莫尔的绝配，是利弗莫尔另一半个性的写照，他心里也清楚。她真情流露，他克制保守；她直言不讳，他深不可测；他们彼此都能从对方那里得到补充、完善，两个人对此也心照不宣。

从1920年到1930年，是利弗莫尔事业和家庭都春风得意的好时光。

· · · · · ·

到20世纪30年代时，他依然满怀憧憬，但却遇到了越来越严重的个人问题。桃乐茜酗酒成性，两人争吵不断。孩子们不是在学校，就是在露营，被从父母身边隔离开来，有了疏离。

小杰西相貌出众、热情洋溢，快长大成人了，但也开始出现问题。他在学校不如意，夏天回了家就和父母对着干。

老杰西·利弗莫尔离不开美女，歌舞女郎是他的软肋。他本人又代表了权势、金钱和神秘莫测，这种光辉形象让女人对他像飞蛾扑火，歌舞女郎和女演员招手即来，他和她们约会、出游、纵情享乐，然后通常就抛到脑后，开始下一段关系。

但是他的这些暧昧情事不断吹到小桃耳朵里，她深恶痛绝——18岁与他结婚，除了他，对别的男人一无所知，她困惑不解、暗自悲伤。他是她一生挚爱，但现在却觉得他离自己越来越远。

所有这些都以一种报应的方式了断了：小桃遇到了仪表非凡的J·沃尔特·朗普，自己也有了情事。朗科普是个税收代理人，稽查专家，他的秘密工作在1927年的纽约小有名气，而且相貌可与电影明星相媲美，有点像加里·库珀年轻时的模样。

朗科普是一个税收代理人组织的成员。他们有一副"大学生"的

第十三章 利弗莫尔痛失所爱——离婚、孤独、绝望，厄运不断

模样，是一群急欲寻欢作乐的大学生。他们袭击了得克萨斯四处招摇的得克萨斯·桂南，她20多岁，声名远扬，纽约最大的一家"非法酒店"就是她开的。朗科普对人说过，他的秘密组织花了7000元，在里面有吃有喝，挖取重要证据，然后他就主导了对得克萨斯·桂南那"300俱乐部"的著名突袭。之后的审判被炒得沸沸扬扬，朗科普作为证人出庭，但得克萨斯·桂南无罪释放，她在高层有很多朋友。

小桃最后提出离婚，并和新情人代理人沃尔特·朗科普在内华达的里诺找了个临时住所。1932年9月16日星期五，她以遗弃为由和著名的金融家离婚。自1918年12月2日起，他们结婚14年，小桃保留了孩子的监护权。

法官托马斯·F·莫兰审判。为了使离婚有效，杰西·利弗莫尔本人必须出庭，并且确认他于1931年7月15日遗弃了妻子，他边陈述，边看着小桃，她长大了，但依然美丽。莫兰法官判决离婚。

几分钟后，利弗莫尔和小桃并肩离开了法庭，谁也没说一句话。她最后看了他一眼，他们面对面站在法庭的门廊上，无言以对，利弗莫尔摇摇头离去。

小桃立即向站在角落里的沃尔特·朗科普走去，挽起他的胳膊回到法庭，她和法官莫兰相视一笑，法官开始主持她的结婚仪式。她后来告诉儿子，自己也就单身了20分钟。

这让利弗莫尔想起了他1918年12月2日与内蒂·乔丹第一次在里诺离婚、第二天12月3日和小桃结婚的情景，历史何其相似。

利弗莫尔这次离婚，也采用了第一次离婚的财产分配办法，给了小桃想要的一切：房子、珠宝、为她设立的100万信托基金、两个孩子，还有他亲自挑选的100万股票投资组合。

利弗莫尔一直认为，他能赚得更多，只要有一笔够多的本金就可以了，那为什么不给"女人"想要的呢。

她刚同朗科普结婚，第一件事就是卖了利弗莫尔亲手挑选的100万股票组合，买了铁路债券。她很生气，气极了，更加沉迷于酒杯中。后

杰西·利弗莫尔疯狂的一生
THE AMAZING LIFE OF JESSE LIVERMORE

来"安全"的铁路债券变得一文不值,而他给她选的股票到20世纪50年代涨到了5000多万。可她不在乎,就是想祸害他的钱,而他却从来没真正离开她的生活,在余生里至少每隔一天就把他挂在嘴上。

利弗莫尔离开里诺回到纽约。他沉寂的像块石头,陷入阴暗沮丧的深渊,他一生都没有远离过这片阴云,现在则是被完全笼罩了。

离婚不久,他就遇到了内布拉斯加奥马哈的哈里特·梅茨·诺贝尔,经亚历山大·P·摩尔介绍,他在纽约顶层的家里举办鸡尾酒会上认识了她。两人彼此吸引,即刻开始晚上一同出行,特别是一起去鹳鸟俱乐部,利弗莫尔在这里很有威望,而且是店主谢尔曼·比林斯勒的好朋友。后者熟知纽约20世纪30年代的社会需求,鹳鸟俱乐部就是这样一个地方,哪儿都有。

一天晚上,哈里特和利弗莫尔在那儿喝酒,时间不早了,乔吉·杰西走了进来。他聪明非凡,对举办各种仪式非常精通,总能做出出人意料之举。这天晚上,他带了一个高挑、美貌绝伦的黑人女伴,比他至少还高1英尺。鹳鸟俱乐部有一条不成文的规定——"黑人不得入内"。乔吉·杰西知道这条规矩,他找到领班想要一张桌子,领班立即去找谢尔曼·比林斯勒问他怎么办。

比林斯勒起身走到杰西和女伴面前。

屋里鸦雀无声,只听比林斯勒说:"乔治你定位了吗?领班说你没定。"

吉赛尔伸手揽过女伴,说:"我在这儿定位了,谢尔曼。老早就让一个重要人物定了。"

"那敢问是谁呢,乔吉?"比林斯勒问。

"亚伯拉罕·林肯呀,他给我定了位。"

众人哄堂大笑。利弗莫尔站起来走到杰西面前,他认识吉赛尔,邀请他去参加过在大颈家里的晚会。

"嗨,乔吉,"利弗莫尔说,"我桌子那儿有地方,你和女伴一起来吧,我们一起。"

第十三章 利弗莫尔痛失所爱——离婚、孤独、绝望，厄运不断

"我很愿意，JL。我一直很高兴能和绅士为伴。"他们走到桌前，屋里这才恢复正常。

第二天，谢尔曼·比林斯勒打电话给利弗莫尔，感谢他前一晚为自己解围。

哈里特·梅茨·诺贝尔是个富家女，她家拥有奥马哈的梅茨酒庄。她曾是很有声望的演唱家和纽约的名媛。约会6个月后，他们决定结婚。

1933年3月28日，利弗莫尔和38岁的哈里特·梅茨·诺贝尔在伊力诺依的日内瓦结婚，没有蜜月。哈里特·梅茨·诺贝尔在与利弗莫尔结婚前有过四次婚姻。

四任丈夫全都自杀了。

这对新人立即搬到了横贯中央公园的第五大道上雪梨荷兰酒店的套房。新家占了一整层，非常漂亮，有会客和用餐区，一个书房，两间大卧室。

1933年5月30日，国会通过了新的《证券交易法》。1934年，证券交易委员会成立，约瑟夫·肯尼迪任主席，委员会的制度由约翰·F·肯尼迪的父亲——约瑟夫·P·肯尼迪起草，罗斯福总统让他起草出经得起时间考验的制度。

据报道，总统面带微笑对肯尼迪说："乔，股市里能赚钱的事你好像无所不精，我敢肯定你就是制定制度的最佳人选。"作为奖励，乔·肯尼迪后来被任命为驻英大使，这个职位可是非常显赫的。肯尼迪是安德鲁·卡内基的追随者，这位钢铁橡胶巨头说过："钱总是在第二代手里光宗耀祖。"肯尼迪要从第一代做起，他让好几个儿子都去竞选总统，也有很多罪孽要去赎。

这些新规定改变了市场的局面：现在股票发行人要按照规定运作。政府的目的是尽力保护投资者。市场的性格一时有了变化，但人性一点也没变。利弗莫尔研究了新规定，拿不定主意自己是否也要根据新规调整一下自己的原则和策略。过了一会儿，他就笑了："即将颁布的新规

没什么实质变化。"

桃乐茜·利弗莫尔现在是桃乐茜·朗科普发过誓,离婚之后再也不回"永久"那栋漂亮的房子,她不知道拿它怎么办,那里的回忆让她痛苦不堪。但她还是回去过,在那小住一刻。她养了几只小狗,但却不想带出去在大院子遛,看着它们在昂贵的波斯地毯大小便也无动于衷,等到地毯一塌糊涂、臭不可闻了,就卷起来一扔了事。

别墅一间房子的地基下陷了3英寸,斜向了水边。一天,桃乐茜和管家走进房间,把古董家具的腿锯了点儿来保持平衡,这其中就包括价值10万美元的路易十四世的大桌子,和其他类似价值的家具。

最后她挑了一些家具、地毯、艺术品和纪念品搬到了纽约的公寓。

她不想缴税的时候,就给JL写信,让他去缴税,而他置之不理。有人告诉她,如果不缴税,房子和家具就会被拍卖。

"那又怎么样?房子和家具随他们买,我才不管呢,想起它们就让我难受。"

房子里有美国最好的一套古董家具,利弗莫尔曾花了数百万才收集到。除去家具,光房地产在1932年就估值135万,其中仅仅布置一项,利弗莫尔就花了不止15万。银器估计10万,玉器装饰30.9万,刺绣屏风1万,还有小桃定制的劳斯莱斯2.2万。

1933年6月22日,拍卖落锤,房子和地产卖了16.8万,刺绣屏风800元,纽约的古根汉姆夫人买了小桃的敞篷劳斯莱斯,所有的门上还用金子镶了"DL"两个字母,卖价4750元。房产和所有家具的拍卖总价是25万。这个数字说明了主人的心灰意冷。

第二天一早,利弗莫尔来到办公室,在报纸上看到了拍卖的消息,他深深叹了口气,合起报纸扔进垃圾筐。他一动不动地坐着,毫无生气,呆呆地看着书写板和上面的秘密符号,这些一度是交响乐的乐曲,只对他奏出优美的音乐,今天看来却是一片涂鸦。

他看向窗外,纽约正在慢慢苏醒,他的视线模糊了。他又深深叹了口气,这时门开了,哈里·埃德加·达西和第一个来的"书写员"走了

第十三章 利弗莫尔痛失所爱——离婚、孤独、绝望，厄运不断

进来，他们向老板点头问好。书写员默默地穿上羊绒夹克，戴上耳机，爬到梯子上去写伦敦和巴黎市场的数据，这两个地方的时间早于纽约时间。利弗莫尔转开头，又看到了垃圾筐的报纸。

不管怎样，他还有儿子，两个英俊的儿子。

大颈的房子被拍卖不久，一天，桃乐茜让朋友开着她16汽缸的淡灰色凯迪拉克，出了纽约家的大门。朋友叫卢西斯，值得信任，听从驱使。

她带着野餐筐和几瓶威士忌跳进后座。

"卢西斯，我想去圣巴巴拉。"

"在哪？"卢西斯问。

"加州。"

"什么时候去，夫人？"

"现在就去，卢西斯，我们出发吧。"

"为什么去那儿？"他问。

"因为我能想到离混蛋杰西·利弗莫尔最远的地方就是那，我要让儿子离他和他的情妇远点。"

利弗莫尔夫妇为孩子的监护权进行了激烈的争夺，杰西觉得桃乐茜酒瘾太大，而桃乐茜则认为他对女人的放纵态度会影响孩子健康成长。

"我明白。"卢西斯说。他对两人之间的隔阂很了解，于是启动汽车出发了。

"卢西斯，我还听一个朋友说加州的大人物都在那儿消遣。"她又解释说。

卢西斯一直开到圣巴巴拉。而桃乐茜一路屁股都没抬一下，把车顶放到最低，在后座上吃午餐喝酒，让卢西斯一个人边找路边开车。到达了圣巴巴，拉她立即去找房地产代理商，租一个最大的家具齐全的房子。房子在蒙特斯托，是一栋奇怪的粉红色灰泥大别墅。

这件事对利弗莫尔来说更是坏消息。他通过私家侦探得知，"波士顿大棒"要报复，他认为自己判刑太重，而且他曾抢劫过的利弗莫尔和

杰西·利弗莫尔疯狂的一生
THE AMAZING LIFE OF JESSE LIVERMORE

其他有权势的人收买了法官，跟法官说："把那个'波士顿大棒'关一辈子，以儆效尤！我们不能让'这样'的人总以为能冲到我们家抢劫、威胁我们。"

利弗莫尔从没和法官说过什么。但是，他不敢保证其他成为波士顿大棒受害人的"有钱"人没说。

1933年9月23日，发生了一件看似无关的事情。停在距离加州海岸长滩3英里的一艘赌博船"乔汉娜·史密斯"号上，发生了一起谋杀案，出了名的暴徒比尔·道森和波士顿大棒的狱友、刚出狱的罪犯詹姆士·沃尔什发生了激烈的争吵，争吵的结果是，詹姆士·沃尔什掏出手枪打死道森。警察在盥洗室人枪具获，当时还有几个目击证人。

威尔士向警方供认，他们两个人正在争论绑架杰西·利弗莫尔和加州石油巨商E·L·多希尼用什么办法最好，吵得势同水火，结果就动了枪。

这个消息吓倒了利弗莫尔，他这辈子都不想碰到这种事。

1933年10月27日，奈达·克拉斯诺娃向纽约最高法院提起民事诉讼，起诉杰西·利弗莫尔违约，要求赔偿25万元。她是一位演员，美艳动人，和利弗莫尔保持了很长时间的情人关系。

这件官司让毫不知情的新婚妻子哈里特很不安。她生性善妒、控制欲很强。新婚丈夫和另一个女人有染的事情破坏了婚姻的和谐，两人几乎每天都会为"和奈达的破事"唇枪舌剑。哈里特让他发誓每个整点的时候要给她打电话，不管他在哪，在干什么。"他破坏了在她那里的信任度！她也不知道能不能原谅他！"

利弗莫尔生活里不顺心的事又多了一件。更大的问题可能是利弗莫尔已经有了新生活，为什么还需要情妇？和桃乐茜结婚的时候，为什么需要其他的女人？他的生活到底少了什么？

而且，利弗莫尔知道他的交易技巧在渐渐消失。他的注意力、精力和纪律性越来越差，他对市场的热情也在消退，可他不知道原因。是因为和桃乐茜离婚？还是没时常见到"儿子"？抑或新婚妻子影响了他？

第十三章　利弗莫尔痛失所爱——离婚、孤独、绝望，厄运不断

1929年在崩盘中获得的成功，让他对市场失去了兴趣？他不知道怎么面对成功了？1907年一无所有的时候又来了？这种黑暗、绝望和空虚到底从哪来的？为什么总找上门？就没有能让他真正高兴、让他安宁、让他真正满足的事了吗？

1933年12月19日，杰西·利弗莫尔陷入了一生最压抑的情绪中，他下午3点离开了公园街1100号的公寓，但并没有回家。哈里特给警察打电话："他一般每小时都给我电话，整点的时候。我担心他出事了。"

12月20日凌晨2:32一封秘密电报发了出去，电文简洁，除了利弗莫尔外貌的简单描述和56岁的年龄外，其他只字未提。后来有人向警方汇报，利弗莫尔应该当天下午与朋友在沃尔多夫·阿斯特瑞碰面，但他并未赴约。在外守候的司机告诉警察：利弗莫尔告诉他不用车了，自己拦了一辆出租车走了。

消息很快在华尔街的大街小巷传开了。联邦的、州里的和市里的警察都被找来调查这件事，他们分析了所有的可能性：得了健忘症、自杀了、被绑架了。他们肯定如果被绑架了，他们随时就会收到勒索信，被绑架的可能连联邦调查局都惊动了。

利弗莫尔的律师詹姆士·奥格南对媒体说，"我自己也在做调查，我确信利弗莫尔先生24小时内就会回来。"

星期三晚上6:15，在离开26小时后，利弗莫尔从89大街的私人大门回到了公寓。媒体记者堵在大门口，利弗莫尔径直走了过去，一句话也没说，直接进了公寓。几个探员正在里面和哈里特·利弗莫尔谈话。他脸色苍白、浑身无力、摇摇欲坠，坐下来对他们交代。

"我刚看了报纸，才知道你们在找我。"他说。

"你去哪儿了？"哈里特问，"我都急疯了，一直担心你，还以为你可能被绑架了。"

"没有，我就在酒店。"

"哪家酒店？"探长路易斯·汉姆斯问。

"费城酒店。"利弗莫尔回答，把酒店钥匙交给妻子，妻子又交给

杰西·利弗莫尔疯狂的一生
THE AMAZING LIFE OF JESSE LIVERMORE

警察。

"你是怎么去的?"探长问。

"乘出租车。"

"到底怎么了?"哈里特口气很生硬。

"我也不知道,昨天离开的时候就晕晕的,今天下午醒来头脑也昏昏沉沉、不知道怎么回事,然后才看到门缝塞进来的报纸,马上就回来了。"

"那是健忘症吗?"探员问。

"不知道,不记得了。"

后来,探长海厄姆斯对媒体表示,他毫不清楚贵体有恙的杰西·利弗莫尔到底怎么了,才会一走了之,"利弗莫尔说他不知道我们在找他,等他一发现就赶回家了。"

警方找到了出租车司机艾比·卡马里克并询问了他。司机告诉警方,利弗莫尔一上车胃就不舒服,在后座吐得一塌糊涂,一直出汗,手抖个不停,最后给了他"一大笔钱"清理"污物"。

警方深入调查去了费城酒店,发现利弗莫尔待在J·L·罗德的套房,他是酒店的常客,常年留着房间。警方还想找J·L·罗德,但一无所获,随即就此事,反正现在利弗莫尔已经没事了。

如果警方继续调查,他们就会发现J·L·罗德是个假名字,是利弗莫尔用来租房的,已经租了好几年。还没和桃乐茜离婚的时候,他就在这家酒店演绎风流韵事,包括和那个长得像嘉宝的美女奈达·克拉斯诺娃,这段关系持续了很长时间。

利弗莫尔的神采消失了,个性也变了,甚至他的朋友都开始注意到"华尔街的大空头"没了锋芒,意志消沉,拒人万里,思路模糊、杂乱,对市场如饥似渴的兴趣消失殆尽。他把办公室搬到了百老汇120号,又把书写员全打发走了。

连几个老朋友他也不见了,包括埃德·赫特、沃尔特·克莱斯勒、埃德·凯莱、亚历山大·P·摩尔和威廉·杜兰。

第十三章 利弗莫尔痛失所爱——离婚、孤独、绝望，厄运不断

不再去都市俱乐部打酷爱的桥牌，更不用说扑克或双陆棋，甚至外貌也有了不同，仍然衣冠楚楚，但有点赶不上潮流。目光空洞，长时间发呆，让朋友困惑不已，好像看到了外太空，不管是不是还有人对他说话。

与儿子小杰西的关系也出现了严重问题。他早知道英俊、老成的儿子在大颈的时候就与女人有染，有些还是小桃的朋友，14岁的时候就开始了。

小杰西在乔特学校也不顺利，还讨厌母亲搬到圣巴巴拉住。"我能想到的就是这里离那个男人最远。"桃乐茜搬来后对朋友说。

小杰西喜欢纽约，与父亲很亲近。父亲也宠着他，不管他要什么，什么时候要，有求必应。小杰西喜欢父亲，反之亦然，杰西为了儿子无所不为，宠坏了他。小桃看得明白，千方百计不让杰西见儿子。

杰西的新婚夫人哈里特对此乐见其成，她讨厌那两个孩子，分散了杰西对她的关注。另一个儿子保罗，敏感、英俊，与淘气、狡猾、张扬的哥哥气质不同。保罗温和有礼、心平气和，在大庭院里自娱自乐，也能和哥哥在浪花酒店前的海滩上玩。他心灵手巧，善于修理或制作，像他祖父。

保罗知道小杰西集万千宠爱于一身，但他不嫉妒，自得其乐。

实际上，他有点怕哥哥，不知道他怎么能在父母之间耀武扬威，经常利用他们对彼此和对他的深厚感情对付他们，轻易操纵他们。小杰西14岁时发现了酒柜，随后沉迷其中。

利弗莫尔的生活每况愈下。他的经济状况迅速恶化，报纸上登出了对他不利的判决。第一篇报道出现在1934年1月10日的《纽约时报》上，披露他被判赔偿约翰·I·蒂尔尼13 130元，后者是纽约证券交易所的一员。另一篇出现在1934年2月2日，他被判赔偿本杰明·布洛克经纪公司90 840元，本·布洛克是利弗莫尔的朋友。利弗莫尔没有一点辩护的意思，官司很快结束，他都输了。

最后到了1934年5月5日，利弗莫尔所剩无几，到联邦法院申请破

产。他的律师萨缪尔·吉尔曼做了声明:"我的当事人在前三次官司中败诉,最后给债权人全额付清了赔偿金。我向大家保证,利弗莫尔先生会度过这次困境重新站起来。"众说纷纭的奈达·克拉斯诺娃"违约"索赔也在这次破产中解决了。无人知晓的是,利弗莫尔通过朋友亚历山大·P·摩尔私下给了她5000元,让她在加州安了家。

他采纳律师的建议,向妻子哈里特借了10万元,由他的100万信托基金担保。他铁了心要建这么一个基金,不能动这个老本,这笔钱免遭破产之难。

1934年3月7日,杰西·利弗莫尔破产,在芝加哥交易委员会的席位自动中止。

他没告诉过任何人五年前在1929年崩盘时赢得的那么一大笔财富到底去哪了,现在一分不剩。

利弗莫尔压抑、消沉,茫然无措,濒临爆发。1934年12月1日,他登上了意大利游轮莱克斯号,就此次离开对媒体的解释是"这是对我和妻子姗姗来迟的结婚礼物,我想研究一下欧洲商品市场,为回归打好基础。"

"您觉得您这次还会回归吗,利弗莫尔先生?"一个记者问。

"我已经回归过好几次,但这次可能花的时间长点,世界市场的情况恶化了。"他回答。其实他的意思是,他东山再起的等待时间会更长,关键是他情绪不平衡了,他不知道这次到底会不会回来。

"那你会做哪些交易?"有人问。

"我想会是小麦或其他商品。"

· · · · ·

利弗莫尔的谣言和掌故经久不衰。他就好像媒体和华尔街大众的兴奋剂。"黑猫"掌故是由一个华尔街股票经纪人传出来的,他声称知道利弗莫尔怎么发觉1929年崩盘的,说利弗莫尔发现了一只有魔力的猫,并把它带回家,命运随之改变,立即在股市上大获全胜。那只猫每次有

第十三章　利弗莫尔痛失所爱——离婚、孤独、绝望，厄运不断

小猫的时候都会叫利弗莫尔，他就在市场反向操作，把买空改成卖空，或者相反。

"那该死的猫给利弗莫尔带来了好运，"经纪人说，"但一年前的一天，猫死了，这下可要了利弗莫尔的命，所以他破产了，没钱了！"

利弗莫尔一直背着着华尔街"大空头"的恶名，指责他是造成"1929年崩盘"的祸首之一，让他哭笑不得。他认为任何个人或组织都不能改变股市的大方向，甚至不能长时间地打压一只股票，但人们还是指责他，有时在大庭广众之下对他大喊大叫。

他知道决定性的因素是公司的销售和利润情况，公司的经济表现，即使股票历经起伏。

"赚钱的公司会一直涨。"利弗莫尔告诉听得进去的人。

在不专业的广大股民看来，股市上总是有那些众所周知、神出鬼没的"他们"："他们"今天打击了美国钢铁；"他们"这一周都在支持通用汽车，一再推高股价；"他们"全力出击打压标准石油；"他们"知道这一波市场结束了，正在抛股票；"他们"是由混蛋杰西·利弗莫尔和他的狐朋狗友领头的。

公众相信有这么一个俱乐部，以一个势力很强的人或组织为首，能任意在股市呼风唤雨，其中就包括：詹姆士·基宁、百万赌徒盖茨、伯纳德·巴鲁克、威廉·杜兰、杰西·利弗莫尔、亚瑟·卡顿以及费舍尔兄弟。这些人和利弗莫尔一样，把股市玩弄于股掌之间，所以这几个少数人，一直是股市的"吸金石"。

公众还对价格运动持坚定态度——促进股市上涨的就是"正面"影响，迫使股市下跌的就是"负面"影响。

这样认为的前提是，股价上涨总是好消息。股价一上涨，经纪人、客户、公司高管和投资大众都高兴了，都赚钱了。但是任何与股票下跌或赢利降低有关的人都是恶魔，是没有爱国心的表现。

在利弗莫尔看来，这种对待市场下跌的态度荒唐至极，根本就没有注意市场的现状，只认为的确有一个"他们"——一群超级交易商、超

级投机商、超级金融家,能够打压一只股票、甚至整个市场,直至将其消灭。

利弗莫尔说:"公众相信这一群精英人物可以把股价打压到低于其'真实'价值、根本价值,然后错误地认为,没有其他的超级交易商、超级投机商、超级金融家组织会发现股票受到严重打压、卖价低于其'真实价值'、其'本身根本价值',现在成了'超值货',还误以为聪明的投机商看不上,不会在低价时买入。"

还有人坚信,如果股市的"熊派"被拔掉爪子,永远关起来,市场就会只在一个方向上运动——向上、向上、再向上。

谁也没法证明卖空对股市有什么损害。实际上,许多投机商都十分肯定地认为,大量卖空,实际上积蓄了大量的买空力量,因为人们将来就得把所有卖空股票买回来平仓。

还有一种理论认为,大多数投资者在大多数情况下对一只股票或整个市场走势的预测都是错的,因此如果一只股票遭受的冷遇超过了一定程度,就有一些"反其道而行之"的投机商认为这是一个确定的信号,表明该买空了。

利弗莫尔总是自己琢磨。他认为,股市就是为了欺骗大多数人的,还是在大多数时候。当然谁也不能一直看准股市或一只股票的方向,倘若如此,此人便是世界首富了。

利弗莫尔相信自由市场,政府最好少干预。他说:"在自由市场,价格会波动!从不涨无止境,也不跌跌不休,这样就很好。"

但是,所有这些也挡不住有人给利弗莫尔戴上卖空的帽子,指责他造成了崩盘,他准备好了欧洲之旅,需要恢复心灵的宁静。

他对即将降临的个人惨剧一无所知。

第十四章
齐格飞歌舞女郎桃乐茜枪击儿子小杰西·利弗莫尔

> "他想起了可怜的朱利安,
> 和对他们的神驰摇曳,
> 还有他讲过的故事开头:
> '大富翁跟你我不同'
> 的确,他们更有钱。"
> ——厄尔斯特·海明威 《乞力马扎罗的雪》

1935年11月29日感恩节,时间很晚了,桃乐茜和小杰西都喝醉了。

看起来20岁的小杰西实际只有16岁,高高地站在客厅里,目空一切,摇摇晃晃,迷迷糊糊从酒醉中醒来。他穿着灰褐色的运动裤,白衬衫,像个运动员,白色的网球运动衫随意搭在肩上。

桃乐茜双眼迷离,醉倒在沙发上。

桃乐茜·利弗莫尔在圣巴巴拉租来的粉红色灰泥别墅里刚举办了一场感恩晚会。自从大颈的房子被拍卖后,她就搬到了这里。她在8月份和稽查专员吉姆·朗科普离婚了,现在和D·B·内维尔打得火热,后者也和朗科普一样英俊迷人,对她的钱垂涎三尺。她的一些"同伴"厚颜无耻地暗自掠夺她的财产。

杰西·利弗莫尔疯狂的一生
THE AMAZING LIFE OF JESSE LIVERMORE

小杰西和保罗因为过节都回了家,马上就要返校。保罗要去康涅狄格州西北的霍切奇斯学校,这是一家管理严格、纪律苛刻的学校;而小杰西则要去新学校——少数人才有资格上的拉古娜·比安卡,已经注册过了,但他不想去。他离开了乔特学校,那里几乎强迫每个学生都必须有自己的马,上马球课要用。几年来,父母都告诉他骑马要坐直,他都置之不理,因此父母认为他积习难改,上马球课让他痛苦不堪。

小杰西不想回学校,而是告诉母亲要去欧洲好好玩玩。晚会后,他开着16汽缸的克莱斯勒出去了。这辆车的两个排气管为了避过消声器,装上了排气阀,只要是小杰西开车经过,排气阀轰轰作响,声音响彻整个圣巴巴拉安静的街区,绝对不会有谁不知道是他。他开车又快又老练,无论是喝醉了还是清醒着。他父亲让好朋友沃尔特·克莱斯勒买了这辆样品跑车,并给他运到了加州——他的乖儿子要什么都不过分。

感恩晚会后,小杰西开车出去看一个女孩,然后一同去了比尔特莫酒吧喝一杯。小杰西丢下女孩,雷霆万钧地回到家里,酩酊大醉。这时已经过了午夜,他走进家时,母亲正在客厅和她的男性朋友D·B·内维尔喝酒。

儿子看到她和同伴在客厅里,走了进来。

"你喝酒了。"她说。

"你也喝醉了,妈妈,所以就别管我喝酒。"

小杰西走到吧台,拿起一整瓶威士忌,"我让你看看什么是男人,真正的男人能喝过任何女人。"桃乐茜从沙发上跳了起来,夺过他手里的瓶子:"我儿子就是死了,我也不想他是喝死的。"

小杰西二话不说就蹿了出去,到了旁边的小客房,然后手里晃着枪进来了,还把枪托交到母亲手里说,"拿好了,开枪吧,我看你敢不敢!"

D·B·内维尔赶紧从沙发上跳起来阻止,把枪从桃乐茜手里夺过来,又立即跑开去把枪藏起来。这时小杰西飞快上楼闯进弟弟的卧室。

保罗惊醒了,看着哥哥,"怎么了?"他问。

第十四章　齐格飞歌舞女郎桃乐茜枪击儿子小杰西·利弗莫尔

"你妈想杀我。"

"为什么？"

"别问了，你的步枪呢？"

"在橱柜里。"

"子弹呢？"

"再右边就是，22颗长子弹。"保罗说着，看着哥哥的一举一动，只见他轻而易举地装了一颗子弹，扣上保险栓，这是一把手动单发步枪。家里每个人都是玩枪高手，对枪了如指掌。

小杰西出门前转过头来说，"去睡吧，保罗，我还有事要做。"

保罗不是第一次见到母亲和哥哥之间的醉酒闹剧。小杰西关了灯，保罗就躺回床上用被子捂着头。

小杰西拿着枪蹿下了圆形楼梯。

母亲在楼梯角站着，抬头看着儿子，他转过枪，把枪托塞到母亲手里，她对枪也很精通，枪托一搭在前臂上，手指自然就扣上了扳机。

"现在抓住机会，妈妈，杀了我！你没胆扣扳机吗？"看着她的手还在扳机上，他猛一下把枪管拉过来对着自己，枪响了，子弹射进了他的胸部，离心脏只有2.54厘米，穿过肺部卡在了脊椎附近。他从楼梯上栽倒，滚了下来，血流到了地板上。D·B·内维尔放好枪走了进来，看见小杰西跌倒在楼梯角。

桃乐茜惊声尖叫，不绝于耳，"啊，天哪，我杀了我儿子，我杀了我儿子，我杀了我儿子，啊，天哪！天哪！天哪！"

保罗听到枪声跳下床，跑下楼梯，就看见哥哥趴在地上，周围一大摊血。他跑去找睡在客房的"卢西斯"，把他叫醒带到客厅。卢西斯立即叫来了内维尔·厄舍医生，医生很快到了，来的还有警察局副局长杰克·罗斯。他们到的时候，桃乐茜还在尖叫"我杀了我儿子。"

救护车比医生和副局长早到一步，很快把小杰西送到了乡村医院。被送上救护车时，他微微喘着气对护理人喃喃说："我没事，没关系，别怪我妈。"

杰西·利弗莫尔疯狂的一生
THE AMAZING LIFE OF JESSE LIVERMORE

到了医院,他的酒还没醒,疼痛难忍,医生就给他注射了大剂量吗啡来止痛。失去知觉前,他告诉警方:"这是个意外,我没别的可说。总之,现在太累也不能说什么。"然后就睡了过去。

杰西·利弗莫尔听到消息的时候,正和妻子哈里特·梅茨·利弗莫尔在密苏里的圣路易斯。他立即租了一架飞机去了洛杉矶。一辆雇来的福特辉腾专车在机场接了他直奔圣巴巴拉。到洛杉矶时,他咬牙切齿地对媒体表示:"如果儿子出了什么事,我会让她血债血偿!"

圣巴巴拉地区律师珀西·赫肯道夫和副局长杰克·罗斯审问了桃乐茜两个小时,但她迷迷糊糊,惊慌失措,意识一点也不清楚,只好把她带到医院的单独病房,注射了镇静剂让她睡会。她醒来之后随即被捕,被带到郡监狱进一步审问。

第二天医生宣称:"小杰西·利弗莫尔情况略有好转,但过几个小时才能知道他的根本状况如何。"

地区律师赫肯道夫以私人名义发表声明:"孩子的最终结果还不明朗,她会以意欲杀害的伤害罪被指控。"他没有明说的话是,如果小杰西死了,他们会指控她谋杀。

利弗莫尔一到,就直接去找医生,看儿子。他低头看着儿子,说"加把劲儿,儿子,一定要加把劲儿,我会陪着你,儿子。"

1935年12月2日,桃乐茜·利弗莫尔被传讯,罪名是用致命性武器蓄谋谋杀的伤害罪,谋杀对象是自己的儿子,而小杰西还没有从突发肺炎和惊吓中恢复。

她申辩无罪,下周一进行初次聆讯,保释金是9000美元。权威人士确信她还会和儿子团聚,即使她开枪打了他。

这个耸人听闻的消息借由所有的电报机构和所有的重要报纸传遍了全国。"小豪客"、"华尔街大空头"又成为焦点,但这次报道的却是一场悲剧,人间惨剧。

小杰西·利弗莫尔在圣巴巴拉市中心的EI迷拉索酒店住了下来。

桃乐茜被保释出来后,立即去了医院,恳求医生:"我想看看儿

第十四章 齐格飞歌舞女郎桃乐茜枪击儿子小杰西·利弗莫尔

子！我一定得看看他。"

但医生拒绝了。

"就看一眼！"她乞求。

"不行，一眼也不行，他不能受一点惊动。"医生回答。他们讨论后决定先不做手术，等他身体好点，再把子弹从脊椎附近拿出来。

报纸上掀起一阵狂潮。桃乐茜接到著名律师爱德华·J·赖利电话，要代理她的案子，他曾在林德伯格绑架案中给布鲁诺·豪普特曼做过辩护。但是最后担任辩护律师的是加州律师协会副主席哈里森·莱恩，费用由杰西·利弗莫尔支付，他曾给利弗莫尔代理了和桃乐茜的离婚案。

杰西·利弗莫尔被问及是否认为妻子意图杀害儿子时，莱恩当下指出："利弗莫尔先生雇了我，这明显表示利弗莫尔先生本人很关心前妻面临的指控，还主动为她的辩护施以援手，这就不言自明了。"

莱恩是加州能力非凡的律师，他说，已经和利弗莫尔先生策划好了如何为她辩护。"'空枪'辩护。我和利弗莫尔先生很清楚，开枪完全是意外，这个理由会证明利弗莫尔夫人并不是有意开枪，她根本就不知道、也不会想到枪里有子弹。"

接着，小杰西借医生对外公布："我还不想见父母，我只想躺在这儿，用大约一周的时间好好想想，我也不想见地区律师。"

地区律师也做出了回应："考虑到孩子的要求和医生的意见，我会同意推迟审讯。随后这几天我会收集枪杀的详细情况。"

杰西·利弗莫尔也没闲着，他派飞机从普莱西德湖村接来了枪伤专家约瑟夫·阿维侬。后来警方宣布桃乐茜可以过完圣诞节和新年再接受传讯，当天还最后宣布杰西·利弗莫尔提起诉讼要收回两个儿子的监护权，保罗临时回到了他身边。

1935年12月6日，媒体刊登了一篇关于枪击案的报道：

杰西·利弗莫尔疯狂的一生
THE AMAZING LIFE OF JESSE LIVERMORE

纽约时报
1935年12月6日

"16岁的小杰西·利弗莫尔受到的不仅是身体上的创伤。根据至今的报道很明显可以看出,父母之间的不幸和憎恨,让孩子成了受气筒,使他受到了严重的精神伤害。"

华尔街对枪击的各种报道看得津津有味。
12月16日形势恶化的消息出现在报纸上:

纽约时报
1935年12月16日

据称,小杰西·L·利弗莫尔的情况"愈见严重"。被他母亲因为争吵开了一枪造成的枪伤,经过一周缓慢稳步的恢复后,昨天孩子的情况恶化,在氧气室待了一天。医生研究了新拍的X射线图,化验了他下腹部受伤部位流出的体液。

直到1936年1月6日,小杰西才脱离危险。但医生或护理还必须每隔一天放出胸部的液体以防感染,这样一直持续了几个月。后来,小杰西告诉妻子帕特,医生和护士会拿着棉签走进他的房间,用杀菌剂除去伤口的腐肉,然后开始抽。每次他都一边疼得尖叫,一边怪母亲开了枪、怪父亲一辈子对他不理不睬,疼得他用吗啡都无济于事。

最后到了1936年3月5日,法官厄内斯特·瓦格纳宣布桃乐茜·朗科普·利弗莫尔无罪,也是这个瓦格纳法官,在1月的初次聆讯之后,下令指控桃乐茜蓄欲杀害的伤害罪。

小杰西证实,他会承担枪击的所有过错,都是因为他喝酒引发争吵

第十四章　齐格飞歌舞女郎桃乐茜枪击儿子小杰西·利弗莫尔

造成的。第一个到现场并全程参与小杰西康复的内维尔·厄舍医生作证说，利弗莫尔夫人喝醉了，不记得当时都说了什么。

特别问及她是否说过"我杀了我儿子！我杀了我儿子！"时，这位德高望重的医生回答不记得听她说过。

几个月后，在3月25日，卡在脊椎附近的子弹在纽约的研究生医院被取了出来，由医院的外科主任约翰·穆尔黑德主刀。

但疤痕再也消不了，而且他的脊椎稍稍有点弯曲，后来他一直尽力掩盖这一点。因为受伤，在第二次世界大战时，他也未能入伍。

杰西·利弗莫尔获得了两个儿子的永久监护权。

1935年，他搬到了第五大道的雪梨荷兰酒店，这家酒店名人专享、品位高雅，服务于世界上声名显赫的人。利弗莫尔住了顶层，套房很宽敞，点缀着利弗莫尔和妻子喜欢的物件。套房包括一个厨房、一个客厅、一个餐厅、一个小书房和两间卧室，有一间卧室给保罗·利弗莫尔偶尔回来的时候用。一个佣人兼厨师每天来，当然还有酒店的客房服务，对客人有求必应。

保罗·利弗莫尔不去寄宿学校或野营的时候，就跟父亲和哈里特住在一起。他讨厌住在这儿，把父亲的新婚妻子称为"恶婆娘"，一见到她就觉得郁闷、压抑。他能感觉到她厌恶自己和哥哥，只想独占父亲。

一天下午，他正在寄宿学校霍切奇斯踢足球，一个朋友过来对他说："保罗，车道上过来的是不是你妈？"朋友指了指黑色的劳斯莱斯。开来的正是他父亲的劳斯莱斯。桃乐茜经常借杰西的劳斯莱斯和司机载她来康涅狄格州翠湖天地的霍切奇斯看保罗。

保罗跑了过去，出乎意料，从车里出来的却是继母哈里特，他吓坏了，失声尖叫着跑过球场，飞快地进了宿舍。

父亲后来让他打电话给哈里特道歉，但这样并没有让他的恐惧消减半分。她对利弗莫尔的占有欲很强，坚持让保罗夏天去露营，免得整个暑假都和他们在一起。保罗一放假，总是带个校友回家，好把自己和她隔开，一个人在酒店时，也不必孤孤单单。

杰西·利弗莫尔疯狂的一生
THE AMAZING LIFE OF JESSE LIVERMORE

1936年7月31日,桃乐茜·利弗莫尔·朗科普到纽约法院告了杰西·利弗莫尔,想让杰西·利弗莫尔支付她小杰西受伤后的住院费,法官拒绝发传票,建议她想想其他的法律救济,然后就把她打发了。

利弗莫尔听说之后,吃惊之余也无可奈何。

小杰西完全康复后,父亲送他去了欧洲,了了他的心愿。

利弗莫尔闭门不出。

接下来就是和国内收入署的纠纷,他们给他寄了80万的税单。他同年和国内收入署协商解决了问题。

夏天,他准备出海钓鱼,于是租了远航到蒙托克角的深海渔船兰格尔号。刚到下午,他在稍稍靠近长岛暖流离蒙托克有点远的地方钓鱼,一条大剑鱼上钩了,他坐在椅子上,用只有承重约16.3千克的线和那条鱼斗了一个多小时。鱼游了很长时间,冲劲很大,又跳又叫,幸亏船长约翰·斯威汀驾驶技术高超,这场人鱼大战才势均力敌。

最后鱼还是被带到了船边,用了滑车索具才把它吊起来放到甲板上,鱼重220.5千克,至今还是在蒙托克附近用渔竿钓到的第二大剑鱼。

两年后,1937年11月14日,18岁的小杰西娶了"母鸡"布赖瑟的女儿伊芙琳·沙利文。布赖瑟几年来一直在推广职业拳击,还在巴尔的摩开了一家酒吧。伊芙琳·沙利文称自己20岁,但据报道,她四年前就结过婚。桃乐茜参加了婚礼,还帮他们领取了结婚证,观了礼。小杰西很高兴能摆脱哈里特的阴云,父亲的这位妻子严厉、阴沉。

老杰西·利弗莫尔并未在婚礼上露面,但买下了百事可乐在康涅狄格州的特许经营权送给他作为贺礼。

1938年到1939年,利弗莫尔意志愈加消沉。他人还在股市,但已经没有了旧日的工作劲头和激情,不像原来那样能够击败市场,把所有的力量都用在股市、谷物期货市场、整个市场上。

20世纪20年代的意气风发、乐趣、活着的纯粹乐趣没有了,这都是他自己亲手造成的,来自那些情事和死不悔改。桃乐茜是酗酒了,但恰

第十四章 齐格飞歌舞女郎桃乐茜枪击儿子小杰西·利弗莫尔

恰是那些情事、羞辱和遗弃才让一切雪上加霜。

为什么？为什么彼此之间要自相残杀？

桃乐茜是他性格的另一面。他压抑内敛、深思熟虑；她直爽豪放、随性天然，而且她那么迷人。随着时间的推移，他越来越想她。乐趣、欢乐、笑声，在他的生活里无影无踪。

他有生第一次开始噩梦不断。

1939年小杰西来看父亲，建议他写本书，讲讲他在股市和期货市场的经验和交易技巧。这个主意给父亲带来了一时的生气，有了一个任务、目标、目的，他即刻动手，这样或许可以重振他的精神。书写完之后在1940年3月出版，书名为《如何在股市交易》（即《股票大作手操盘术》）。

书卖得并不好。第二次世界大战在即，大家对股市的兴趣低迷。当时他的方法陌生、争议很大，股市大佬对其褒贬不一。

至今对他的方法也没有一致的看法。

利弗莫尔说，他的基本理论才刚刚开始，就像弗洛伊德和荣格对人类思维的研究一样。他说："我想人们会把我的这些想法提高到一个新的、更高的层次。别慌，我并不嫉妒，我实际上希望他们一切顺利。我认同维吉尔的话：让他们踩着我的身躯报仇雪恨。"

荣格在著作里这样描写自己的性格："我内向，直观，睿智，喜欢奇思妙想，总想到不同寻常的新观点，很少人能理解，不善于传情达意，非常注重隐私。"

他和利弗莫尔的性格可以说如出一辙。

第十五章
冷酷的收割机扬起邪恶的脸
死神三次敲门

"死神就是收割机，
镰刀锋利气焰狂。
一瞬削了谷物头，
连带花朵在其中。"

——朗费罗《收割机与鲜花》

1940年11月27日星期三，63岁的杰西·利弗莫尔和妻子哈里特——他昵称为"尼娜"正在他最喜爱的鹳鸟俱乐部，报社记者过来问能不能拍张照片。

"当然可以。"他说，"这也就是你照的最后一张照片了，明天我就走了，离开很长很长一段时间。"尼娜吓了一跳，问他："劳瑞，你说什么呢？"

"玩笑而已，亲爱的，只是个玩笑。"他笑着对她说。

闪光灯亮了，不时有几个人过来凑热闹，尼娜和几个朋友跳了几场舞。利弗莫尔抬起头，眼里是疏离、遥不可及的目光。他的餐一点都没动，老早就胃口不好了，他看起来消瘦、面色苍白、虚弱无力。

第二天11月28日中午，他离开第五大道745号斯奎布大厦的办公

杰西·利弗莫尔疯狂的一生
THE AMAZING LIFE OF JESSE LIVERMORE

室,来到雪梨荷兰酒店,半路上和经理·沃特打招呼。搬去花园大道之前,他就在这里住了好几年,经常在下班途中来喝杯鸡尾酒。

12:30分,他一个人坐着等吃午餐,这种情况并不少见。他和服务员都很熟,是酒店和餐厅受欢迎的"常客"。他坐在酒吧附近,还是吃"老规矩",调酒师见他进来就自动给他做了。吃午餐时他一句话不说,服务员觉得他心神不安,精神紧张。

吃午餐时,他拿出心爱的皮面小记事本,再拿出马甲链上系着的金笔写了点什么。他奋笔疾书,写了一两页,好像要说的话很多,但没时间来说,不时把记事本放回口袋。这个午餐过程中,他这样重复了好几次,期间一根雪茄接着一根雪茄地抽。下午2:30分,他离开酒店返回办公室。

下午4:30分,他回到酒店,直接去了酒吧边常去的桌子坐下来,照例喝了一直喝的酒。利弗莫尔向服务员笑笑,却没说话,他坐了一小时,又拿出笔记本写,然后放回去,期间还点了一杯酒。

他突然起身,走出酒吧去了大厅。

要去男洗手间就必须经过大厅,约走37米,穿过一扇扇活动门,进入宴会厅、衣帽间,再到洗手间。

5:33分,利弗莫尔穿过活动门,进了关着门的衣帽间,屋里光线昏暗。他在尽头的凳子上坐下,拿出点32口径的自动小手枪,把枪栓拉开,顶进一颗子弹,弹夹是满的,这把枪是1928年还住在"永久"的时候买的。他把枪口顶在右耳后,扣动了扳机,子弹打破了他的头部,立刻要了他的命。他享年63岁。

几分钟后,助理经理帕特里克·莫雷来进行一小时一次的巡视,他打开衣帽间的门,看见杰西·利弗莫尔瘫坐在椅子上,一开始觉得不能打扰他,说不定他在睡觉,但随即他就看到了地板上的一摊血,里面还躺着一把枪。

他立即跑到前台给警察打电话。消息不胫而走,记者和摄影师蜂拥到了酒店的大厅,两辆巡逻车迅速开到了大门口,四个巡警守在大厅和

第十五章 冷酷的收割机扬起邪恶的脸 死神三次敲门

门口。负责调查的监察员帕特里克·J·肯尼驾着一辆没有标识的车到了，随行的还有东65街警局的局长爱德华·马林斯。监察员肯尼迪鉴定现场之后，马上给花园大道的利弗莫尔公寓打电话，通知利弗莫尔夫人她丈夫开枪自杀了。

"什么？你胡说什么？他最近身体不好，可能……"

"我很抱歉，夫人，但恐怕您丈夫受枪伤已经过世。"

电话那头是死一般的沉寂，然后他听到重物倒在地板上的声音。监察员肯尼经验丰富，以前也有人听了他送的消息在电话那头晕倒的事，于是他派了一辆警车过去看看。

警察给小杰西·利弗莫尔打电话告诉了这个消息，他乘出租6:45分到了，浑身颤抖、显然很不安，陪他一起来的是利弗莫尔的经理哈里·埃德加·达西。利弗莫尔的尸体没人动过，小杰西被领到衣帽间，他走到尽头，看见父亲瘫倒在凳子上，无声无息，枪就在地上的一摊血里。他确认了父亲的尸体后，就精神崩溃，跌坐在地上，意识完全混乱，一个警员和埃德加·达西扶他站起来。

他不愿意离开，就等在大厅，9点时验尸官雷蒙德·O·迈尔斯才到，勘察完现场后，尸体才获准移动。验尸官承认并确定了警察的自杀判断。

埃德加·达西随即安排把尸体送到了麦迪逊大道和第81街的坎贝尔丧葬礼堂。

同一天晚上8:30，保罗·利弗莫尔还在霍切奇斯学校自己的宿舍学习。有人敲门，一个同学告诉他："保罗，校长让你去办公室。"

保罗顺着长长的走廊来到校长办公室，他敲门获准进去，站在校长面前。他17岁，身材消瘦，运动好，学习好，英俊得如同电影明星，就像他哥哥。他后来也真的当了演员，演过电影和很多电视连续剧。

"先生您找我？"他说。

"是，孩子，恐怕我得告诉你点事，只能直接告诉你。"他从桌后站起来，"很遗憾，我必须告诉你，你父亲今晚在纽约自杀了，开枪自

杰西·利弗莫尔疯狂的一生
THE AMAZING LIFE OF JESSE LIVERMORE

杀的。纽约那边派了司机和车，要带你去，车在外面等着呢。"

保罗站着一动不动，随即弯下腰，好像一个大力士在他的胃上猛击了一拳，接着他跪在地上，一阵眩晕，感觉胃里一阵恶心，他挣扎要抓住桌子边站起来。校长绕过桌子，扶他站好，又给他倒了杯冰水，短短几分钟后，就陪他去找车道上的别克车。司机弗兰克一身便装等在那里，他扶保罗坐进后座。

保罗·利弗莫尔一个人在后座上寂静无声，任由一路上的灯晃着他的眼。他精神麻木、头晕目眩、茫然不知所措，甚至忘了哭。

警方透露，利弗莫尔在私人记事本上手书了小小八页的"自杀留言"。媒体急欲了解内容，警方言简意赅地回答。

"在利弗莫尔先生的口袋里发现了皮面备忘录，是写给他妻子的。"警方发言人念到："心爱的尼娜：我无能为力，事情一直不顺，我挣扎累了，再也受不了了，这是唯一的出路。我不配拥有你的爱，我一败涂地。我真的很抱歉，但这是我唯一的出路。他在下面署名是'爱你的劳瑞'。我们认为这是他的昵称，从他的中间名劳里斯顿而来。"

警察接着就解释，这种失败、孤独和绝望的意思贯穿了整个记事本，用词几乎完全一样，翻来覆去地说，留言一点也不连贯，只是在重复，很明显写的时候情绪压力极大。

当晚10点过一点，别克车开到了花园大道1100号利弗莫尔公寓的大门和电梯前。弗兰克按了门铃。

"是你吗，弗兰克？"尼娜·利弗莫尔问。

"是我，夫人。"他说。

"你把保罗带来了？"

"是的，夫人。"

"好，让他进来。你就在那等我，我过会儿就下去。"她通过扬声器吩咐，开了门让他进来。

保罗进了屋，就看见"尼娜"穿的一身整齐，在公寓里忙前忙后。门边放了三个纸袋，装满了钱，用银行的包装纸包着。

第十五章　冷酷的收割机扬起邪恶的脸　死神三次敲门

见他进来，她停了下来，说"你好，保罗。"两只手里拿的都是钱。

"你好。"他说。

"保罗，来，坐到沙发上。"他照做了。"学校告诉你父亲的事了？""是的。""听我说，保罗，我刚和一个律师朋友说起了这事，才知道警察会像杀人案那样调查自杀。他们已经来了，有个穿制服的警官开了巡逻车来想看看我是不是有事，我担心他们会来搜查家里，有些事我没法说明白，你爸爸在家里放了很多钱，所以我今天晚上要出去。而且，我心神不安，但是我要想想明白，必须想明白。你懂吗？"

"当然。"

"那就好，我得快点，他们不一定什么时间就来了。我走得不远，就去一个酒店，但如果警察来了，你要告诉他们我去看朋友了，记住。弗兰克送我去酒店后我就让他回来陪你。"

"我没事，用不着弗兰克。"

"真的？"

"是的。"

"那好，我得走了。"

保罗就在那等着，看着她去打开客厅的保险箱，胳膊一扫，把首饰全都装进采购袋，然后又进了卧室，保罗能听见一扇扇衣柜门的开关声，听见她不断把首饰放进最后一个采购袋。走出来的时候，采购袋装了半袋首饰，她又把一件运动衫塞进去遮在上面。

"你看，保罗。我就用这些采购袋装，谁也想不到里面是什么。"她说，"我早上再来处理所有的事情。"

她穿上大衣，把其他装钱的购物袋全拎起来就要走，保罗送她到门口，看着她乘了私人电梯下去找司机。

后来他才估计出她大概拿了300万现金，那些首饰至少也有100万，属于他和哥哥的遗产，这件事再没有人提过。保罗当晚就一个人待在有12间屋子的公寓里。

229

杰西·利弗莫尔疯狂的一生
THE AMAZING LIFE OF JESSE LIVERMORE

第二天11月29日，保罗早上10点醒来的时候，哈里特已经回来了。

"早上好，"她对保罗说："我已经通知了小杰西、亚历山大·摩尔和牧师克洛斯兰中午去坎贝尔，我们都到那里见。"保罗只是看着她，呆呆地点点头。

他们从坎贝尔直接开车去了纽约哈茨代尔的费姆克里夫火葬场，走进一间陈设简陋的小房间。灵柩从灵车上搬了下来移进这间房，靠墙放着，墙上挂着齐墙高的黑缎窗帘。

牧师埃德加·克洛斯兰拿着圣经站着对灵柩简短说了几句，保罗和哥哥紧挨着，坐在灵柩边的铁椅上，对面就是哈里特·梅茨·利弗莫尔和亚历山大·P·摩尔。

牧师职责履行完毕后，助手拉开了齐墙高的黑色窗帘，火化铁门露了出来，门一打开，就能看到熊熊燃烧的火苗，还伴随着咝咝的声音。两个孩子惊恐万分，不知所措地看着对方。大家都站了起来，两个助手松开灵柩把手，把灵柩推上传送带，灵柩穿过铁门，就被咝咝作响的火苗吞噬了。

灵柩一碰到火苗，他们就听到"呜——"一声。灵柩全部进去后，铁门就被关起来插上。亚历山大·摩尔、小杰西和保罗一动不动地站着，如石化了一般，不言不语，茫然不解。不可一世的"华尔街孤狼"、"小豪客"就这样灰飞烟灭了。他在1940年11月28日开枪自杀，第二天中午就被火葬，在这世上无影无踪了，只有四个人悼念他的离去。

一小时后回到公园大道的公寓，哈里特对保罗说："给，保罗，拿着。"她递给他一张20元钱，他坐着没有反应。"你妈妈从布鲁克林打电话让你去看她，她想让你和她住，我觉得不错，保罗。"

"好。"他说。

"好了，事情解决了，弗兰克开着车在楼下等你。"

她送他到门口道别，他立即去布鲁克林找母亲桃乐茜。桃乐茜没受邀参加葬礼，其他任何人都没邀请。他奔向母亲的怀抱，一句话也说不出来，两个人抱头痛哭，这是他第一次流泪。

· · · · · ·

1941年2月1日，杰西·利弗莫尔的资产被处分，《纽约时报》做了报道，哈里特·梅茨·利弗莫尔是唯一的执行人。利弗莫尔的不动产价值10 000元，债务361 010元。报道对他的100万个人信托基金和哈里特从公园大道住所带走的钱只字未提。

保罗去霍切奇斯完成学业，然后在战期参加了空军，他精通法语，就负责给法国自由空军培训如何驾驶P-51野马式战斗机。退伍后他接到哈里特·梅茨·利弗莫尔的电话让他过去一趟，"有要事"。

他到了后，哈里特提出要把所有的财产留给他，只要他能和她住一起做个伴。"我孤苦伶仃。"她对他说。

保罗拒绝了，他不想就这样过一辈子。他去了好莱坞，参演了几部电影和电视连续剧。他后来去了夏威夷冲浪，还和玛格丽特·斯莉结婚，并有了两个孩子——查德和斯科特，最后还是和玛格丽特离婚了。

保罗在火奴鲁鲁拥有炭火夜总会和餐厅，在那里他遇到安·麦科马克并娶了她。她是一位漂亮有天赋的夜总会歌手，曾和弗朗西斯·阿尔贝、托尼·班奈特以及许多大牌同台表演。两人生活幸福。

而小杰西的生活则是另一番波诡云谲。

悲剧尚未落幕

帕特丽夏·施奈德·弗莱伯格是个高瘦的金发美女，纽约的社交名媛，而且受过高等教育，家里是俄亥俄州辛辛那提有名的房地产开发商。

朋友吉米·霍斯顿介绍她和小杰西·利弗莫尔认识时，就悄声告诫她："帕特，杰西·利弗莫尔可是纽约最出名的花花公子之一，拜托，你可别染上他！"

杰西·利弗莫尔疯狂的一生
THE AMAZING LIFE OF JESSE LIVERMORE

帕特丽夏只当耳旁风，转过身和杰西谈天说地，被他逗得乐不可支，在纽约最好的夜总会享受豪华浪漫的烛光晚餐；在最好的餐厅用餐；去全国各地游玩；出其不意的衣服和首饰层出不穷；用利弗莫尔的名字，依然能在广场酒店和谢尔曼·比林斯勒少数人专享的鹳鸟俱乐部这样的地方订到最好的位子。

他们的关系好像板上钉钉了，连帕特丽夏那条轻易不待见人的跛腿黑狮子狗赫福尔见到小杰西，都是飞奔下楼对他直撒欢。他很喜欢动物，对它们自有一套，他一直养狗，有时不止一条，最喜欢的是多伯曼短毛猎犬。

杰西和第一任妻子伊芙琳·沙利文分居了。他们有个儿子，叫杰西·利弗莫尔三世，出生于1941年12月7日，他却很少去看。

杰西曾拥有父亲送的在康涅狄格州的百事可乐特许经营权，最后为了免于破产只能卖掉，然后他说服查尔斯·雷夫森，做了他的销售经理。

杰西住在都市俱乐部，这是一家曼哈顿中心的高雅男士俱乐部。他父亲曾在这里无人不知。小杰西主要玩双陆棋和金罗美牌，整夜不休，边喝边赌，赌注不小。

他原来怎么活现在还怎么活，根本不在乎钱。他从没缺过钱，他相信他的钱取之不尽，用之不竭。他父亲还给了他最好的汽车，最好的衣服，以及随便花的钱，为他打开了这个国家的所有大门。有一次，小杰西把在乔特的成绩单给父亲看，他的语言构词学得很差。

"怎么回事，儿子，构词就这几分？"父亲问他。

"我总是记不住单词，爸爸，就是这个。"

"这没什么，儿子。你会有秘书的，由她来给你写。"

杰西和帕特丽夏在1965年3月完婚。为了和伊芙琳·沙利文离婚，他赔上了公园大道的公寓以及所有的现金和不动产，除了信托基金一无所有。基金由母亲管理，他和父亲一样叫她"小老鼠"。他的枪伤也没有安宁过，帕特丽夏从来就没弄清楚过他到底是真疼还是心理作用，他

第十五章 冷酷的收割机扬起邪恶的脸 死神三次敲门

时不时就嚷嚷胸口疼得厉害，脊椎因为枪伤还是有点弯。

两人搬进了东72大街214号的房子。桃乐茜和第四任丈夫威利·K·汤普森住在长岛的光明之水。汤普森是个不安定分子，直接与纽约的大匪帮头弗兰克·科斯特洛搅在一起。他们卖了长岛的房子，桃乐茜给帕特丽夏和小杰西打电话，问她和威利能不能住进去，夫妇两人同意了，搬进去不久，威利·K·汤普森犯心脏病去世。

结婚仅一年后，小杰西酗酒越来越重。他和母亲之间古怪的关系愈见紧张，母亲仍然控制着他的信托基金，觉得合适了才打发他一点。

杰西要钱之前——通常是在晚饭时，经常先装疼，抓着胸，愁眉苦脸，连声呻吟，毫无力气瘫在椅子上。小杰西坚信，母亲永远也忘不了曾经开枪打了他，因此无往而不利，总能拿到钱。捉襟见肘的时候，她常从为数尚为可观的首饰里挑几件给他去抵押，这些首饰至此不见踪迹。桃乐茜和杰西对彼此爱得也深、恨得也深，一拿到钱，小杰西就欣喜若狂地飞奔出门。

结婚第二年，小杰西有了别的女人。小杰西、桃乐茜和帕特丽夏大量借酒浇愁，也于事无补。他们在东72街的房子有四层，一楼是餐厅、客厅和厨房；二楼是一间书房带卧室；三楼和四楼各有两间卧室。

桃乐茜搬来后就住在了三楼，正对着楼下的书房；帕特丽夏和小杰西也住在三楼。四楼的一间卧室是常驻管家"威廉姆"住，另一间最后成了小杰西的风流场所。

小杰西的情事摆上台面后，情况愈加恶化，但他根本无意隐瞒，有一次还告诉帕特丽夏，"没结婚搞那些关系有什么意思！"小杰西对女人来者不拒：歌舞女郎、社交名媛、妓女、店员，后来他开始把女人带回家，就到四楼的卧室，那间卧室最后也成了他的固定卧室。

"他把女人拖回家，就像炫耀战利品的猫。"帕特丽夏对桃乐茜说。

一天晚上，小杰西带回来一个常客，他的最爱之一，是个英国妓女。上楼之前他还做了介绍。

他说:"这是我的英国朋友帕米拉,我们去楼上看看。"

他上楼的时候,母亲爆发了:"让我儿子遭报应吧!让我儿子遭报应吧!天啊。"然后就在客厅里痛哭失声。

事情最后演化到暴力,小杰西开始打帕特丽夏。一天晚上,他的暴打动静很大,甚至惊动邻居找了警察。警察上门后发现两人都喝醉了。

小杰西立即站起来对警察说:"我一直在喝酒,我只是为了阻止她袭击我才把她捆住。"

"夫人,您想指控吗?"警察问帕特丽夏。

"不,我只想去我姐姐家。"警察送她去了姐姐家。亲近的人都告诫她离开他,但她不能,她爱他,无论怎样都爱。

小杰西越来越怨恨母亲,恨她的愚蠢行径"败光"了他一大笔遗产,比如不交资产税、以十赔一卖掉首饰、把父亲亲自选的100万股票组合换成一钱不值的铁路债券,一言概之,对钱异想天开、一窍不通;恨她用他自己的信托基金那么打发他。他和弟弟的信托基金可靠严谨,每次小杰西要关闭基金拿回本金时,就受到母亲和摩根信托的严厉指责。摩根信托会严格按照法律的规定管理基金,而且一丝不苟地执行父亲通过律师写的条款。

他的酒量越来越大,暴力事件也越来越严重。帕特丽夏1967年戒了酒,她觉得这救了她的命。一天晚上,他回来的时候酒兴正高,发现帕特丽夏在浴缸里,就打了她,一个劲扇嘴巴,双手把她的头按在水里,差点淹死她。

他修补关系的时候,冷静的自责,忏悔的泪水……他的道歉堪称艺术,能有多冷酷无情他就有多善良迷人,帕特丽夏对他深沉的爱让她一次一次原谅他。

他循规蹈矩的时候,大家都能享受很多好时光。晚餐会、每天晚上一起在书房喝点鸡尾酒,总是笑声不断、精神愉悦、妙趣横生。

帕特丽夏用婆婆的昵称"小老鼠"称呼她,认为她是"世界上最有趣的女人,能操办任何晚会和社交聚会,让所有人眼前一亮,而最有意

第十五章 冷酷的收割机扬起邪恶的脸 死神三次敲门

思的是,自己都不知道她就是个笑料不断的开心果"。

一天晚上,帕特丽夏问小杰西,他父亲为什么会自杀。

"帕特,对我父亲来说,游戏结束了,他自己也知道。玩家变了,交易所的规则改变了游戏,时代也变了。"他停了一会儿,"但可能还不止这些,可能是他的精神崩溃了。就像一只狗,你知道击溃一只狗的精神,它就完了,事情可能就是这样。他有一次告诉我,他只有在违背自己规则的时候,才会输钱。

"我想他没法准确无误地交易了,这是最让他头疼的。他丢了自己的模式,头脑不清。他和妈妈离婚搬出永久后,一切都不顺利,就好像她是他的福星,她不在了,运气也没了。他无人可依,没有朋友,无处可去,哪里也无法获得安宁。

"而且,尼娜就是个恶魔杀手,她把他闷死了,用她的消极吞噬了他的精神。我受伤后不得不和他们住的时候,就当面告诉过她'滚蛋'。爸爸能送我去欧洲以及我能和伊芙琳结婚这也是原因之一,我只想自己待着。她恨保罗和我,恨一切夹在她和爸爸之间的东西,她把他一步步推到黑暗中。"

"还有呢?"帕特丽夏隔了一会儿问。

"呃,妈妈打了我时,我想他开始认为自己的生活一无是处。一个母亲怎么能开枪打自己的儿子呢?到底怎么回事?那怎么可能是他的妻子,那个多年前他娶的漂亮年轻女孩,她怎么能邪恶到开枪打自己的儿子?堪比希腊悲剧,他却成了主要角色。"

"我命悬一线的时候,他就时时陪着我,熬过那些疼痛和折磨。他肯定有时间好好想想,实际上,那段时间是他唯一曾经真真实实和我在一起的日子,不计时间长短。

"最后一点就是,我想他自己本身就有阴暗的个性。他身上总有一些无法触及的东西,与人性隔离,与我们其他人隔离。他陷入了黑暗中,什么东西都不能把他拉回来。他真正的热情在股市,一旦对市场失去了兴趣,他就生无所恋了。"

杰西·利弗莫尔疯狂的一生
THE AMAZING LIFE OF JESSE LIVERMORE

帕特丽夏对星座很感兴趣。她从来没见过利弗莫尔，但她一天看到了老杰西·利弗莫尔的星座，就得出来明确的结论，他是狮子座的，有非常强的狮子个性。帕特丽夏认为，他交易从来不是为了钱，只是为了比赛，就是为了赢；而且他从来没想过要谁"穷途末路"，而是要所有人"锦上添花"；他想获得世界公认的"史上最佳"，就像一个顶级运动员要攀上最高峰，获得全世界的美誉；即使他既不耀武扬威，也不自吹自擂，实际上还沉默隐秘，他还是想获得全世界的认可，他想让全世界都知道杰西·利弗莫尔是有史以来最好的股市交易商，但他想让世界自觉认识到，而不是他自己推波助澜。

她和小杰西的关系快结束时，她非常敬爱的父亲让她去辛辛那提。她父亲是位奥地利绅士，刚患了老年痴呆症。夫妻分居多年，但他每年圣诞晚餐都会回来参加。

"帕特，"他对她说，"我再不想让你妈妈控制我的生活了，她一直想这么做。答应我，别让他控制我的生活。"

"爸爸，我会竭尽全力……"帕特丽夏回答。

一个月后，她父亲开枪自杀，帕特丽夏心魂俱碎。

小杰西越来越冷漠。有段时间他养了两只多伯曼短毛猎犬，会和两个邻居散步去中央公园遛狗。一到公园，他们就放开狗去"叫醒"当时在公园睡觉的大批无家可归者。他们会走到公园远远的尽头，看着那些无家可归者一边惊叫一边飞跑出公园，有人推推搡搡跌倒，后面的狗还在狂追。

到了1975年，暴力、酗酒、赌博、乱交，他已经无法控制。

1975年3月23日凌晨1:15，小杰西拨了家里的内线电话。帕特丽夏不知道他已经喝了整整两天。

"喂，帕特。"他说，"我想让你听着。"小杰西背了几分钟莎士比亚的作品。帕特分不清他是不是喝醉了，他吐字清晰，猜他可能吸大麻了。

电话里静了一会儿，然后他说："帕特，我要杀了我的狗，然后再

第十五章　冷酷的收割机扬起邪恶的脸　死神三次敲门

自杀。"

电话里一片死寂，然后咔嗒一声电话挂了。帕特已经不是第一次听他威胁说要自杀了。电话又响了。"帕特，你在听吗？"

"是的，我听着呢。"

"我说真的，我要杀了该死的狗，然后再自杀。"电话又是一声咔嗒，然后就是断线的声音。

屋里传出两声枪声。帕特跳下床，穿上睡袍，正穿着，就看见小杰西出现在门口，手里拿着点32口径的镀铬小左轮手枪，还冒着烟。

"凯撒死了，都是你的错。跟我来，把阿莱克西带着。"

帕特丽夏一动不动站着，完全被吓住了，她抱起她漂亮的白狮子狗阿莱克西，心里肯定她和她的狗今天晚上就会没命了。小杰西微微摇晃，扶着门稳了稳，眼睛因为酒气闪闪发光，毫无疑问，他已经醉的不能再醉，但还能站住。

"你跟我来，我一直在书房。"他说，然后先走下楼梯。书房占了整个二楼，前面有一个阳台，俯瞰楼下宽大的客厅。小杰西走向书房门，然后进去了，帕特夺路而逃，冲下楼梯，跑过厨房出了后门，大口喘着粗气，紧紧抱着阿莱克西。

她慌慌张张跑到邻居家，把吓坏的狗丢给看门人，看门人让她用了电话，她就找了家庭律师罗伯特·科恩。

"鲍比，我是帕特丽夏，小杰西杀了他的狗，他还想杀我和阿莱克西。"她一口气说完。

"你在哪？"

"邻居家，和看门人在一起，我藏在门廊里。我担心他从窗户里瞧见我就会开枪。"

"就待在那儿，我去报警，我马上去。别动！"

罗伯特·科恩和警察几乎同时到了。警察从第67街的警局来，派来了10名紧急服务特殊反应部队常驻队员，由中尉约翰·威克斯带队，他们是处理危险绑架和自杀案件的专家。

杰西·利弗莫尔疯狂的一生
THE AMAZING LIFE OF JESSE LIVERMORE

律师科恩和帕特丽夏要求和警察一起回家,两个人被带到厨房,警察让他们藏好,不叫别出来。

中尉威克斯和警官查尔斯·布莱兹尼带头,其他警察占据了有利的射击位置。威克斯和布莱兹尼爬上楼梯去书房,来到二楼时,他们站在书房门的两边,看见小杰西·利弗莫尔轻松地坐在安乐椅上,重38.6千克的狗凯撒倒在他脚边的一摊血里了,他的膝盖上放着两把点32口径的镀铬小左轮手枪。

帕特丽夏之前提醒过警察要小心,小杰西是个神枪手。"他肯定是醉了,才要开两枪才打死狗。"她告诉警察。

布莱兹尼得到示意打算进入书房,穿过门的时候,小杰西朝他的方向开了一枪,子弹打在墙上。布莱兹尼闪了回来躲到门外。他们经过良好的培训,没有还击。

两人开始和他说话,絮絮叨叨说了一小时,让他安定下来。他告诉他们要自杀,给他们读了大段的自杀留言。

啰嗦了整整一小时后,布莱兹尼说:"我渴了,想喝一杯,我们能来杯酒吗?"

"当然当然。"小杰西回答。

趁他倒酒的时候,两个警察冲了进去,其他警察一拥而上。

小杰西还是能拿起膝盖上的一支枪,把枪筒对着中尉威克斯的胸部扣动了扳机。

手枪发出"咔"的一声。

警察压倒他,才制服了他。29岁的布莱兹尼手腕断了。

两把枪被没收,小杰西·利弗莫尔被指控意图谋杀警官、带有无所顾忌的危险性、持有致命性武器、拒捕、意图自杀。

他的问题很严重。州长洛克菲勒刚刚通过一项法律,纽约州任何人意图杀害警官会被判终身监禁。

警察还给帕特丽夏解释说,试图自杀的人常常想让警察杀了他,因此会迫使警察开枪。但朝中尉威克斯胸部开的那一枪是不是空枪,他是

第十五章 冷酷的收割机扬起邪恶的脸 死神三次敲门

不是想让警察杀了他,却没人解释。

但帕特丽夏毫不怀疑,她相信小杰西的确没有那个勇气自杀,而且他认为警察受到挑衅就会给他代劳了。他是很聪明的。

小杰西被带走后,桃乐茜"小老鼠"走出三楼的卧室。"出了什么事,帕特?"她问,在整个事件中安安静静在装睡。

她第二天就去了佛罗里达的长舟角,对所发生的事情六神无主。

小杰西被收监,不得保释,还被带到利克斯岛单独关押。看守确信如果允许他和其他罪犯关在一起,他毫不节制的自大狂妄很快就会要了他的命。

警方左右为难,如果小杰西在押期间发生了什么事,那就是头条新闻,所以他们想了一个主意:准许保释,但必须离开纽约住到佛罗里达。"赶紧让他滚出纽约!"这就是他们的态度。审讯的时候再把他带过来。

54天后,他们把他放了出来。他的体重从标准的70公斤骤降到57公斤。他被逮捕的时候,有200多人来打听他,从利克斯放出来的时候只有两个人还有兴趣。一放出来,他就开始喝酒。

按照保释条件,他有两周时间收拾,然后去佛罗里达。帕特仍然有生死之忧,就离家住在纽约欢乐谷的朋友那里,直至他离开。

他独自一人去了棕榈滩。按照保释协定,他还要接受精神治疗。他母亲打电话告诉他别担心,让他好好的。

"你不需要精神医生,儿子,你只需要好好休息。"

帕特丽夏一直认为,桃乐茜这么跟儿子说有自己的私利,不想让他从圣巴巴拉枪击的阴影中解脱出来,不想让他接受治疗。

但这是保释条件,于是他去看了棕榈滩的医生。医生恪尽职守,把他作为疯狂、压抑、偏执、有自杀倾向的酗酒者来治疗,然而他面对的是意志坚决的小杰西·利弗莫尔。

每次他去纽约,审讯都被推迟。律师告诉他会免于刑事责任,但他并不相信。审讯前一天,他从棕榈滩给帕特丽夏打电话,"我不能进监狱,帕特,我真的不能。"

"小杰西,律师说你会赢的。"

"我才不相信那个混蛋,我不能进监狱。"他说,然后挂了电话。

他去了棕榈滩的朋友塞恩特·约翰和埃尔莱特·特利尔家,借了一把手枪。但他不会用。

他打开炉门,开了煤气,吃了一把药,倒了下去,第二天被发现时已经死亡。

帕特当天下午立即飞往棕榈滩。第二天小杰西·利弗莫尔被悄悄地带到棕榈滩的火葬场,牧师寥寥数语后,他的尸体就变成了灰。现场除了帕特丽夏和牧师,别无他人。

后来,很久以后,帕特丽夏才慢慢醒悟,小杰西有多怕他母亲,但他也很依赖她的陪伴和她的钱。他母亲知道,他从来没从枪击中缓过来,不管她怎么做也补偿不了他。但他们还是彼此难分,她射进他胸部的子弹如脐带一般,牵动母子的因缘宿命。

"这是一场人间惨剧!枪声一响毁了三条性命。我们到底怎么了,我们所有人到底怎么了?"

帕特暗自神伤。小杰西死后,桃乐茜回来和帕特丽夏住了一段时间,最后还是搬去了佛罗里达萨尼贝尔岛住。

· · · · ·

1985年桃乐茜病了,让儿子保罗和他妻子安来看她。安和保罗到萨尼贝尔时,却发现等着他们的是护士。

"你母亲让我来等你。"她说。

"我妈妈在哪?"保罗问。

"她两天前去了医院,但很遗憾,当天就去世了。"护士说。

"那她在哪?"安问。

"恐怕在太平间。"护士的话带来一时沉默。

第十五章　冷酷的收割机扬起邪恶的脸　死神三次敲门

"她明确表示明天火化，不用举行仪式。"

这时，桃乐茜的猫"凯撒"出现在客厅，在安的身上蹭了蹭，她抱起猫。猫已经很老了，是全家的宝贝，和桃乐茜很亲近。安和猫玩了一会儿，放在膝上。

"利弗莫尔夫人，如果我是你，就不会太亲近它。"护士说。

"噢？"安说。

"利弗莫尔夫人明确指示，猫要放在棺材里，和她一起火化。"

安倒吸了一口凉气，抱紧猫。"保罗？"她说，满眼乞求之色，想把猫留下。保罗也想留下猫，但他觉得有义务尊重母亲的遗愿。

桃乐茜把一切处理得井井有条，桌上放着遗嘱、银行存折、车钥匙，写下指示说明如何处理她的房产，如何办她的葬礼。这么有条理根本不像桃乐茜，实际上她的混乱和马虎是出了名的。后来，他们移衣柜的时候，发现了掉在地上的一条金链、一个精美手表。

"她从来不好好保管首饰。"保罗说。

"你是说，她的遗产。"安说。

这几年桃乐茜给儿子小杰西50多万的首饰去典当。

第二天他们把猫带到兽医那接受安乐死，然后开车去了火葬场，把猫放进棺材里。

桃乐茜·"小老鼠"·利弗莫尔和"凯撒"进入永恒之火中，去和丈夫与儿子团聚了。

第十六章
附录：交易手册
——利弗莫尔已披露的法则和交易秘诀

"知行合一！"

——苏格拉底

一个成功的投机商要不断学习三件事：

市场时机——什么时候进入市场，什么时候退出市场，用埃德·布拉德利的话说就是"什么时候抓着，什么时候放开。"

资金管理——别输钱，别丢了本金、额度。没钱的投机商就是没货的店主，钱就是投机商的货、是他的生命线，他最好的朋友，没钱就出局了。别丢了额度。

情绪管理——想在市场上赚钱，就必须有清晰明确的策略，并且坚持到底。每个投机商在投机股市前，都要设计明智的作战计划，专门适应自己的情绪特性。投机商最需要控制的就是自己的情绪。记住，理性、逻辑和纯粹的经济不能动摇股市。股市是由永恒不变的人性控制的，怎么会变呢？那是我们的天性。

不投入真金白银，你就不知道你的判断是否正确。

如果不把钱放在赌桌上，你就没法检验你的判断，因为你没法检验你的情绪。我认为，指引股市方向的是情绪而不是理性，就像生命里很多重要的事情一样：爱情、结婚、孩子、战争、性、罪恶、激情、宗教，都是由情绪控制而不是理性。人很少受理性驱使。

但这并不是说，销售量、利润、世界局势、政治和科技等对股市的最终价格没有影响，这些因素最终会有影响，股市和单个股票的价格会反映这些因素，但把股市带向极端的，一直都是情绪。

我相信周期。生命周期、市场周期，往往很极端，很少平衡。周期就像一系列的海浪，情况良好时带来高潮；情况不妙时，低潮就出现了。这些周期无法预测，不可预测，而且无论好周期还是坏周期，必须有克制和耐心才能等来。但是切记，技能高超的投机商知道，无论市场状况如何都能赚钱，只要他愿意双向操作。

我早就认识到股市从来都不是一眼看穿的，本身就是在大多数时候欺骗大多数人。

我的原则往往建立在逆向思维上：

- 迅速止损；
- 满仓前先确认判断是否正确；
- 没有坚实理由清仓前，随利润自由增加；
- 交易领头股，它们会随着市场的每次新动向而变化；
- 限制跟踪的股票数量，便于集中精力；
- 创出历史新高的股票，要在突破时购买；
- 重挫后的低价股往往看起来是个大便宜，但它们常常要么继续下跌，要么没有上涨潜力。别动这些股票！
- 用中枢点发现趋势变化和趋势确定。
- 别和纸带较劲！

股市是周期的学问；如果改变方向，就会沿着这个方向运动，一直到动力消减——运动中的物体会保持运动状态——切记，别逆趋势而行，别和纸带争。

"自由市场里，价格是波动的！不会一直涨，也不会一直跌，这对机警的投机商很有利，两个方向都能交易。"

第十六章 附录：交易手册——利弗莫尔已披露的法则和交易秘诀

利弗莫尔的三个主要范畴——交易关键：

1. 时机
2. 资金管理
3. 情绪控制

1.时机原则

· 损失千万别超过投资额的10%。这是利弗莫尔在投机店总结出的经验——那里交10%的保证金，如果损失超过这个数额，就自动被扫地出门，这也是金钱管理的原则。

· 赚大钱靠"耐心，而不是思考"。一旦确定了仓位，最难的事就是耐心等待市场确定动向，赶快套现或退出的欲望那么强烈，纯粹只是害怕在调整的时候丢了盈利，这个错误让数百万的投机商少赚了数百万。入市时要确定有非常明确的原因，清仓时也要确定有非常明确的原因，市场大幅震荡时才有大钱赚。

· 所有因素都有利时再交易。谁也不能一直待在股市百战百胜，有时应该完全离开股市。

· 交易前，投机商必须知道市场大势，按利弗莫尔的说法，就是轨迹线。知道这个轨迹线是向上还是向下，这对整个市场或是单个股票都适用。交易前你至少需要知道市场大势的方向：向上、向下、还是整理，交易前必须先确定这一点。如果市场大势对你不利，那就最危险。记住，跟随大势，服从趋势，别顶风而行。最重要的是，别和纸带争对错！

· 如果做错了，那就改正错误，别再错下去，立即止损，不要犹豫。别浪费时间，如果股票低于心理损失位，立即卖掉。

· 股市的运行和人的行为很像，代表不同的个性：激进的、保守的、兴奋的、高亢的、直来直去的、理性的、能预测的、无法预测的，像研究人一样研究股票，过上一段时间，它们对一定条件的反应就能预测了，这对确定股票改变的时间很有用。

·股价从来不会高得不能买，也不会低得不能卖。

·有机会的时候，却没趁机把巨大的仓位处理掉，就会造成损失。

·没抓住股市发横财的好运气，往往是个错误。

·市场窄幅整理时，股市价格基本上变化不大，这时预测或估计市场何时向哪儿运动，会有很大危险，必须等到市场或股市突破盘整区间，有了方向。别预测！等着方向确认，别和纸带辩论，跟随轨迹线。

·别浪费大量时间思索一只股票的价格变化，而应该仔细研究纸带。答案藏在纸带透露的"信息"里，但不要琢磨"为什么"纸带这么说，股市所有重大变化的背后都有无法抵抗的力量，这些力量很可能日后才会露出真实面目。成功的投机商只要了解到这些就足够了。

·股市会上涨、下跌、盘整。无论上涨下跌，你要么买空，要么卖空，都能赚钱。你在哪个方向操作应该都无所谓，不要有好恶。市场盘整、你毫无思路时，去放个假吧。

·危险信号："当日反转"。此时，当日的顶部比前一日的顶部高，但收盘价低于前日，交易量比前一日大。警惕！

·如果股票方向与你预测相反，立即卖掉！这就是说你判断错了，立即止损。

·等待，要有耐心，让有利因素尽量多。耐心才能赚钱。

·研究出现严重下挫的股票、重挫股的行为。如果股价没有立即反弹，很可能还会继续下跌——股票本身有问题，原因日后就会显露。

·股市按照未来情况运行，当前事件常常已经被消化。

·基本运动的起点——中枢点、趋势的改变，意味着该买还是该卖。如果抓住趋势改变的时机，收获最大。

·中枢点有两种：反转中枢点是"认为市场大势、基本趋势变化开始的时间"，出现在长期趋势运动的顶端还是底部都没关系；第二类中枢点是持续中枢点。反转中枢点标志着方向的根本改变，持续中枢点则是确认原有的运动。注意，重要的中枢点常常伴随着交易量的急剧放

第十六章　附录：交易手册——利弗莫尔已披露的法则和交易秘诀

大。中枢点是利弗莫尔确定时机的核心工具，解决了何时入市、何时退出的时间问题。

• 牛市末尾，注意疯狂估值，好的股票卖到年收入的30、40、50、60倍，同样的股票以前的交易价格要低好几倍。

• 注意疯狂投机股票、毫无道理地上涨，"时兴、受宠股"除外。

• "新高"在确定时机时非常重要。历史新高可能意味着股票需求已经冲破了总供应量，边缘线受到强大的上推力。很多人看到股票创了新高，反而立即卖掉，然后去找低价股。

• 板块行为是确定时机的关键——股票运动时并不是单独行动，如果美国钢铁上涨或下跌，那么鲍德温钢铁、共和钢铁和熔炉钢铁总会紧随其后。道理很简单，如果美国钢铁得宠或失宠有合理的根本原因，那么其他钢铁公司也会基于相同的根本原因跟风。

• 交易领头板块的领头股票，购买行业板块的市场领导者。

• 观察市场的带头股票，他们在牛市带动市场上行。如果这些股票疲软无法再创新高，这就是市场掉头的信号了，整个市场会随着带头股票运行。

• 将股市运动研究的范围限制在当前的突出领头股票上。如果无法在这些活跃的领头股票上赚钱，也就不会在股市上赚钱，这儿才是战场，这儿才是金库。还要限制股票范围，集中才能好管理。

• 如果市场对你不利，必须有明确的止损目标，坚决退出，说到做到！

• 只有在最有把握时才能出手。先少买一点，测试一下，检验你的判断是否正确，然后再大笔投入，别一下子满仓。测试一下，确认你的判断和时机，找到"轨迹线"。

• 必须对意外情况作出迅速反应。如果是天上掉馅饼，接了就跑；如果是坏消息，赶紧溜，别瞻前顾后、别犹豫，立即清仓。

• 注意，经过一段长期上行之后，如果交易量增大，股价剧烈波动，这就是一个信号、一个警告，本轮运行快结束了，暗示着股票从强者手里换到弱者手里,从专业人物手里换到普通公众手里。公众会把交易量增大当成股市依然活跃、健康的标志,现在只是进行整理,还到不了顶部或底部。

• 公众总以为内部人士都是在股市上升时将股票脱手,大错特错。通常在股票创了新高、开始掉头、剧烈波动并开始下跌时,内部人士的大批股票或联盟股票才大举投放股市。这时的交易量会创出天量,往往因为这样,股票也再无法创新高——股市上的卖盘太多根本无法消化。这种换手,也不总是内部人士操手,而经常是开放基金等的大股东。

2.资金管理原则

• 确定止损!如果市场对你不利,必须有明确的止损目标,而且言出必行!千万别让损失超过投资额的10%。要弥补损失可是事倍功半的事。这是投机店的经验——10%的保证金交易。如果损失超过10%,就自动出局。10%损失率的原则是管理资金的重要原则,也是"确定时机"的关键原则。

• 总而言之:"交易前,必须建立止损点,坚决执行,损失切忌超过投资额的10%。"

• 如果输了50%的钱,就必须赢100%的钱才能赚回来

利弗莫尔10%损失表

初始资金	最大损失	剩余	损失百分比	回本百分比
1000美元	80美元	920美元	8.0	8.7
	100美元	900美元	10.0	11.1
	200美元	800美元	20.0	25.0
	300美元	700美元	30.0	42.8
	400美元	600美元	40.0	66.6
	500美元	500美元	50.0	100.0

- 千万别答应增加保证金的要求，千万别持续买低企图拉低买入价。

- 分期套现，将纸面利润变为"真金白银"。现金为王，过去是这样，现在是这样，将来还会是这样。手里要一直有现金，现金就是你枪里的子弹。我最大的错误就是没有更多地遵循这条原则。

- 研究并明白时间的维度：

"时间不是钱，因为总有些时候你的钱应该歇一歇；时间就是时间，钱就是钱；经常出现的情况是，恰恰是那些坐在一边等的钱，日后能在合适的条件下进入市场大赚一笔。耐心、耐心、耐心，这是开启成功大门的钥匙，别匆忙行事。"

- 交易成功之后，适当套现一部分。

- 别急急忙忙。成功的投资者不会一直固守在股市，很多时候应该完全套现。如果不确定市场的方向，就袖手旁观，等着运行确定的信号。

- 用"试探策略"建立仓位。第一次"试探"后，如果盈利了，再进行下一步。别一次性建仓，一定要等到前期的"试探"盈利了，再继续行动，建满仓。具体来说：第一次先买总仓位的20%，第二次和第三次也分别买20%，等确定判断正确后，再一次买入40%。每次加仓或"试探"是建满仓的重要步骤。任何时间市场对你不利，立即清仓，把损失控制在投资额的10%。

- 卖掉亏损股；如果所有因素都有利，持有盈利股。

3.情绪控制

- 情绪控制是股市交易最为重要的因素。

- 别预测！等市场给你线索、信号、暗示后再行动，确认判断正确之后再行动。预测会害死你，别根据预测做决定。市场会一直给你机会，只要耐心等信号，就有足够的机会采取行动。

- 股票和人一样有不同的个性：激进的、保守的、兴奋的、高亢的、直来直去的、死气沉沉的、守旧的、超前的、理性的、突破常理的。要像研究人那样研究股票，过上一段时间，就能预测到它们在一定条件下的反应。一些交易商只在股票的一定价格区间交易。
- 不要费时间琢磨一只股票为什么那么运动，而应该仔细研究现象本身。答案就在纸带透露的"信息"里，别去想"为什么"，最重要的是永远别和纸带争对错。
- 股票投机商可能听信别人的建议后，认为自己的判断是错的，因而抛弃了自己的坚持，或者听了别人的话，至少会让你犹豫不决，进而做出错误判断。这种犹豫不决会打击你的自信，进而可能会让你亏钱。
- 消息可能来自四面八方——亲戚、爱人、老朋友。他们本人刚刚大捞一笔，想让你沾点好运气，他们还可能是靠卖消息为生或是想讹你一笔。记住：

所有的消息都暗藏杀机，勿听勿信！

- 心里别抱希望，希望股票如何是赌徒作为。如果没有确确实实的理由建仓，就去找另一笔合理的交易做。奢望股票上涨或下跌给许多股市投机商招来灭顶之灾，希望总与贪婪同行。
- 留意你的情绪——对胜利别自信过头，对失败别一蹶不振。
- 市场亘古不变。——唯一变的是交易商，新手初出茅庐，没有经历过1907年或1929年的崩盘，不知道重大的循环，这些情况对投机商来说是新的，市场却已习以为常。
- 要有投机方法、交易计划。一直坚持自己的计划，别不停改变。找到对你情绪也奏效的方法，坚持执行，固守自己适应的方法。
- 投机商"不是投资人"，他的目标不是确保自己的钱能带来长期的固定收益，而是必须在股价涨跌时在投机的股票上盈利。
- 独自交易，自己决定自己的钱。秘密交易，别透露赚钱或亏钱的股票。
- 成功的投资人并非一直投资，有时必须完全套现退出。如果不确

第十六章 附录：交易手册——利弗莫尔已披露的法则和交易秘诀

定股市的方向，旁观等待。
- 市场对你不利时，情绪千万别失控。赢了切勿得意张狂，认为在市场上赚钱手到擒来。别和纸带较真，纸带就是真理，要和谐共处。
- 坚守擅长的交易。
- 成为超级市场交易商需要四种坚强的性格：
  * 客观——毫无偏见观察现实的能力
  * 记忆——准确客观记住主要事件的能力
  * 数学——对数字如数家珍
  * 经验——积累经验，随时调取
- 无意识的想法、明显的直觉无非是潜意识在发挥作用，唤醒常年积累的交易经验。我有时遵从内心的想法，即使当时还不清楚为什么，我相信亚里士多德说的：

"经历造就了完完整整的自己"。
- 要想投机成功，必须明白和控制情绪：
  - **贪婪**——是人类的天性。韦式字典对其的定义是：所得超过需要和本分的欲望。我们不知道贪婪的根源，但都知道人人皆有。
  - **恐惧**——眨眼之间随时都会出现，恐惧会破坏理智。理性的人害怕了就会作出毫无理性的事，恐惧一次就会亏一次，他们的判断力被破坏了。
  - **希望**——在股市上和贪婪形影不离。一进入股市希望就燃了起来。人的天性就是充满希望、积极，希望得到最好的，希望对人类繁衍很重要。但是希望和它股市上的孪生兄弟——无知、贪婪和害怕一样，会破坏理性。希望让你对现实置若罔闻，但股市就是根据现实做交易。就像旋转轮盘赌，显示结果的小黑球，不是贪婪、害怕或希望，但结果是客观和终局的，不得上诉。
  - 警惕"无知"——必须研究和通晓市场，不能敷衍了事，要深入理解。受到抬手就能轻易赚钱的诱惑，有人采取愚蠢的行动，把他们的钱不当回事。无知的敌人就是知识，而知识就是力量。

- 股市从来不是一眼望到底，故意要在大多数时间愚弄大多数的人。这些规则建立在反向思维的基础上。
- 不能一直在股市，有时应该退出来，放松一下神经，也能将赢利落袋为安。
- 如果纸带告诉你不应该买或卖，就耐心等待它给你该行动的信号，切勿与纸带论是非。
- 别提供或接受股市消息，只要记住："牛市股票上涨，熊市股票下跌，每个人只要知道这些就足够，你只要告诉他们这些就足够。"
- 股票投机商有时也会犯错，而且心里还一清二楚，但就是执迷不悟，结果日后就会自责没有遵守原则——别违反自己的原则。
- 别守着下跌的股票不放，别成了被动投资人。
- 面对调整时买入、或反弹时、卖空情况时，别犹豫。
- 别用"牛市"或"熊市"这样的词，这些词会给心理造成强烈暗示，以为市场在原方向会运行更长时间。被问及市场方向时，要用"上行趋势"和"下行趋势"，只简单说："轨迹线现在上行或下行"。
- 投机就是生意，和其他的生意一样，需要努力和勤奋才能获得成功。

结语

"华尔街或股票投机没有新玩意儿，过去发生过的事情还会周而复始地发生，因为人性不变，情绪永远都阻碍着理智。

"对此，我确信无疑。"

——杰西·利弗莫尔